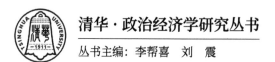

清华·政治经济学研究丛书

丛书主编：李帮喜 刘 震

# GOVERNMENT AND MARKET

Township Industry Development in China
under the Project System

# 政府与市场

## 项目制下的
## 中国乡镇产业发展

李小云 马彦军 ◎ 著

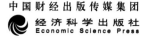

中国财经出版传媒集团

经济科学出版社
Economic Science Press

·北 京·

**图书在版编目（CIP）数据**

政府与市场：项目制下的中国乡镇产业发展／李小
云，马彦军著． -- 北京：经济科学出版社，2024.12
ISBN 978 - 7 - 5218 - 5135 - 9

Ⅰ.①政… Ⅱ.①李… ②马… Ⅲ.①乡镇经济 - 产
业经济 - 经济发展 - 研究 - 中国 Ⅳ.①F299.27

中国国家版本馆 CIP 数据核字（2023）第 175687 号

责任编辑：胡成洁
责任校对：徐　昕
责任印制：范　艳

**政府与市场**
——项目制下的中国乡镇产业发展
ZHENGFU YU SHICHANG
——XIANGMUZHI XIA DE ZHONGGUO XIANGZHEN CHANYE FAZHAN

李小云　马彦军　著
经济科学出版社出版、发行　新华书店经销
社址：北京市海淀区阜成路甲 28 号　邮编：100142
经管中心电话：010 - 88191335　发行部电话：010 - 88191522
网址：www. esp. com. cn
电子邮箱：631128408@ qq. com
天猫网店：经济科学出版社旗舰店
网址：http：//jjkxcbs. tmall. com
北京季蜂印刷有限公司印装
710 × 1000　16 开　19 印张　280000 字
2024 年 12 月第 1 版　2024 年 12 月第 1 次印刷
ISBN 978 - 7 - 5218 - 5135 - 9　定价：80.00 元
（图书出现印装问题，本社负责调换。电话：010 - 88191545）
（版权所有　侵权必究　打击盗版　举报热线：010 - 88191661
QQ：2242791300　营销中心电话：010 - 88191537
电子邮箱：dbts@ esp. com. cn）

丛 书 顾 问（按姓氏拼音）

白暴力（北京师范大学）

蔡继明（清华大学）

方　敏（北京大学）

刘凤义（南开大学）

卢　荻（英国伦敦大学）

孟　捷（复旦大学）

邱海平（中国人民大学）

荣兆梓（安徽大学）

宋　磊（北京大学）

王生升（南开大学）

张　衔（四川大学）

张忠任（日本岛根县立大学）

赵　峰（中国人民大学）

周　文（复旦大学）

丛书支持单位：清华大学社会科学学院经济学研究所

本 书 资 助：清华大学校友原创作品支持计划

中共宁夏区委党校（宁夏行政学院）学术文库

# 丛书出版说明

　　"清华·政治经济学研究丛书"是清华大学社会科学学院经济学研究所主持策划的系列丛书。本丛书秉持马克思主义指导思想，作为国内外中青年政治经济学者优秀成果和国外优秀政治经济学译著的学术出版平台，内容涵盖马克思主义政治经济学、后凯恩斯主义经济学、中国特色社会主义政治经济学等方面的基础理论及经验研究。希望这套丛书能推动国内政治经济学研究的创新、发展，提升学科的国际化水平，总结建设中国特色社会主义实践中的经验，对相关问题进行研究和探索，力求有所创新和突破；同时成为国内政经青年学者展现和交流优秀学术成果的一个窗口。

# PREFACE

# 序　言

大国小农条件下的农业现代化，群众自发探索下的内生型工业化，均出现了一些挑战和问题。国家对农业发展和工业发展应该采取什么样的思路和工具，才能实现既定目标，步入可行的现代化路径？项目制作为财政转移支付的方式，正以其巨大的制度能量和制度抱负发挥着重要的作用，成为塑造产业发展路径的重要政策工具。

当前西部不少地区的乡村产业仍然以传统型为主，这和当地农民的种植养殖传统有关，也与他们规避风险的考虑有关。当前乡村产业发展要想在市场中走向兴旺，就需要持续提高竞争力。新时期中国乡村产业发展面临农业产业链不长、优质品牌稀少、农产品的附加值不高、竞争力不强、产业带头人匮乏、现代种植养殖技术水平低、带动力强的龙头企业少、生产成本上涨快、用工难用工贵、经济收益不高等问题。[①] 还面临财政资金利用效率低下，集体经济项目失败等问题。不少农村产业发展历程中，走过弯路，交过"学费"，各地乡村产业发展进度和成效千差万别，乡村产业发展与全产业链还有较大距离，单靠一村一乡打造全产业链难度较大。这需要相关政府部门统筹和引导。一系列问题的破解使得新时期中国乡镇产业发展的必要课题——如何实现乡镇产业高质量发展——成为各方关注的重大现实问题。

在脱贫攻坚时期，中国采取了一系列扶贫政策，有些是对村庄传统产

---

① 刘菁、姜刚、程士华：《产业规划是乡村发展第一位需求》，《瞭望》2021 年第 35 期。

业的扶持，有些是对村庄小众产业的扶持。这些扶贫政策对贫困地区的帮扶发挥了重要作用。不过脱贫攻坚时期形成的一些扶贫产业，更多是被动地注入，发展上靠外部注入、市场上靠消费扶贫。进入乡村振兴时期后，要从被动注入转为主动发展，形成内生发展动力。这就涉及对原有的产业格局重新思考和规划，继续保留原有格局还是另起炉灶？在巩固拓展脱贫攻坚成果同乡村振兴有效衔接的历史时期，多地农业产业呈现出以种植粮食作物为主导，养殖业、特色经济作物、乡村工业和乡村旅游等共同发展的多元态势。若这些多元发展成效用农业经营主体参与程度、农业生产技术水平、农业经营管理先进程度、投入产出效益、绿色发展水平等来衡量，那么不少乡村还有很大改进空间。

当前西部省份不少乡镇都是围着项目和资金转，对于本地区能发展什么，应该发展什么，未来几年应该如何规划，如何在产业链的完善上做文章，存在着思想意识和专业知识相对匮乏的窘境。深入思考基层发展中的这些问题，为笔者提供了一次宝贵的实践机会。

乡镇产业规划是中国基层经济社会发展的重要探索领域，也是值得学术研究关注的领域。本书题目包含"发展"两个字，因为中国进入了新时代，全面建成小康社会后，农村经济社会发生了翻天覆地的变化，农业乡产业发展层次不断跃升，工业镇产业结构不断优化。但笔者在中国知网上以"乡镇产业规划"为关键词搜索，仅查得18篇文章，这些文章的来源都是非核心期刊。这在一定程度上表明，该研究领域还没有得到主流学术界的关注。

之前笔者研究过中国工业强镇取得发展成就的原因，对于各工业镇和农业镇产业发展规划等关注较少，调研及写作本书正好是对以往研究进一步总结和推动，也是对于广大基层干部关心的领域的回应。主流经济学对于乡镇产业发展的关注度不够，尤其缺乏站在乡镇领导这一位置对于项目谋划、项目储备和项目争取的研究。基层政府的产业活动或实践不缺乏各种咨询公司、研究设计院的参与，他们编制各种类型的项目可行性研究报告，却缺乏研究型智库指导乡镇政府规划产业、优化产业布局、进行发展定位。

　　工业镇产业兴旺意味着工业镇已经较好地处理了人多地少、村民收入低的矛盾。工业镇发展壮大后也面临一些困难和挑战，"小、散、弱"的发展格局急需一场变革。农业乡进入脱贫攻坚的时期也是工业镇产业步入集聚化、产业现代化的时期，传统工业镇在新时期面临着转型升级的时代任务。基层政府在产业发展的过程中作了不少有益的尝试，如转变职能重心，完善公共产品供给，合理设置机构，优化乡村产业结构，工业镇实现了"规模从小到大、品牌从无到有、市场由内到外、产业由散到聚"四大转变，而政府实施的一系列项目和战略对促进这四大转变起了重要作用。这些工业强镇发展演变的历史脉络包含丰富的经验和政治经济学研究素材。

　　沿海省份一些地区农业快速崛起，乡村投资活跃，农业增加值较高。西部省份则还有不少地区相对落后，人才、资本、技术的引流效应还不明显，资源向乡村集聚的难度还比较大。乡镇产业发展要着力于提升产品品质和效益，真正在市场上形成产品的竞争力。当前的西部地区农村，既面临巩固脱贫攻坚的重任，还要实现乡村经济社会的赶超发展。西部地区长期以来形成的基层政府管理经济行为习惯短期内难以改变，基层政府执行产业政策时过度干预和适当引导的边界依然难以清晰界定，进而，产业政策仍是基层政府最有效的直接政策工具。这种管理乡村经济的制度体系、政策体系、管理方式在相当长的时间内依然有"路径依赖"效应。

　　现阶段下，资本和资金不会自发地向西部欠发达地区乡镇聚集。项目制则可超越市场和资本的逐利性，在国家相关政策的支持下，引领乡镇产业发展，引导产业项目重心下移。从某种意义上说，项目制的产生，就是因为市场经济存在难以克服的缺陷，无法有效调整产业结构以及资金项目的流向。超越市场，就是分析经济制度、经济政策对市场缺陷的补充和修正。本书题目"政府与市场——项目制下的中国乡镇产业发展"的立意来源可以这样表述：从学术性和实践性角度出发，回答"项目对产业发展和经济增长的重要意义"这样的现实之问、时代之问、中国之问。中国绝大多数农业人口位于乡镇，乡村振兴的重任在乡镇，农业现代化、乡村工业现代化的重任在乡镇，国家大政方针和各项政策的落实在乡镇。同时，乡镇也是中国基层治理的重要场域，涌现了各种发展经验。从东西部乡镇发展的经验交流、西部地区乡镇发展思路的独立探索角度来看，本书的立意既是发展经济学和区域经济学在乡镇一级的应用，也是检视理论与现实鸿沟的一次机会。

乡镇既是中国国家治理之基，也是中国繁荣之基。乡镇经济的发展直接影响全国经济的发展水平与速度，更直接关系和谐社会的构建。乡镇的发展与转型是中国现代化进程中基础而关键的环节。2021 年中国 12.8 万个贫困村全部出列，区域性整体贫困得到解决。全国 832 个国家级贫困县几乎全部是农业县，第一产业占国内生产总值比重较大，从业人口众多，拥有上亿零散的小农经济从业人口。乡村产业发展涉及面广、产业结构调整难度大，乡镇政府在保持乡镇发展的同时，还要协助村民委员会制定各村的发展规划，对各村的产业发展给予指导，并为各村积极申请和实施项目。

在基层，国家治理具有双重性，既要强调统一性，各地方的产业发展质量逐步提高、收入增加、产业链完善，还要兼顾差异性，各乡镇各村要因地制宜。基层治理如何实现统一性和差异性？中国 3000 多个县市、3.8 万多个乡镇面临各种难题，尽管有针对产业规划难题的研究，但地区产业规划往往又陷入差异化、协同化路线分野。在破解地区产业规划难题上，是走简单的差异化路径还是走协同化路径或者第三种路径，是否需要对现有经济布局进行重新分区？

好的产业规划，既要清楚未来几年要坚持的产业，还要清楚重点发展的产业，并为此作好项目谋划和项目储备。各乡镇发展具有一定的差异性，项目介入使产业规划存在差异性的同时具有了可比较性，即从项目与产业的结合方式、匹配方式认识地方经济。项目与乡镇产业发展相结合，势必要讨论乡镇的产业筛选及项目的实施效果。项目与产业结合，是中国当前基层治理的显著特征。

中国县域经济已经积累了大量的成功案例，而经济学界对此关注和研究还不够，除了要看重逻辑推理外，还要结合实际了解基层问题、研究基层问题。西方经济学在中国的传播，加上中国本土学者的努力，产生了一些有代表性的成果，但也有一些"水土不服"式的理论影响不容忽视。结合中国多年的经济建设实践，政治经济学迫切需要结合现实情况重新审视一些重大的理论问题。[①] 学术界要摆脱以往理论脱离实践，不去（或不能）指导实践，缺乏实践针对性的学术研究品种。[②] 在社会科学领域及话语层面，我们不应该继续拿西方的概念和理论来评价中国、解释中国。中国学者需要反思西方中心的话语，找到中国自己的真命题，并努力实现中国现象的概念化和理论化。[③] 在本书中，我们试图坚决避免理论与现实割裂、政策文本分析与现实割裂的研究方式，以有中国独特视角、中国风格的研究为其他欠发达国家提供发展经验，并贡献理论研究成果。

从中国工业镇和农业乡发展的实践经验出发，通过这些镇的案例，在学术探讨上加入中国的经济制度、经济政策，是研究项目制与中国产业发展的应有之义。"如果经济学家认为他们自己是实际工作者，他们就必须改变他们的课题，使之更切合实际。"[④] 在不断的发展中，越来越多地从中国的具体实际出发，思考中国需要什么样的发展，这也是中国经济学 30 年理论创新和发展的主题。中国经济史学研究同样必须以"国情"为基础……因此实地调研能够启发经济史学研究者进行深入的专业研究方法反思。[⑤] 从中国实际出发，围绕着中国经济发展中的现实问题，而不是从本本出发，是创建科学的中国经济学最根本的研究方法。[⑥] 调研应该是一个不断深入思考的过程，应该是一个根据掌握的事实材料进行思考和追问的过程，在自己

①　吴宣恭：《从政府行为看经济学的影响——关于霍邱巨奖事件的理论思考》，《社会主义经济理论研究集萃——纪念新中国建国 60 周年（2009）》2009 年版。

②　张志丹：《改革开放三十年中国经济伦理学研究的十五大热点问题》，《道德与文明》2009 年第 1 期。

③　郑永年：《国家与发展——探索中国政治经济学模式》，《文化纵横》2019 年第 1 期第 30 – 37 页。

④　［英］阿列克·凯恩克劳斯：《经济学与经济政策》，李琮译，商务印书馆，1990 年 7 月第 1 版。

⑤　叶坦：《调查研究的传统与学术创新——经济史学研究方法之反思》，《学术研究》2016 年第 7 期。

⑥　刘刚、李强志、荣欣：《中国经济学 30 年理论创新和发展的基本脉络》，《中共天津市委党校学报》2010 年第 2 期。

的脑海中形成一定的思考或者观点，然后试图去理解和解释所接触到的经验事实，看是否具有解释力。在这个研究过程和实践过程中，中国的经济学者应创建具有中国特色的经济学，重视实践，直面社会实践中涌现的问题，对以往一些理论体现出矫治方式的无力感进行思考，以此质疑经典理论，创立新的理论。

随着改革开放与学术研究的深化，"以经济论经济"的局限性愈加显现，要深入社会研究经济。经济史学的发展创新，基础在于新的史料或数据的发现、诠释、新解与运用。[①]在中国，地方政府在致力于产业发展过程中，自然而然表现出一定的政策偏好和行为选择，项目制成了理解中国区域经济发展的宏观的起点。本书以实地调研为基础，深入社会，深入企业，从农村集体经济发展、区域产业选择经验、产业发展与项目谋划等方面，透视了中国乡镇产业发展过程中的实际情况，以及现代化实践路径的思考，试图回答乡镇产业发展该何去何从，并提出解决问题的政策建议。

本书所有的案例均源于笔者工作亲历或者实地调研。我国幅员辽阔，地域差异较大，不能体现全国所有地区的情况，管中窥豹，只求对于政府与市场在基层项目制实践中的关系有所反映。书中观点乃是一家之言，难免偏颇，恳请读者朋友斧正。

---

① 叶坦：《调查研究的传统与学术创新——经济史学研究方法之反思》，《学术研究》2016年第 7 期。

CONTENTS

# 目 录

第一部分

## 导 论

历史视野中的项目制 ／3
类型学下的多案例比较研究 ／15

第二部分

## 农村产业发展与项目实施

云州乡小农经济与现代农业调研 ／25
陈集镇产业扶贫树莓项目研究 ／36

**附录 访谈问卷 ／43**

第三部分

## 农村集体经济中的项目化运营

农村集体经济发展中项目进村的有效性研究　／47

**附录　访谈问卷**　／60

第四部分

## 工业镇产业发展与项目介入

传承与创新：高阳县纺织业发展研究　／63

自我发展与政府规划：庞口镇农机配件产业发展研究　／82

从弱小到集群：石门桥镇产业发展历程研究　／95

服务与规制：辛集镇皮革产业发展中的政府角色　／111

自发与扶持：高沟镇工业发展历程研究　／123

招商引资与人为市场化：汉川市新河镇乡镇工业发展　／141

**附录　访谈问卷**　／155

## 第五部分

## 项目制与经济发展访谈

中国地方政府项目谋划、储备与管理 / 159

关于项目制基层实践的调查研究 / 177

民族地区村干部群体特征及发展经济能力研究

    ——基于甘南藏族自治州新城镇、王旗镇、洮滨镇

    和流顺镇 170 位村干部的调研 / 191

**附录 访谈问卷** / 203

## 第六部分

## "竞争 – 分配" 式双向配置与经营产业型治理

"竞争 – 分配" 式双向配置与中国经济增长 / 207

经营产业型治理及跨国经验比较 / 226

**后记** / 285

# 第一部分

# 导　　论

　　项目作为国家在各领域资源配置的重要方式和政策工具，对基层社会的经济行为、经济秩序产生了深远影响。项目制带来了产业市场化运营、政府干预优化、财政资金使用、平衡地区发展差距等一系列课题。项目制成为政府调控经济的重要手段和工具。如何在市场经济大背景下理解项目制？本部分从经济制度演变的历史视野中加以分析。

# 历史视野中的项目制

在思想史上，对自然资源的丰裕还是稀少的设定，衍生出了不同的经济学思想。其中涉及几个关键的问题，是本书中对项目制实践不断深挖走向的元问题意识。第一，市场是否能够带来财富的积累（不仅是个人财富的积累，也是共同财富的积累）？第二，是否需要政府干预？在丰裕性的前提下，在魁奈、亚当·斯密、边沁看来，自由贸易成为积累财富的最有效路径，顺其自然，最小政府成为必然。吊诡的是，在市场发展的过程中，关于资源分配、法律条文的制定，以及出现的政党等代表性组织，同样为集体行为带来了支配力量。而在李嘉图、马尔萨斯、马克思看来，在稀少性的前提下，自然资源的匮乏加上在资源竞争格局下产生的剥削、阶层分化问题则需要政府的干预和调控。

基于丰裕与稀少，还产生出了另外两个领域的思想分歧，即伦理与法律。在经济行为中，何以界定善，如何制定法律原则呢？其中涉及大卫·休谟的公共效用（公共福利），这种公共效用是在利益冲突的历史过程中形成的互利的产物。以及边沁所认为的社会利益就是社会成员的利益的总和。

西方经济学理论经历了几次发展与演变，对于国家干预的研究也不断深入，尤其约翰·穆勒提出折中主义的国家适度干预理论，拓宽了政府的职能和政府干预的范围，比他之前的古典经济自由主义者大大扩展了政府干预的权力和范围以及政府职能的作用。穆勒把政府职能区分为必要职能（或一般职能）与任选职能，还区分了命令式的和非命令式的两种政府干预形式，第一次提出和区分了宏观调控的两种方式即直接调控（行政手段或立法手段）和间接调控（经济手段）。穆勒规定了一个"良好政府"的主要标准："其行政首脑，无论是永久性的还是暂时性的，都应对其管辖范围内的各种利害关系具有总的、全局性的调节控制权。"[①] 经济学理论应该与时俱进，将时间与空间相结合进行创新，体现了经济学研究的国别性、区域性。值得一提的是，用新古典经济学来解释中国经济是新古典经济学家的通病之一。将英国和美国的历史过度一般化，这在社会科学领域屡见不鲜。任何社会科学要想与其名称相配的话，都必须兼顾普遍性与特殊性，而不要有所排斥。[②]

除了讨论政府职能外，国家与市场的关系、市场与计划的关系的研究一直贯穿思想史。著名经济历史学家埃里克·琼斯提出："斯密与李斯特"之争将取代"斯密与马克思"之争，即市场与计划的较量快要让路给市场与国家的较量。[③]

"社会主义市场经济是政治与经济的辩证统一，其内在的政治经济化和经济政治化的本质运动，要求社会主义市场经济的建立和发展必须充分发挥经济和政治两个方面的优势。"[④] 这意味着，在社会主义市场经济体制中，国家不是在市场经济之外，而是在市场经济内部发挥作用的。[⑤] 国家在市场经济内部发挥作用，意味着国家是内生的经济主体。

马克思主义经济学提供了有关市场经济的"病理学"分析，即对市场经济内在矛盾的分析。凯恩斯不仅做病理学诊断，而且给资本主义市场经济开了药方。[⑥] 科尔奈认为，几十年来中国都有世界首屈一指的投资率。没有任何一个国家在这么长的一段时间能够维持像中国这么高的投资率。

---

① 约翰·穆勒：《政治经济学原理及其在社会哲学上的若干应用（下卷）》，商务印书馆1991年9月版，第571页。

② ［美］禹贞恩：《发展型国家》，曹海军译，吉林出版集团2008年4月版，第51页。

③ Jones Eric L, Frost Lionel, White Colin. Coming Full Circle: An Economic History of the Pacific Rim. Boulder, Col.: Westview Press, 1994.

④ 习近平：《对发展社会主义市场经济的再认识》，《东南学术》2001年第4期。

⑤ 史正富：《超常增长：1949—2049年的中国经济》，上海人民出版社2013年版，第86页。

⑥ 孟捷：《当代中国社会主义政治经济学的理论来源和基本特征》，《经济纵横》2016年第11期。

这种高投资和政府干预是否有关？许成钢认为，中国政府控制和干预太多。科尔奈则认为，这不只是中国的问题，也是全世界普遍存在的问题，包括中东欧地区也是如此，因此它也是备受争议的一个问题。①

法国马克思主义者戈德利耶在 20 世纪七八十年代提出："经济基础和上层建筑的区别并不是不同制度间的区别，要而言之，这种区别是制度的不同功能之间的区别。"这意味着政治权力或国家的作用，不在基础或市场之外，而是内在于基础或市场之中。② 这种对历史唯物主义的概念重构，颠覆了基础和上层建筑、经济和政治、市场和国家的二元论，将这三对范畴的关系视为相互渗透、相互包含。孟捷进一步提出，社会主义市场经济中国家的作用兼具内生性和外生性。一方面，国家为了应对资本积累的内在矛盾或"市场失灵"而发挥内生性作用；另一方面，国家作为公共产权和公共利益总代表，有必要在社会范围内按照社会的需要有计划地调节社会再生产过程，尽可能合理地配置社会资源，以满足人民日益增长的物质文化需要，即发挥其外生性作用。③

关于中国经济的发展，在以往的讨论中，"锦标赛制度""行政发包""软预算约束"虽然肯定了中国经济的发展，但往往都是以市场经济为中心的，以病理学的视角对中国经济发展经验进行讨论，忽视了"条条治理"在经济发展中的重要作用（如项目制）。学者们尝试使用根植于西方政治制度中的政府－市场二分的分析框架，指出经济增长独立于政府，政府的作用是中性的。但是，在面对中国党政体制时，不能忽略政治本身对经济的影响。比如，以"乡村振兴"等带来的资源重新分配，以及与政治目标深刻勾连的经济发展任务等，都在指向一个孕育极大能量而又不同于西方市场经济的运行机制。这表明，有必要通过项目制讨论社会主义市场

---

① 《中国市场经济之路通向何方：两位计划经济"逆子"吴敬琏、科尔奈的隔空对话》，《财经界》2014 年 1 月。

② 对戈德利耶的评述可参见孟捷：《历史唯物论与马克思主义经济学》，社会科学文献出版社 2016 年版。

③ 孟捷：《中国特色社会主义政治经济学的国家理论：源流、对象和体系》，《清华大学学报（哲学社会科学版）》2020 年第 3 期。

经济，研究中国地方政府的动机。正如张五常在《中国的经济制度》中提出的问题：地方政府在动机上追求什么？①

在中国经济发展历程中，中央政府参与经济可以依靠央企，县级至省级政府可以依靠国企，央企和国企作为参与市场经济的主体可以与其他民间市场主体竞争，但是在乡镇一级政府没有可以依赖的专业经济组织，项目制这一政策工具在乡镇产业发展中就显得尤为重要。中国乡镇产业的发展与项目紧密相关。项目是落实固定资产投资的重要方式。这也是本书研究项目制与产业发展的原因。项目的实施对地方政府行为产生了重要影响，谋划和储备项目成了地方政府重要经济行为。通过实施具体的专项项目，实现政府的政治目标、经济目标。

在中国的体制中，项目制到底处于一个什么样的一个位置？项目制作为中国社会主义市场经济下的一种国家治理方式、经济制度、系列政策，内涵远不止资金分配这么简单，是一种促进公共福利提升的制度。项目制除了用经济学视角进行定性之外，具有很强的政治性。如项目的申请及分配和乡镇党委书记高配②、地区的政治地位等政治因素有关。这是项目分配的一个重要逻辑甚至是核心的逻辑。中国宏观的政治结构对经济的影响是非常重要的。如一些工业强镇先发展起了工业，之后又借助项目制这个社会主义市场经济资源配置手段。当方兴未艾的主导产业未达到预期，政府何以作为？政府开始用一些项目去引导它，然后再去让它变成一个更适合当地发展，或者更贴近国家发展战略的一个项目。这表明，中国乡镇产业发展既有自发的成分，也是政治引导过程的一个部分；也表明，项目制这种经济体制本身所具有的这个政治性，它会对经济进行软约束，也就是说政治本身是有经济产出的。

中国的社会主义市场经济既有社会主义特色和优势，又具有市场经济属性，有着跟西方类似的地方，这种类型的市场经济不可避免地产生一些

---

① 张五常：《中国的经济制度》，中信出版社2012年版。
② "高配"有两种情况：县委常委兼任乡镇党委书记、县级副处级干部兼任乡镇党委书记。

弊端。不过不能因中国市场经济本身的问题又陷入对市场经济的批判，或者是对中国市场经济的分析陷入了西方经济学理论脉络。中国经验的特别之处在于，它没有按照西方经济学或者西方成熟市场经济体制去发展演化，中国特色社会主义市场经济并没有发展到像西方的市场经济样态，西方经济学者可能会认为中国的市场经济没有完全发育成型，但这种观点是不符合我国国情的。中国的市场经济没有完全剥离于国家，国家－社会关系并不是严格二分。在这样一种环境下，通过项目制这一视角我们应该怎么理解中国市场经济？它是一个什么样的内部逻辑？如果它是一个自上而下推动的机制，那它为什么能够成功使用市场的一些要素？把政府中的制度运行的黑箱展示出来，才是学术研究的意义。

上述问题对本书的启发在于，中国经济发展过程中所运用的项目制手段，采用何种手段促进财富的积累？市场与国家调控如何通过项目制这一手段产生互动，如何对整个行业结构和产业结构的调整和升级产生影响？

关于中国政治经济学研究领域的事件，学术界总结出了一些规律性现象，这些现象构成当代中国经济学的实践基础。"财政联邦主义"理论以及后来出现的"锦标赛竞争"理论这些有关地方政府经济作用的理论，重点是解释地方政府的行为和动机，但这两种理论对地方政府行为的解释是不充分的。财政联邦主义理论认为地方政府的经济动机是追求财税收入，其行为如新制度经济学所言，包括界定产权、监督合同的实施等。从这个角度看待地方政府的作用，实际上是把国家仅仅看作守夜人。财政联邦主义理论强调地方政府的作用，但是政府依然是"中性的"。如果我们放眼项目制这一做法，会看到地方政府做的事情比市场经济 1.0 甚至 2.0 版本所承认的要丰富得多。① 地方政府既要直接充当熊彼特意义上的企业家，承担集体生产资料的供给，如实施村集体经济增益的生产经营性项目；还

---

① 孟捷提出，现代市场经济可以区分为三个版本，分别是市场经济 1.0、市场经济 2.0 和市场经济 3.0。工业革命后英国出现的自由市场经济是市场经济 1.0，第二次世界大战后奉行凯恩斯主义政策的西方发达国家的市场经济是市场经济 2.0，中国特色社会主义市场经济是市场经济 3.0。

要作为投资银行家以实现国有资本的增值；更要承担守夜人的角色，扮演解决市场失灵的角色。此外，作为事实上唯一的土地所有者，各级地方政府还凭借土地产权及其利用方式构建了一系列制度和关系，借以获取与土地相关的各种收益，其中就包括地方政府基于土地这种国土空间对项目的分配、对要素的分配、对投资的分配。这些内容充分表明，中国社会主义市场经济中国家的作用兼具内生性和外生性。

上述问题对本书的启发在于，市场与政府调控从来不是非此即彼的关系，经济学家们也在尝试找出"市场不能发挥作用而政府却能有所作为的领域"。虽然在中国社会主义市场经济的开启与发展恰是以补充的资源分配形式出现的，但殊途同归的是，不管是西方市场经济还是中国特色的社会主义市场经济，都在探寻市场与国家调控的有效形式。

在政治经济学领域里，西方偏爱和流行的二元思维更广泛、更明显地得到了运用。在现代，韦伯（Weber）通过对"市场经济"和"计划经济"概念的界定开始了二元思维实践。近年的例子有多尔（Dore）"市场导向制度"和"政府导向制度"的界定。[①] 纯粹以国家为中心或以市场为中心的解释，都不能解释东亚的经验。东亚发展最重要的特征是国家和市场的协同作用（the synergy of state and the market）或被引导的市场（guided markets）。东亚案例在理论和实践上都为发展中国家上了一课，并使国家理论更普适化。[②] 新国家主义理论强调政府与工业之间协同竞争合作的重要性和为追求发展目标而指导市场所带来的独特的动态结果。[③] 那么，在项目制下，如何使得各工业镇企业的利益和方向与国家的利益和方向一致？这就要分析政府实施某些项目和战略，是否与企业的心声一致，是否为政府调研企业后得出的结论。正如有研究指出，如果国家具有协调投资并规划经济的生产潜力，那他就必须能够收集大量信息。[④] 这也意味

---

① R P Dore. Industrial Relations in Japan and Elsewhere. Craig：327.

②③ ［澳］琳达·维斯、约翰·M. 霍布森：《国家与经济发展：一个比较及历史性的分析》，黄兆辉、廖志强译，吉林出版集团有限责任公司 2009 年 5 月第 1 版，第 153、155 页。

④ ［美］禹贞恩：《发展型国家》，曹海军译，吉林出版集团 2008 年版，第 252 页。

着，中国地方政府要将自主性变为有效驾驭市场的能力，并具有为发展目标而调动资源的能力。这种能力通过项目制被大大增强，项目制将地方政府和企业紧密地联系在一起，让某些企业在一定程度上为政府的目标服务。进而，项目制也成为地方政府近年来助推产业发展、补齐产业发展短板、平衡区域差距的一种"体制性"解决方案。因此，以项目制为政策工具的中国治理经验可以为发展中国家提供宝贵的一课。

有学者指出，项目制不仅包括财政领域"自上而下以专项化资金进行资源配置"，而且包括财政领域之外各种以专项任务为名开展的"自上而下的工作部署、任务实施"。① 史普原认为，项目制有狭义和广义之分，狭义项目制特指"政府间专项转移支付体系中的项目运作"，广义项目制还包括"地方政府治理尤其是城市建设和产业布局领域中的项目运作"。② 项目制是从中央到地方一系列政策及配套所形成的制度安排，是围绕财政资金如何使用而形成的比较系统的一整套制度，也是国家在各领域进行资源配置的重要方式。项目的设立和分配承载着国家的政策意图，项目制是政府各层级在资源配置和政策目标间互动的博弈过程，由此形成了中央与地方政府之间的分级治理机制。

在这里，有必要对项目和项目制下一个定义。本书涉及的项目，主要为依托中央财政领域"自上而下的专项化资金"和地方政府用财政资金配套和开发实施的产业项目，以及市场主体申请的政府围绕主导产业而开发、设计的产业引导类项目、财政奖补类项目（产业奖补类项目、技术改造类项目、科技创新奖补类项目），包括政府面向市场招标的项目和市场主体申请政府项目两类。③ 这些项目对产业基础（工业园区、承接产业转移的基础设施）、产业链延伸（生产加工）、产业业态（产业融合）、产业平台（与高校合作、交易平台、电商平台）、产业引导（节能、技术改

---

① 周雪光：《项目制：一个"控制权"理论视角》，《开放时代》2015 年第 2 期，第 83－84 页。

② 史普原：《科层为体、项目为用：基于中央农口项目运作的探讨》，《社会》2015 年第 5 期；史普原：《项目制治理的边界变迁与异质性——四个农业农村项目的多案例比较》，《社会学研究》2019 年第 5 期。

③ 企业自有资金投资的项目需要向发改委备案或审核，这种项目不在本书的项目制范畴内。

造、外贸转型）等方面产生了重要影响。项目模式逐步延伸，从国家、省级到地级市乃至县级发展改革局、农业农村局等职能部门，都设置了名目繁多的地方专项资金。中国各级政府为了实现特定目标而跑项目、拉项目，以弥补本级政府财政资金在公共服务投入、产业发展基础夯实上的不足。在项目的制定、谋划、申请、审核、分配、实施、检查等一系列的环节和过程中出现了特定的运行机制。本书将这种以项目推动治理的制度称为项目制。项目制已然超越了公共财政范围，上升为对政府治理和权力运行的内在机制研究。

项目与政策的关系十分密切，政策要有其考虑和特点，如政策会提出总体要求和发展目标、重点任务，或者政策会提出实际定位及发展方向，明确今后要聚焦的重点方向和提升发展水平等。在地方政府发布的文件中，名称中带有"工作方案""行动方案""申报指南""产业工作要点""行动计划"，这是申报项目的政策依据，项目成为政策实现预期目标的有效途径。正如有研究指出，经济发展目标可以拆解为多个行业目标，一种行业目标又可以细分为诸多产业项目，一种产业项目又可拆解分包给不同企业。① 由此可见，项目承担着重要的经济发展任务。项目带来的专项资金既能弥补财政缺口，运行公共事务，还能把中央到地方的各层级关系以及经济社会各领域统合起来。

政府的发展战略以政策和规划体现政府意志，相关政策的出台有其理论依据和现实需求，理论依据主要是解决市场失灵，现实依据主要为解决市场经济不能实现的产业结构升级等目标。诸多项目有一定的政策依据，政策也会以项目的形式落地实施，以支持市场主体、做强实体经济、瞄准现代化产业体系蓄力。如村庄规划为项目落地提供土地要素。规划有时候体现了一个地方产业发展的战略任务。项目对产业的助力其实也是一种政策匹配、政策赋能。地方政府围绕主导产业制定了不少政策，确立并实施

---

① 史普原、李晨行：《从单位制到项目制：中国国家治理机制沿革》，《公共管理学报》2023 年第 1 期，第 20 – 30 页。

了一系列项目，政策和项目发挥了支持、鼓励、引导产业发展的作用。政府的发展战略往往又有一系列政策得以支持。至此，项目、政策与政府发展战略和思路三个概念的内涵由小至大（见图 1−1）。地方政府借助项目制形成了关于经济发展的战略和思路。发展战略的形成更多是一个政治经济学问题，而不是一个纯粹的经济学问题。

**图 1−1　项目、政策与政府发展战略和思路的逻辑关系**

不同地区对于政府投资项目的依存度不同，西部地区招商引资更多依靠优质项目增强吸引力，中部、东部地区则以政策的优质供给加快项目推进，强调对市场主体的政策引导和把握政策机遇窗口期。最终项目对产业扶持的有效性也是公共政策干预的适当性和有效性的体现。

从内生性角度来看，地方政府作为发展经济的主体，所实施的一系列项目必然涉及项目内部的决策问题：怎样选择项目；项目落地的过程中，为什么会选择这些乡镇，或者这些特定地区项目分配的决策是怎么做的？

总体来看，全书希望回答这些问题：为什么要讲中国项目制这个故事？为什么中国发展经济需要项目制？项目制为什么重要？对中国经济发展尤其是产业发展有什么意义？各地为了发展产业，通过项目制的工具出现了哪些制度建设，使得政府行为具有明显的"经营地区产业做大做强"的意志。本书就是要通过从经典理论中走入中国政治经济实践，再去反思关于市场经济、社会主义市场经济的经典理论，而不是去讨论经济学的某一个理论在中国的适用性。这一系列问题不仅是文中案例想要尝试给出的经验参考，更意图在宏观视角理解中国经济发展手段的尝试。

本书尝试通过对项目制与产业相结合的过程，对项目的选择、实施、监督、验收等全过程的展现，为政府与市场这一学术问题的讨论提供经验视角。进而讨论中国经济发展过程中所运用的项目制手段，市场与国家调控如何通过项目制这一手段产生了互动？在宏观视角理解中国经济发展。

在本书的案例中，既有发展成功的乡镇，也有失败的案例。本书的分析框架不仅为了解释不同路径的乡镇产业发展为何取得成功，还为了研究制度、政策、项目对不同乡镇产业产生的效应。基于此，全书在分析框架的基础上，将内容共分为六部分。全书采取案例研究的方法，主要以农业乡镇、工业镇、村集体三个方面的产业发展和项目实施为研究对象。案例写作过程中，全书强调整体性，即事无巨细地呈现整体样貌，然后再进行理论分析。本书这种以理论带案例的写作方法，要对内容进行一些裁剪，以政治经济学视角，侧重制度层面的分析。

基于此，提出以下两个假设。

假设一，政府的力量并非静态的，而是会随时间改变经济变化所需要的能力，与具体环境高度相关。

假设二，经济并不是独立自主或自我形成的，反而根植于非经济过程和制度中，尤其在政治方面。

在序言部分，对学术界关于乡镇产业规划的研究进行分析，并基于全书内容对农业乡镇和工业镇的产业进行了分类，指明了本书要解决的研究任务和书名来源。全书共六部分内容。第一部分是导论，从思想史的脉络讨论项目制作为一种国家治理方式的意义，以及由此衍生的中国市场经济不同于西方市场经济运行机制的内容，从理论渊源角度提出对项目制存在的理论必要性、实践合理性、执行复杂性的讨论。导论对本书涉及的项目做了界定，阐述了项目概况、政策与政府发展战略和思路的逻辑关系，指出了政府体现出的作用。该部分介绍了类型学和案例研究方法以及全书运用这两种方法的原因，对全书的主要框架和结构用图展示，并讨论了分析逻辑与类型学的关系。第二部分展示了中国部分地区农村产业发展和项目实施情况，总结出当地项目与产业结合的主要经验。第三部分展示了农村集体经济发展中的项目制实施遇到的挑战和政府干预产业的主要类型，并指出了项目制在实践中面临的市场化困境。第四部分展示了中国工业镇产业发展过程中项目发挥的作用，总结了各工业镇产业选择的规律和经验，分析了政府在产业发展的不同时期和不同环节如何介入项目，并区分了政府主导的协调和市场协调两种协调方式。第五部分通过对地方政府干部的访谈，对项目制进行了深入细致的分析；还对基层项目实践如何作用于产业进行总结，对当前项目制的意义和实践中遇到的困难给予系统论证；在这一部分中还专门研究了基层干部群体在项目制背景下发展经济的能力。第六部分是本书的核心部分，对中国各地乡镇产业发展历程中项目的争取、分配进行了提炼，并系统回答了导论部分的问题，总结了中国基层政府在项目制的制度环境下表现出来的政府与市场关系、政府自主性与政府干预的关系、项目制下的三种政策模式、地方政府发展经济的能力与西方国家经验及东亚模式的区别，以及由此而来的中国治理经验及其意义。

本书通过参与式观察、半结构化访谈、问卷调查和小型座谈的方式收集研究资料，深入了解中国不同省份乡镇项目制的实施情况，与调研和文献研究一道成为本书内容的有力补充。本书案例在选取上，一方面基于"实质重要个案"的考量，笔者对河北、宁夏、甘肃、安徽、湖北等地进行调研；另一方面，通过典型地区案例、特定产业案例等多个维度，在宏观层面的框架建构、项目与产业结合类型划分方面有所突破。本书写给政策研究界和理论界的同仁，也写给基层干部、高校学子和对区域经济感兴趣的读者。全书从项目制视角透视中国乡镇经济地理，洞悉产业起源、发展和繁荣，观察地方政府在筛选产业、培育产业、营造产业发展环境、提供公共产品上的作为，展现中国乡镇经济发展的历史纵深。中国各地基层政府依靠项目制这一政策工具以及政府强大的协调机制实现对乡镇产业发展的助力、产业结构的调整、产业链的延伸。基层政府通过项目制直接或间接地参与了经济活动，这种参与还伴随着政府制定出台的一系列优惠政策、搭建的平台、提供的协调服务等，充分表明基层政府具有"经营"产业的行为倾向和制度体系。全书深入剖析中国基层政府管理经济的工具、政策，解读经济制度和政策运行的逻辑，阐述怎样推动有效市场和有为政府更好结合。全书的分析论证建立在基层一线的访谈基础之上，并坚持政治与经济相结合分析问题。通过"竞争－分配"式双向配置和项目运营类型学两个分析逻辑总结出"经营产业型治理模式"，这一概念建构结合了乡镇产业发展历史、相关理论和田野调查三重维度的研究和分析，归纳总结了项目制下八种政府协调方式、四种政府干预类型、三种政策模式等概念，并对中国经验与其他发达国家经验进行深入比较，对中西部不同乡镇发展经济、谋划产业项目进行了深入思考，系统回答了项目制下中国地方政府如何"驾驭市场"，总结了政府与市场关系的中国经验，对揭示中国政府如何发展经济，提供了"置身事内"的视角。

# 类型学下的多案例比较研究

李小云

如何认识和研究不同发展路径下的基层政府与市场、产业与项目的关系？尤其是项目与产业的结合方式、项目对产业的匹配领域，并从这些乡镇不同的发展路径中找到政府管理经济的一些共同之处加以概括，这就需要将类型学分析方法与案例研究相结合来研究项目制下乡镇产业的发展。

## 一、类型学

类型学（typology），也称分类学（taxonomy），指研究者结合两个或两个以上单一维度的简单概念，然后由简单概念的交叉形成新的概念。[①]在经验研究中，对分散、碎片化的案例进行类型学研究是开启整体性分析的一种思路。在当前的研究中，类型学被应用于广泛的研究领域，包括比较政治经济学和时间视野中的因果关系模式等。[②] 分类可以使我们把已有的全部知识初步条理化，而且还有助于形成新的知识。[③] 德国著名法哲学家阿图尔·考夫曼指出，对事物本质的思考是一种类型学的思考。[④] 洛维认为，

---

① Lowi T J. Four Systems of Policy, Politics, and Choice. Public Administration Review, 1972, 32（4）：298 – 310.

② 戴维·科利尔，乔迪·拉波特，詹森·西奈特，汪仕凯：《使类型学更有效：概念形成、测量与精确分析》，载于《比较政治学前沿》2014 年第 1 期，第 153 页。

③ ［法］迪尔凯姆：《社会学方法的准则》，狄玉明 译，中国商务出版社 1995 年 12 月版，第 93 – 97 页。

④ ［德］拉伦茨：《法学方法论》，陈爱娥 译，商务印书馆 2003 年 9 月版，第 347 页。

在现代社会科学中，分类是从纯粹的描述走向解释性研究的关键一步。[1]

有时研究对象具有一定的典型性和代表性，但是同类的案例数量又少，在样本数量上规模较小，则在统计学概念上不具有优势。而通过案例研究展现研究中国问题的优势：一面调查探索，一面重构概念，并结合实践与理论进行对话。类型学可以描述，还可以提炼，并在此基础上进行分析。在本书的写作中，根据各地的实践总结提炼出了一些新概念、新的分析框架、新的理论观点。

分析的过程是一种案例的描述性研究过程，可以和案例研究很好地结合。在案例写作过程中，将时间、空间、适用度（推广性）有机结合。在本书的研究中，通过对选取的典型案例进行深入讨论，将空间与时间相结合，讨论产业发展与项目结合的方式、项目的市场化运营以及由此带来的效益。为了更好地分析这种结合的类型，本书试图用 2×2 的方法对中国各地项目与产业结合的类型进行总结、提炼和归类。2×2 方法实现了在一个表格中比较分析的目标，而且在对各种不同类型的比较中，还能看出其中某一种类型的未来演化趋势，或者某一个象限向另外一个象限变化或靠拢，这是一种动态分析。类型学还有一个很重要的功能，就是既可以比较不同之处，又可以提炼共同之处（即求同法）。

## 二、案例研究

类型学方法是用来研究中国经验的好方法，也是研究区域问题的好方法。如案例方法的长处在于"描述过程、展现机制"；相比之下，定量研究将丰富的细节省略，不愿深入案例，所以无法直接展示具体机制。当研究问题是"如何"或"为什么"时，以及是对当代事件进行研究，而且研究者对这些事件很难或无法控制时，案例研究是首选战略。案例研究的优势在于，当研究者对研究对象不予控制或难以控制时，尤其是当研究的

---

① Lowi T J. Four Systems of Policy, Politics, and Choice. Public Administration Review, 1972, 32 (4): 298 – 310.

对象处于现实环境时，案例研究是一种合适的研究方法。① 本书选取的案例最大限度兼顾了案例的历史维度。

案例研究中可以用过程分析法，其内在要求使得在案例写作中需要进行一定的处理，围绕核心的因果机制安排内容、选择素材，在不违背现实的基础上，对内容进行筛选，即过程分析法不会将所有的细节都等同对待，而是会抓住影响结果或者因变量的关键"证据"，这是案例材料内容安排的核心。从更极端的情况来看，即使只在特定案例中，也可以找到那些与理论相符（或不相符）的事实。本书的案例写作着重关注了各乡镇产业发展的过程，运用过程分析法对政府与市场关系进行研究，对项目与产业结合进行讨论。

本书的写作主要采取案例研究法，这种方法适合用于研究发生在当代但无法对相关因素进行控制的事件。案例研究采用的方法与历史分析法大致相同，但它比历史学家多了两种资料来源：直接观察事件过程以及对历史事件的参与者进行访谈。虽然案例研究与历史分析有相同之处，但案例研究的长处在于，它获得资料来源渠道更多、更广泛——文件档案、物证、访谈、观察等。本书的资料来源以访谈、观察、文件（县志、政策文件、工作总结、政府调研报告）等为主。

在研究型案例研究中，处理案例内容这样的行为是被严格禁止的。不像教学案例的材料是经过精心处理的，以便更有效地突出某一关键之处，② 每一个从事案例研究的学者，都必须尽最大的努力，真实客观地记录观察到的资料。③ 设定理想的时间间隔，将有助于反映待研究案例在各个阶段的变化情况。④ 本书的案例主要以单项案例和纵向案例为主。这样的研究将能揭示所要研究的案例是如何随着时间的变化而发生变化的，即体现了

---

① 罗伯特·K. 殷（Robert K. Yin）：《案例研究：设计与方法》，重庆大学出版社 2010 年 10 月版。

② Stein H. (1952). Case Method and the Analysis of Public Administration. In H. Stein (Ed.), Public Administration and Policy Development. New York：Harcourt Brace Jovanovich.

③④ 罗伯特·K. 殷：《案例研究：设计与方法（中文第 2 版）》，周海涛、李永贤、李虔译，重庆大学出版社 2010 年 10 月第 5 次印刷，第 16、55、56、121 页。

案例研究的第三种用途：用于研究有代表性的典型的案例。研究的目的是了解某一典型性案例出现的环境和条件。[①]

加里·格尔茨与詹姆斯·马奥尼在《两种传承：社会科学中的定性与定量研究》指出，实质重要的个案指研究者一旦选择一些特定的个案，那么这组个案就是有用的。实质重要的个案经常是一种现象的"理想型"或典型案例。[②] 如何选择实质重要的个案，使其服从研究目标？

对于个案研究来说，选择调查地点至关重要。需要遵循以下原则：首先，选出的调查点必须具有代表性，这样得出的推论才可能有更多的普遍性；其次，个案需要具有一定的特色，才更容易发现理论生长点；最后，案例研究点要方便调查，容易获得资料。[③] 此外，将负面案例纳入到所分析的案例中是完成科学案例选择的关键步骤。[④] 进而，本书的案例研究包括正面案例与负面案例。在案例选取上，本书中的工业镇以全国综合实力千强镇为主，这些工业强镇主导产业成熟，产业链相对完整；项目在产业转型升级中发挥了重要作用；工业强镇取得了显著的经济社会发展成效，在当地具有一定的示范效应。工业强镇的发展历程对于总结政府与市场关系、政府与产业关系有研究价值。本书中选取的农业乡镇多数位于西部地区，大多基础薄弱、产业链短，产业发展对项目的依赖性大；项目调控和引导产业发展中既有成绩，也存在问题，这为今后项目进村的实践提供了经验教训。

案例分析可以通过对单个或少数分析单元的深入研究，以理解规模更为庞大的相似的分析单元或案例。[⑤] 本书在第三部分、第四部分对这些乡

---

① 罗伯特·K. 殷：《案例研究：设计与方法（中文第 2 版）》，周海涛、李永贤、李虔 译，重庆大学出版社 2010 年 10 月第 5 次印刷，第 16、55、56、121 页。

② Gary Goertz, James Mahoney. A Tale of Two Cultures：Qualitative and Quantitative Research in the Social Sciences. Princeton, N. J.：Princeton University Press，2012.

③ 雷志宇：《中国县乡政府间关系研究－以 J 县为个案》，上海人民出版社，2011 年 11 月第 1 次印刷，第 23 页。

④ Mahoney Jame，Gary Goertz. The Possibility Principle：Choosing negative Cases in comparative Research. American political science review，2004（4）：653－669.

⑤ Gerring J. Case Study Research：Principles and Practices. New York：Cambridge University Press，2007.

镇进行单个案例研究;第六部分对项目与产业结合的方式进行分类,对项目与产业结合过程中表现出的共同性、项目分配给产业的规律,以及由此表现出的政府与市场关系等进行深入分析,使这种类型学分析最大程度接近"庞大的相似的分析单元或案例"这一目标,即不同的结合方式终究是政府经营产业的行为选择,进而为全书提出"经营产业型治理"总结出实践路径和理论依据。

在本书的写作中,全部案例都有作者参与其中的情境感知和直接观察的机会。这种感知和直接观察获取的信息是一部分,进而通过访谈得到的资料与其他渠道获得的资料结合起来补充完善案例。这种直接观察即参与性观察(participant-observation),一个突出优点是研究者在案例研究中能以局内人而不是局外人的视角进行观察,[①] 以此深入某些事情的细节和某些群体内部。在案例写作过程中,以资料收集的三大原则之一"使用多种证据来源"为指导原则,让不同途径的资料相互印证,以丰富案例内容。同时,案例写作中聚焦农业乡和工业镇经济发展中的矛盾及其解决思路:发展与资源、发展与规划、发展与资金、项目与效益、政府主导与市场主体活力。

## 三、类型学与分析逻辑

类型学分析是开展社会科学研究的基础。本文分别以政府经营项目的强度为纵轴、项目运营市场化程度为横轴,分两个维度对各乡镇的项目与产业结合方式进行分类,进而展开详细分析,以期为理解当代中国基层项目制提供一个全新框架。如图 1-2 所示,为了提出"经营产业型治理",本书第二部分、第三部分和第四部分的案例呈现一定的共同特性,如地方政府通过项目对辖区产业进行经营,这种行为归纳起来具有竞争与分配的特征,基于此,系统总结出"竞争-分配"式双向配置分析逻辑,其体现出的核心观点是:试图回答投资来源、投资意向、投资目的,并讨论政府

---

① 罗伯特·K. 殷:《案例研究:设计与方法(中文第 2 版)》,周海涛、李永贤、李虔 译,重庆大学出版社 2010 年 10 月第 5 次印刷,第 16、55、56、121 页。

与市场关系、府际关系。分析逻辑体现了政府的经济治理结构，具有横纵竞争的交叉性、自上而下与自下而上推行的交替性。类型学分析（分析逻辑二）体现出的是项目与产业的结合方式，即项目以不同方式、在不同环节介入产业。类型学则从历史的、动态的角度展示了不同地区政府行为、产业形态①，在政府行为方面展示了不同地方政府在项目谋划、项目储备、项目运营上的侧重点，如西部地区更注重对于中央预算内项目的谋划、储备和争取，在政府投资项目的市场化运营上有所欠缺，中部地区则更注重对企业投资项目的引进、扶持和引导。

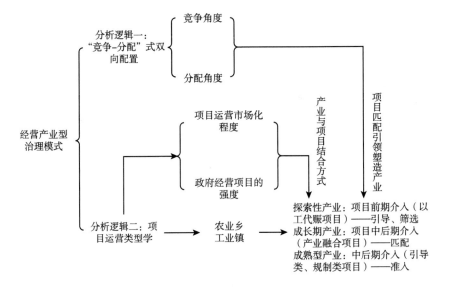

**图 1-2　全书主要框架**

以下简要讨论下分析逻辑与类型学的关系。从项目的配置来看，分析逻辑解决的是项目怎么获得、怎么分配的问题，即上下级政府围绕项目产生的关系。从市场化的过程来看，分析逻辑讨论的是市场化的前端（项目申报、项目争取），即"产业引项目落地"的过程，类型学讨论的是市场化后端（项目落地后的运营），即"项目向产业聚集"的过程。类型学从

———————

① 产业形态是指经济体系中产业类型、产业结构、产业地位、产业关系、产业体系、产业发展趋向等产业状态。

多案例比较研究的视角展现了不同的发展路径，不同路径对应不同类型，这是解决项目落地后如何与产业结合的问题，体现出政府与市场关系及政府发挥的作用。类型学与分析逻辑相结合进而提供了项目从申请分配到与产业结合全过程的政治经济视野，从而得出围绕产业经营和项目运营的垂直治理结构。

# 第二部分

# 农村产业发展与项目实施

那些基础薄弱的农业乡镇，如何在自身资源和发展基础上引来产业项目，使农业产业化、链条化发展迈上了一个新台阶，促进农村一二三产业融合发展？农业产业强镇需要走"农业＋重点项目"发展路径。

# 云州乡小农经济与现代农业调研

李小云

## 一、云州乡调研纪实

2016 年 11 月 4 日，清华大学学生县域经济研究会成员来到河北省张家口市赤城县，就其现代农业发展情况展开调研。前期已了解到赤城县的香菇产业发展取得了一定的成绩，建立起多个现代农业示范园区，本次调研以此作为主要目标。

从北京出发，坐了 3 个多小时的长途汽车后，笔者来到赤城县，这里给人的第一印象就是发展得相对落后，城中村密布，基础设施建设有待完善，是典型的山区县，交通也不太方便。笔者原打算前往三道川乡开展调研，然而考虑到交通的问题，最终选择了相对较近、同样有现代农业园区的云州乡。

云州乡距赤城县城约 15 千米，区域总面积 520.55 平方千米，下辖 29 个行政村。云州乡的面积比河北省大厂回族自治县（176 平方千米）、高邑县（222 平方千米）两地面积的总和还要多。赤城县和云州乡两地之间每小时有一趟往返的公交，交通相对便利。笔者乘公交到达云州乡后，向附近村民打听才得知，原来香菇种植园区离村镇还有 20 千米的路程，且多为山路，交通不便。当时已接近下午 3 点，考虑到时间的限制，笔者选择先去乡政府了解情况，准备次日前往种植园区展开调研。

出人意料的是，乡政府并不在乡镇中心，反而在较为偏僻的地方，需要打车前往。在前往乡政府的途中，向一位大哥了解了一些情况：这里的香菇种植园区是浙江温州人投资建设的，里面的员工也大多来自浙江温州，本地人在其中工作的很少。村民中也有几个种植香菇的，效益还不错，不过大部分村民还是以务农为生，很多年轻人选择了外出打工。乡村附近还有几个蔬菜种植合作社，也有一部分村民以种植蔬菜为生。

到达乡政府后，笔者表明了自己的身份和来意，希望找到政府相关人员了解情况，整个沟通过程还算顺利，找到了正在办公的乡党委书记，就感兴趣的问题做了深入交流。

书记首先介绍了云州乡经济发展和香菇产业的一些基本情况。云州乡处于相对落后的发展阶段，主要受限于交通，难以吸引到企业来此投资，目前这里土地流转相对少见，全乡土地参与流转的约10%，平均价格为600元/亩。[①] 这里种植的香菇种类是双孢菇。现在的香菇种植园区由来自浙江温州的企业投建，园区平时的工作人员有30～40人，其中大部分为来自浙江当地的技术骨干，收获时也会临时雇本地人采摘。这与笔者之前了解的情况基本一致。随后谈到了本地人的生计问题。书记表示，大部分村民还是以务农为生，约40%的年轻人前往北京等地务工，有一些个体户种植蔬菜，极少数人种植香菇。在这些村民中，务农的收入相对较低，仅能解决温饱问题。种植蔬菜已无补贴，加之当地缺乏大型交易市场，蔬菜可能面临滞销。由于赤城县是国家级贫困县，财政收入低，目前尚无力建设这类平台。当地一直在倡导种植香菇，然而出于种种原因，村民极少做出这样的尝试。

为何当地会鼓励农民种植香菇呢？这种尝试的失败，又反映了哪些现实的问题？这正是笔者重点关注的内容。通过继续交谈，笔者了解到，赤城的自然条件适合香菇的种植，当地香菇成熟较早，上市时正处于供不应求的时机。种植香菇利润空间大，一个种植大棚每年约能带来6万元的利润。因此，香菇适合作为富民产业加以推动。当地为了推广香菇的种植，

---

① 本书面积单位"亩"指市亩，1亩≈666.67平方米。依使用惯例，本书保留以亩为单位的表述。

提供了补贴以及贷款担保。建立一个种植大棚需要约 10 万元，政府为此提供 5000 元左右的补贴，并提供 5 万元的贷款担保。然而，在天时地利都具备的条件下，为何这一举措并没有得到村民的积极响应呢？

香菇种植需要一定的技术基础，然而村民普遍不了解技术，在尝试中可能出现亏本的现象。香菇种植需要较高的前期投入（主要体现在大棚的建设上），虽然政府提供了一定的政策优惠，但村民们仍承担着相对较高的风险。赤城离北京较近，打工每年能有 3 万余元的净收入，比种植蔬菜高了不少，又不用承担香菇种植的风险。在这种情况下，外出务工成为很多年轻人的可行选择。

单纯的劳务输出绝不是农村发展的最优道路。如何实现内生式的经济增长，成为当地必须直面的问题。在这次交流中，一种观点给笔者很大的启发：农村产业的发展，需要能人的带动，需要榜样的力量。农民往往具有某种短视，在暂时利益与长远利益之间不能做出合理的抉择。若是与他们关系密切的"致富能人"能够以实际行动起到表率作用，便可能实现内生增长的动力。

这种结果可能来源于农民防范高风险的自我保护意识。在笔者之前开展的调研中，保定阜平县政府做担保为农产品提供保险，这种行为便有很强的借鉴意义。从根本上讲，提高农民的生产素质才是发展现代农业的基础。当地的基层干部认为，加强教育才是农村问题的解决之道。然而教育红利能否反哺农村、反哺农业，彼时的农民是否又有了新的内涵，农业是否又有了新的组织方式。这些问题，唯有通过不断的实践与严谨的思考才能给出合适的解答。

2016 年 11 月 5 日，笔者继续在赤城县开展调研。结合之前了解到的情况，笔者来到了云州乡三山村，云州乡的蘑菇种植基地就设立在这里。三山村给笔者的第一印象就是贫困：道路多为土路，村中还有很多土坯房，村民的穿着也极为朴素。

通过向村民打听，笔者顺利来到村中唯一的蘑菇种植户家中，与种植户 A 交流起来。A 介绍，从开始建大棚种蘑菇到现在已经两年了，种植蘑菇的技术都是从基地的技术员那里学来的。目前每年能产 2 季蘑菇，每季约 1 万斤① （5000 公斤）。种植蘑菇的原材料也是从基地那里购买的，每季成本在 3 万元左右。种植蘑菇第一年效益比较好，每斤蘑菇能卖十几元钱，然而今年价格比较低，每斤仅有 5～6 元。

与乡里干部的交谈中，笔者注意到村民种植蘑菇时面临的主要问题是前期投入成本过高。当笔者问及这里大棚投建成本时，A 表示大棚建设总共花了 13 万元。在这个过程中并没有获得补贴，这与乡干部的说法有出入。

当笔者到 A 的家时，他正在把土豆卖给前来收购的人。笔者顺便也与收购者聊了起来，听口音这位大哥也是当地人，以个体运输的方式来倒卖各类农产品，除了收购粮食和土豆，在夏季还买卖各类蔬菜，产品都运往北京的新发地农产品批发市场。在交谈中，笔者注意到一个重要的问题：农产品的价格决定机制。大哥表示自己也是根据市场价来调整收购的价格，赚取差价，至于市场价格究竟是如何决定的，自己也不了解。

随后笔者又走访了几户农户：首先来到了一户养牛户的家中。刚到他家中时，只有一位老人，听力有些障碍，交流得不太顺利。过了不久又来了一位 50 多岁的中年人 B，交谈得知是老人的弟弟。B 介绍，自己这一辈兄弟 3 人，除了之前的老人还有一位哥哥，两位哥哥由于身体上的缺陷，一直没能成亲。现在两人年纪大了就住在一块，互相照顾，以养牛为生，自己住在他们旁边，时常过来帮忙。自己的儿女目前都不在村里了，都在宣化务工。

笔者首先问了他对种蘑菇怎么看，B 表示，主要问题还是前期成本过高，技术也不好掌握。村中那户种蘑菇的人就是因为之前一直在蘑菇基地工作，才掌握了技术。随后 B 表示，养牛的效益也不太好，主要原因是 1 年多前规定禁止放牧，只能用玉米秆等喂养牲畜，成本过高，大部分村民把牛羊贱卖了。B 以务农为生，有 20 多亩地，每年种植玉米和土豆。然

---

① 1 公斤 = 2 市斤，1 市斤 = 500 克。本书大部分调研记录中因转述方便而采用旧制"斤"。

而近几年粮食的价格比较低，以土豆为例，1斤（500克）仅能卖6毛钱，每亩地的总收入只有800~900元。虽然地比较多，收入也不好。自己农闲时就在蘑菇基地干活，那里的技术工作都是来自浙江的员工来负责的，一些建筑类的工作，比如修水泥路、上料等则由本村村民来负责。这也是蘑菇基地承建时就商量好的。目前全村有10多人在那里干活，工钱按天算，每天110元。B表示，大部分时候都是有活干的，自己去年工作了10个月，农忙时回家种地，附近的村子有时也会有一些零工，报酬方面比蘑菇基地好些。

看这位村民对蘑菇基地的情况较为了解，我们又多聊了一些，主要关于建厂时的土地流转：蘑菇基地占用的是村里的林地，原本归村集体所有，后来树木没有了，林地的产权归属就不再按照原来那样明确到人，流转以后村民没有补偿。基地还以500元/亩的价格流转了一些私人的土地，签了12年的合同。12年后第2轮土地承包到期，涉及合同的变更问题。相比之下，村中村民互租土地的价格在50元/亩，这也反映了目前种地的收成不好，村民对此积极性不高。

目前村中只有2家企业，除了蘑菇基地，还有1家养猪场。原来还有一家沙厂，但由于环保要求，已经被关停了。村中有约500户人家，目前蘑菇基地对村民的主要带动作用还是提供技术指导和工作岗位，然而10个人的用工需求量相比于村民总量，带动作用还是极为有限的。

笔者随后又来到另一户村民家中访问，这家也以种地为生。到他家时，一家人正在装土豆，笔者便问起种地的收成问题。这里的答复和之前的走访基本一致，都是反映玉米和土豆的价格低，虽然产量很好，但挣不到钱。目前由于养牲畜的成本过高，大部分村民都选择售出牲畜，只有几个大户还在养。建大棚种蘑菇的投入又太高，掌握不了种植技术风险也大。

这次调研，前期笔者查阅了大量相关文献，制作了详细的调研问卷，但是到实际中一看才知道，问卷中一些信息没法获得。

## 二、小农经济与现代农业

在云州乡发现一些具有研究价值的素材，如为何农民最近几年一直选择种土豆，而不是其他经济作物？美国学者马若孟（Raman Myers）根据对河北、山东考察的农村经济状况认为，华北土地分配状况没有进一步恶化；农民能够对市场作出灵活反应，调整自己作物生产，如种植收益高的作物，以及抓住非农雇佣机会。① 调研发现，农民在调整种植结构的时候有一定的滞后性或者比较被动，最优选择有时候不得不被次优选择代替。种植经济作物理论上讲收益较好，但是受制于自然环境和人力劳动的机会成本，种植成本较高，而且面临着市场需求和产量不稳定的风险。有些经济作物对技术要求很高，如本文提到的蘑菇。最终的结果就是农民宁可种植玉米，即使最近几年种植玉米的补贴取消了，这种种植倾向还坚定存在。农民对于风险的态度既有偏好也有规避，那些费力费事的农作物如果规模收益不明显，可能不接触更好更稳当。

《中国农业现代化之路》一书认为，黄宗智提出了"过密型商品化"，然而并没有研究和解决这些问题，重点只在农民的生产方式上，主要方法似乎是"解剖麻雀"，仅仅根据几十个村庄的调研和他自己所在的几个村庄的调查资料就对中国农村几百年的历史下结论。② 虽然本次调研也花费了一定的时间和精力，获得了一些实证资料，但中国农村经济发展的不平衡和多层次并不是当前特有的现象。一项研究科学性在于选择数据的审慎、样本的广泛代表性等。

对于贫困的理解，不能仅仅停留在返贫上，还在于劳动力的廉价、农作物的歉收、农产品的滞销与价格下降。从这个角度上讲，土地只是农民众多资产中的一项。而农村还存在不充分的交易，一些农产品无法销售出

---

① Ramon H. Myers. The Chinese Peasant Economy: Agricultural Development in Hopei and Shantung, 1890–1949. (Harvard East Asian Series 47.) Cambridge, Mass.: Harvard University Press, 1970.

② 丁长清，慈鸿飞：《中国农业现代化之路——近代中国农业结构、商品经济与农村市场》，商务印书馆，2000 年 8 月第 1 版，第 332 页。

去，在满足自身需要的基础上，调剂农村不足后，应该找到销路，但是相当部分农产品的滞销，使得农产品交易市场不完全。虽然农村有集散市场或者中转市场，但是并不是每个农村的市场都具有优越的条件，比如靠近大城市、周围有大的消费区。如果农产品直接进入消费市场，可以减少中间环节，如云州乡的土豆直接进入北京批发市场。农产品供应大城市所需之后，如果多数农产品都留在农村，对农民来说则是莫大的损失。

农产品贸易可以区分为长距离贸易与短距离贸易，两个名词只是个相对概念，如果农产品运出县境即算长距离贸易，这对分析河北县域农村经济有一定的意义。如果认为中国的农村小市场贸易是"余缺调剂"，具有补充自然经济的性质，那么这种观点忽略了产地市场的重要性。长距离贸易也是基于产地市场产生的。帕金斯估计，19世纪末中国农村产品进入长距离贸易的商品仅占总产量的百分之七八。① 现在这种情况已经大为好转，这得益于农村基础设施的建设和政府在农村经济发展中的投资。如果把农村发展的内涵界定为提高农业生产力，提高农村生活质量、农民收入以及社会组织水平，那么农村发展的内涵就丰富了。但现阶段农村的发展的着眼点在于小农上面，现存的市场体系对农村发展依然存在无力感，一些老大难问题依旧存在着。

规模化经营是现代农业发展的重要内容。发展规模化经营的条件是要加快土地使用权的流转，以提高土地使用率和产出率，使土地真正成为致富的重要因素。规模化经营将改变农村单家独户的经营方式，使得土地的流转相对集中，从而优化土地、资金、劳动的组合，提高集约化经营水平，使生产规模化、产业化，提高土地使用效率。规模化经营的方式之一就是订单农业。

## 三、如何发展农村经济

尽管作为本次调研的重点，云州乡的香菇产业还处于起步阶段，该产

---

① 帕金斯：《中国农业的发展（1368—1968）》，宋海文等 译，上海译文出版社1984年版，第158页。

业无法成为云州乡当地的主导产业，还没有成为当地农业产业化的重点。云州乡从养殖业、光伏产业、食用菌、设施蔬菜等方向实施项目，通过政府投资奠定产业发展的基础。此外，云州乡发展农村经济的重要抓手在于让农民嵌入农业产业化进程。云州乡近年实施的项目见表2-1。

表2-1　　　　　　　　　　云州乡近年来实施的项目

| 实施时间 | 项目内容 | 投资金额 | 投资来源 |
|---|---|---|---|
| 2016 年 | 八个村实施村级光伏电站项目（光伏设备 140～250 千瓦） | 821.8 万元 | — |
| 2018 年 | 康绿达食用菌产业园项目（用于购买大型食用菌生产空调机和建设流水车间） | 550 万元 | — |
| 2019 年 | 张家口佳和农牧有限公司环保改造项目（种猪区自动供料系统、生物安全消毒及附属设施） | 300 万元 | — |
| 2020 年 | 胭脂村肉牛集中养殖项目（建设内容：圈舍、青贮窖、贮草棚、粪污处理池、无害化处理池，消毒池、污水池等基础设施，铡草机、拌料机、粉碎机等机器设备） | 235.79 万元 | — |
| 2020 年 | 施家嵯村肉牛集中养殖项目（建设内容同上） | 222.26 万元 | — |
| 2020 年 | 施家嵯村肉羊集中养殖项目（建设内容同上） | 128 万元 | — |
| 2020 年 | 窑子沟村肉牛集中养殖项目（建设内容同上） | 240 万元 | — |
| 2020 年 | 设施蔬菜基地建设项目（建设内容：春秋大棚、暖棚） | 569 万元 | 省级财政扶贫资金 |
| 2020 年 | 仓上堡村蔬菜大棚建设项目 | 合同金额16.9 万元 | — |
| | 云州水库水质提升生态养殖项目 | 200.6 万元 | — |
| 2021 年 | 赤城县后城镇高标准农田建设项目（云州乡沙古墩村） | | 中央财政资金 |
| 2021 年 | 赤城县中央财政预算内以工代赈项目（云州乡） | 120 万元 | 财政资金 |
| 2021 年 | 云州乡旧站村壮大集体经济项目春秋大棚工程 | 49.84 万元 | 财政资金 |
| 2022 年 | 绿巨人赤城光伏发电项目，在寺沟村、云州村、西沟窑村、石窑沟村四个村新建 200MW 光伏电站 | 9.7 亿元 | 企业投资 |
| 2022 年 | 云州乡云州村土地整治（占补平衡）项目 | | 企业自筹 |
| | 赤城县云州乡"空心村"治理生活污水处理项目 | 563.7 万元 | 财政资金 |

资料来源：根据赤城县人民政府网站公开信息整理。

2016 年云州乡八个村实施村级光伏电站项目，以此壮大村集体经济。全乡 29 个行政村村集体经济年收入全部达到 5 万元以上，23 个贫困村享受村级光伏收益。村集体经济的发展为云州乡的村民带来了福祉。云州乡先后通过光伏收益分红、公益林补助、村集体暖棚租赁等方式，将村集体收入用于支出占地入股分红、雇佣公益岗、实施补助、实施孝心养老和实施小型公益事业，为低收入群体有效兜底。云州乡实施的上述项目，是为产业进行基础设施配套，解决村级集体产业基础设施投入成本高、发展后劲不足的问题。此外，为了实现规模经营，2022 年实施的土地整治项目，就是为了平整土地、新增面积，实现规模化经营和标准化生产。

在北京海淀区与赤城县对口帮扶高层联席会下，通过派挂职副县长的方式，近年来海淀区和赤城县签署了一系列协议并实施了项目，如表 2 - 2 所示。赤城县实现产业格局、品牌建设、贫困户收入三大提升。赤城县实现了和北京的互联互通，借助北京市的帮扶、区位优势、科技资源，奠定了发展都市农业的基础。

表 2 - 2 北京援助赤城县的项目

| 时间 | 项目名称 | 投资来源及金额 |
|---|---|---|
| 2018 年 | 北京市支持赤城县发展农业节水补助资金项目云州乡节水项目 | 北京市 |
| 2019 年 3 月 | 建设了集现代农业技术和物联网应用技术于一体的科技示范园 | 张家口市赤城县申请北京市海淀区帮扶资金五百万元 |

项目成为促进当地经济发展重要的抓手。云州乡的工业经济十分薄弱，抓农业项目，就必须建设立足现有特色的优势产业，通过政府投资进行"补链"和提供产业基础。政府在产业发展项目、基础设施、人居环境等方面进行投资，其中，蔬菜项目有 2 个。云州乡 2020 年项目支出 736.49 万元，占总支出的 37%，[1] 2021 年度支出合计 2102.9 万元，项目支出 434.73 万元，占 20.7%。[2] 2020 年 8 月，由乡政府申请的 569 万元

---

[1] 2020 年度部门决算公开文本，赤城县云州乡人民政府，2021 年 11 月。

[2] 2021 年度部门决算公开文本，赤城县云州乡人民政府，2022 年 8 月。

扶贫资金建设的设施蔬菜基地正式竣工，全部投入使用后，可解决六七十人的就业问题。乡镇面临的一些问题需要从全县的角度进行统筹规划。赤城县拓展产业链，成立县蔬菜协会，建设蔬菜交易平台，完善产销对接机制。① 这对云州乡的蔬菜产业也将会产生重要的促进作用。

从云州乡的调研可以看出，云州乡的产业选择主要根据是当地的自然环境、土壤条件、土地存量等，既有来自对种植传统的继承，也有新探索。云州乡的小农经济成分还比较浓厚，现代农业的发展还没有出现大的突破，土地的连片规模经营还比较小，面临着产业基础薄弱的问题。村民种植架豆、甘蓝等有机蔬菜，改变了种植玉米、土豆的传统。云州乡三山村的蔬菜种植规模较小，云州村、吕和堡村、沙古墩村、观门口村的有机蔬菜种植业具有一定规模。当地政府实施的项目中围绕主导产业的比较少，项目和产业结合得还不够紧密。项目匹配产业领域为养殖业和蔬菜产业的基础设施建设。云州乡作为首都重要水源地，最近几年的项目谋划侧重生态保护和涵养方面。作为一个面积较大的乡镇，产业进一步发展壮大的潜力比较大，如何通过发展产业帮扶村民致富，让农民嵌入农业产业化进程，在农产品精深加工及销售网络上下功夫，拓展原有种植产业的盈利空间，大力实施产业化项目，成为当地政府必须直面的重要工作。

回顾全文，云州乡这样一个毗邻首都的农业乡，具备实现短距离贸易的条件。进而，项目的实施对云州乡的小农经济会产生重要影响，由小农经济逐步向都市农业发展。那么，项目对小农经济的改造提升有何作用？发展传统农业，受自然条件的制约，受农户资金少制约，农户建设加工厂及配套设施的能力不足，农户生产、销售都极为分散，生产效率、市场占有份额均较低。在云州乡案例中，小农经济面临融入农业现代化进程的任务。通过近几年的发展和项目的实施，小农经济作业模式逐渐有了产业化

---

① 《赤城县政府工作报告——2022 年 1 月 27 日在赤城县第十七届人民代表大会第二次会议上》，发布时间：2022 – 02 – 17，发布机构：政府办公室。

的雏形，有了用产业化的思维来改造传统农业的趋势。从地理位置来看，赤城县致力于发展都市农业。赤城县因地制宜，以做好北京"菜篮子"为定位。2023 年赤城县新增设施农业面积 4000 亩以上，培育发展 10 家以上从事设施农业、种植业的新型经营主体，打造"赤城架豆""赤芍"等特色农业品牌。近几年云州乡农产品产销中间环节减少后，配送效率显著提高。当地政府开始用市场化的思维来看待农业，重视产品质量、销售渠道、主要功能等，为各类农特产品寻找到各自细分的市场。项目对小农经济业态下的户企利益联结机制产生了影响，脱贫户获得了土地租金＋就业薪金＋合作股金＋绩效奖金"四金"收入，拓宽了收入渠道。在延伸产业链方面，云州乡将围绕境内旅游资源，实现旅游周边产业发展，做到"接二连三"。

在云州乡农业现代化进程中，项目打开了乡村发展空间，改变了农民分散的做法，集中资金投大项目、投重点项目，通过改善整合农业基础设施、土地农田等资源，挖掘出农业的生态、经济等多方面效益。未来鼓励符合条件的项目按规定由市场主体实施，撬动金融和社会资本按市场化原则更多投向云州乡，进一步挖掘云州乡的区位优势、资源优势，为都市农业发展奠定基础。

# 陈集镇产业扶贫树莓项目研究

朱永胜

陈集镇位于蚌埠市怀远县最北端，镇域面积 97 平方千米，耕地面积 10.4 万亩。陈集镇农牧产业以初级农产品生产为主。近年来，大力推进高效现代农业，推动特色产业蓬勃发展，镇内冬枣、无花果、草莓等种植初具规模，现有成片蔬菜瓜果基地 8 个，共 1000 亩。2016 年陈集镇开始尝试发展树莓产业。树莓又称山莓、覆盆子，因美味和丰富营养以及特殊保健功能，被联合国粮农组织称为"第三代黄金水果"。特别是红树莓，由于色美味香，口感独特，欧美人称其为"贵族水果"。然而，怀远县陈集镇产业扶贫树莓项目的兴起与惨淡收场，值得我们深思与研究。

## 一、产业发展历程

2016 年 11 月，陈集镇在 11 个行政村选择连片地块进行土地流转（800 元/亩/年），带动 298 户贫困户发展树莓产业，由有发展意愿的贫困户每户承包种植 1 亩左右，共试点种植 298 亩树莓。采用两种经营模式，一是贫困户自种自管模式，二是合作社代种代管模式，试点在管护到位的瓦一村、大沟村、老郢村等村取得良好效果。经过试点种植和实地考察论证，陈集镇气候、土质比较适宜树莓生长。

陈集镇通过与中国树莓产业发展联盟磋商，采用"企业＋贫困户＋基地"的模式，由安徽省树莓农林科技有限公司和贫困户合作发展树莓产业，集中连片规模种植。

2017 年，陈集镇采取"龙头企业＋合作社＋贫困户"模式，扩大树莓基地种植规模，采取合作社代种代管模式，结合脱贫攻坚战略，依靠贫困户产业奖补政策，鼓励全镇 521 户贫困户申报树莓种植。按照贫困户发展产业奖补标准，每亩树莓政府补贴 6000 元，最高时全镇树莓种植面积达到 820 余亩。

树莓的产权归农户所有，安徽省树莓农林科技有限公司与农户签订协议，实施代管代种，公司负责树莓的种植、施肥、浇水、除草等日常管理，以及树莓果的采摘、运输、冷冻等工作，在所有的管理和采摘过程中优先雇用贫困户参与劳作，按劳付薪。贫困户每年获得树莓果营业收入（扣除土地租赁、全程服务等费用）的 20% 作为分红。

2017 年 6 月，陈集镇在瓦四村树莓基地集中流转地块种植树莓，遭遇干旱天气，树莓基地部分树莓死亡，后补种。其间，陈集镇申请行业部门修建树莓基地农田水利设施，完善基础设施，优化种植条件。

按照陈集镇产业扶贫树莓发展项目远景规划，未来树莓规模扩大到一定程度后，将进一步在农产品深加工上做文章，在树莓产地延长区域内产业链，构建树莓产业发展立体格局。壮大树莓产业的第一步就是要解决树莓的冷藏运输问题，由于树莓采摘后必须尽快冷藏保鲜，而且对冷藏条件要求较高，需要专业的冷藏设备。2017 年 2 月，陈集镇以"打造树莓产业，实现强镇富民"为目标，申报陈集村树莓产业扶贫配套冷库建设项目，积极争取扶贫专项资金。该项目由《关于下达 2017 年度财政扶贫资金项目计划的通知》批复资金 221 万元，后增补 86 万元，在陈集镇政府所在地陈集村（原贫困村）流转 10 亩土地建设一个 500 吨藏量的中型冷库，为树莓的收购、保存、保鲜提供有效保障，支持树莓产业发展，为延伸树莓产业链打好设施基础。该项目形成的固定资产产权归陈集村村集体所有，通过收取树莓公司租金壮大村集体经济收入，按照关于印发《怀远县扶贫资产管理实施细则（试行）》的通知，该冷库租金收益不得低于投资金额的 6%，即 18.42 万元。2018 年 11 月，树莓冷库建成，但树莓公司未按前期约定租赁该冷库，冷库被迫低价租赁给本地的农业企业怀远陈集兴为蔬果加工厂，约定年租金 24 万元，冷库的水电费用及运维管护费用均由陈集村村委会担负，实际获得租金收益不足 5 万元。

2018 年，镇内树莓大面积挂果，但遭遇洪涝灾害大面积减产，并且口感不好，质量不佳，销路较差。全镇范围内仅剩瓦四村尚存树莓植株，农户当年仅获得 100 元/亩的收益分红。树莓植株死亡的区域企业不再补种，农户不再进行复种。

2019 年，瓦四村树莓植株面积为 677 亩，树莓挂果率提高，但采摘率不高，当年农户分红收益为 200 元/亩；2020 年树莓植株面积不足 500 亩，企业和农户的种植积极性大大降低，企业为保证农民收入增加补贴，当年农户分红收益达到 400 元/亩。

2021 年全镇范围内树莓种植基本全面停产，树莓植株基本全部被清除，至此，陈集镇产业扶贫树莓发展项目宣告失败。

陈集镇在树莓产业上的谋篇布局的思路可圈可点：在树莓种植产业规模扩大、稳定经营后，将进一步在农产品深加工上做文章，提高产品附加值，通过引入食品加工等工业企业，发展树莓产品深加工产业链，形成树莓苗木培育、树莓种植、生态旅游、产品深加工研发、加工销售为一体的立体产业发展格局。打造"特色树莓小镇"，让树莓真正成为农民的"致富果"。但是，纵观该产业项目发展全局，由于镇级谋划不够科学细致，具体的实施环节存在诸多问题，如树莓种植的可行性论证不充分，合作企业代管不到位、缺乏责任意识，代种协议不够规范合理，冷库配套项目的建设过程不通畅，冷库运营期间经营管理不善等，导致该项目惨淡收场。

## 二、产业发展分析

怀远县陈集镇产业扶贫树莓发展项目作为乡镇富民产业，发展方向是正确的，整体思路无可厚非，问题主要出在项目执行的各个环节上。

树莓种植的可行性论证不充分。树莓的种植条件要求相当苛刻，作为低矮灌木，周围不能有任何需要施肥打药的其他作物。树莓不耐旱耐涝，易受自然灾害影响。陈集镇位于华北地区淮河流域，受季风气候影响，夏秋季节异常天气多。2016 年，陈集镇试点种植阶段各村选择的地块地势和土壤条件较好，种植规模小，易于管理和采摘，并且当年未出现极端天气，因此果实收成较好、品质上佳。瓦四村树莓基地虽然地理条件较好，但是农田水利设施不够完善，遇到如 2017 年和 2018 年发生干旱和洪涝灾害，树莓植株便表现出娇贵的一面，难以存活。事实证明，项目前期对于树莓种植的实地考察论证不充分，在地理条件和基础设施条件不完全满足的情况下选择大规模种植，加大了产业风险。

合作企业代管不到位、缺乏责任意识。树莓种植技术条件要求不高，但是需要保证农田水利设施完善以及投入足够的人力成本加强管护。然而，首先，代种企业在树莓基地的适配性改造上投入不足，基础设施不完善，抗旱抗涝能力弱，没有本着对农户负责、对政府资金投入负责的态度开展合作。其次，树莓果实小、质地软，果实成熟后采摘难度大，只能依靠人力手工采摘，容易造成损伤，影响果实质量，人工成本较高。由于该项目的扶贫性质，企业优先雇用贫困户参与树莓采摘，但对采摘工人的培训不足，导致树莓基地的树莓果实采摘率低，成果量小，收益较差。

代种协议不够规范合理。参与树莓产业的贫困户与合作社签订的代种协议主要明确了产业发展模式、费用结算和效益分配、免责事项，协议规定了代种企业的管理服务责任和优先雇用贫困户劳作等条款。效益分配中，树莓加工销售增值的部分给予农户 20% 分红，但是在实际执行过程中，树莓公司并未对树莓果实进行加工，仅限于初级农产品销售，利润微薄。实际上，树莓具有无性繁殖的特性能够通过剪枝和分株繁殖进行苗木培育，产生额外的附加值。树莓公司销售树莓苗的收益约 6000 元/亩，远高于树莓果实的销售收益，然而这一部分收益贫困户未能享受到，权益受到损害。由于免责条款，如遇地震、台风、洪水等不可抗力自然灾害，或者由于法律、法规、政府政策（国家和地方）变动而导致协议不能履行的，协议即终止，双方互不承担责任。在 2018 年自然灾害导致树莓植株大面积死亡后，责任无人承担，产业发展陷入困境。代种企业并未积极补救，也没有重新投入补种。一方面，由于人工成本高，树莓种植效益差；另一方面，补种成本高，种植风险大。

冷库配套项目的建设过程不通畅，冷库租赁期间运营不善。在陈集镇树莓产业发展远景规划的指导下，陈集村树莓产业扶贫配套冷库建设项目应运而生。在项目设计过程中，对照树莓冷藏条件要求，高标准设计冷库车间和设备采购，同时尽可能压缩预算匹配上级批复资金，导致项目招投标过程中多次流标，项目进度严重滞后，2017年2月申报的项目直至2018年11月才完成竣工验收。此时，由于自然灾害的影响树莓植株大面积死亡，产量锐减，树莓果销售收益微薄，树莓甚至烂在地里，也没人去采摘，农户和企业发展产业的积极性受挫，不再愿意继续补种和经营。冷库建成投产后，树莓产业已经凋敝，代种企业并未按计划租赁该冷库，基本选择放弃该产业项目，于是出现树莓冷库没有冷藏过树莓的尴尬局面。同时，与高标准冷库适配的大型农业产业尚未发展起来，陈集镇内及周边地区的其他农业产业规模都很小，基本没有对此种高标准冷库的使用需求，冷库只能以不到2%的收益率廉价出租，并由村级自负管理维修费用，树莓冷库利用价值没有得到充分发挥，财政资源没有得到有效利用。目前冷库租赁合同到期，出租困难，处于闲置状态，面临资产处置的风险。

乡镇对合作企业的监管不到位。乡镇作为产业发展的主导者，应当主动承担保证产业发展质量的责任，为农民的致富事业负责。代种企业管理水平不高，树莓种植经营能力弱，产业营收能力较差，镇级作为项目主体方对合作企业的监督管理不足，约束手段较少，没有引入竞争机制、发挥市场调节作用，将产业发展的未来系在一家企业上，产业发展的容错空间紧缩。代种企业局限于眼前利益，在通过树莓苗木培育捞到第一桶金后便不愿再承担受灾树莓的补种补救任务。乡镇对树莓产业的整体运作和盈利方式不够了解，对代种协议的把关不够严谨，使代种协议一定程度上忽视了农民的利益，农民的主体性被弱化，出现企业钻空子的情况。

## 三、经验启示

怀远县陈集镇产业扶贫树莓发展项目为陈集镇政府主导的农业产业项目，镇政府在项目建设和运营过程中起到规划设计、组织动员、集中资源的主导作用，责任重大，村级和农户则是被动接受，在项目中扮演"配角"。政府在乡镇产业发展中如何扮演好"主角"，正确发挥主导作用，怀远县陈集镇产业扶贫树莓发展项目给予我们诸多启示。

重视项目谋划。在经济发展相对落后的农村地区发展产业对政府的依赖多、要求高，政府在搜集市场资源、找准发展方向上需要增强洞察能力，大力发掘本地资源优势，积极对接与本地资源禀赋相宜的先进企业，优化营商环境，引导企业入驻，增强带农能力。发展产业应当以农业为基础、以富民为导向，优先发展联农带农机制强、农民参与程度高的农业产业或者以农业为基础的工业产业，如产地冷藏保鲜、农产品本地加工等。产业发展的前期论证要做到科学充分，产业发展试点要具有代表性和普遍性，边试验边完善，完整擘画产业全貌，确保产业发展的预见性条件充分满足，避免急于求成增加风险。对于项目论证阶段发现和预料的问题要针对性解决和预防，为产业发展做足准备，提高产业发展成功率。

健全项目管理。涉及工程建设或配套设施建设的项目，要强调专业和高效，联合各行业部门和专业企业组建项目建设团队，在设计、施工、监理、质检等各个环节统筹把握，明确职责，提高工程建设的管理能力。如设计环节，农业产业项目的设计应遵循能够灵活应用、多产业适配的原则，拓宽产业发展的容错空间。要与设计单位充分沟通，完整表达工程建设目标和诉求，保证设计可行性和针对性。施工环节要落实全过程管理，施工前要明确具体合理的绩效目标，定期开展绩效评价，调度工程质量和进度，接受群众和社会监督，保证工程按期高质量完成。

强化项目运营。乡镇农业产业快速发展需要先进企业的带动带头，政府在选择合作企业时要严格把关，引入竞争机制，发挥市场作用，落实企业比选，保证合作企业社会责任感强、经营能力过硬。重视企业的带动能力，发挥龙头企业对专业合作社、村集体经济组织、农业社会化服务组织、个体农户的引领带动作用。鼓励企业创新带农富农方式，增强与农户的利益联结，提高农户参与度和收益率。政府在企业经营的过程中要秉持对农民负责、对产业负责的态度，在协议签订、利益分配等方面加强监管，确保企业正当经营，合理盈利，切实维护农民权益。同时，政府要做好产业发展服务，为农户和企业疏解政策通道，在资金支持、土地租赁、证件手续办理等方面提供便利，降低制度性交易成本，鼓励企业让利农民，筑牢产业持续发展的基础。

相较于树莓产业发展过程的问题教训和经验启示，陈集镇级政府在主导产业的选择和县级政府在项目资金分配中的主动作为更值得剖析和深思。陈集镇是传统农业镇，农牧产业以初级农产品生产为主，生产方式相对粗放，农业产业发展水平较低，没有典型的特色农业产业或者其他工业产业作为主导产业。

在脱贫攻坚时期，面对经济发展速度较慢，农民生活水平提升较缓的情势，陈集镇政府因地制宜，积极挖掘本地资源禀赋，探索发展农业产业，意图筛选出本镇的主导产业，以期带动一批脱贫户实现增收致富。在脱贫攻坚的战略背景下，怀远县内各乡镇集思广益发展经济，解决脱贫户的就业增收问题。在陈集镇时任主要领导的牵头带动下，对接上了树莓行业协会，并与相关企业达成了合作意向，经过一系列的实地论证和初步试点，陈集镇的树莓产业在 2017 年迅速发展起来，脱贫户在政府的主导和引导下广泛参与，创新的合作模式使得该产业得到了县级政府关注。同年，产业项目资金分配上，陈集镇农户不仅获得了种植树莓的产业奖补资金，陈集镇的树莓冷库建设项目也十分顺利地在 18 个乡镇的资金分配竞争中获得了部分项目资金，该产业项目成功得以实施。

抛开产业发展结果不谈，创新的"政府－企业－农户"合作模式成为陈集镇获得项目资金分配的有力竞争手段，让陈集镇在产业发展上取得了优先选择权，政府经营树莓产业，实现项目对产业的赋能，一系列的"政府期待"得以付诸实施。同时，可以看出陈集镇在产业发展中主导作用十分突出，在主导产业的选择上占据主要地位，是有为政府的积极示范，也是政府参与项目市场化的有益尝试。

# 附录 访谈问卷

**访谈内容**

1. 您所在的乡镇有什么主要特征？（地形地貌、交通条件、区位优势）

2. 您所在乡镇选择主导产业的依据是什么？出于什么目的？

3. 近几年实施的项目与主导产业的关系紧密吗？

4. 为了提高申请项目的成功率，乡上都作了哪些尝试和努力？

5. 上级政府（或领导）分配项目和资金时候考虑的因素和条件有哪些？

6. 哪些因素更影响项目分配？

7. 从产业发展的规划布局来看，其前后衔接性如何？

8. 你认为在项目制下政府如何体现市场经济的精神？项目制从前期谋划到后期落地哪些环节还不够市场化？

9. 为何要坚持通过项目制的方式让政府主导经济而不是用市场化方法达到发展目的？

10. 政府主导建立的产业基础设施，后续的市场化经营如何避免项目失败？（如一些地方采取"公司＋村集体＋合作社"的模式运营以工代赈资金建设的设施农业温棚）有什么建议和经验？

# 第三部分

# 农村集体经济中的项目化运营

项目化运作推动农村集体经济发展，既有必要性和迫切性，又面临着实践中的一些困难。如何在风险防范、经营方式、收益分配之间取得最优平衡；如何用好各类涉农资金，扶持一批看得见、效益好、可持续的农村集体经济产业，提升村庄发展能力？

# 农村集体经济发展中项目进村的
# 有效性研究

李小云①

近十年以来，中国农村集体经济发展的一个最重要的制度环境是项目进村。项目进村成为国家向乡村下放项目资源的重要途径，也是基层向上获取建设资金的重要方式。项目进村不仅是区域性现象，也是全国性现象，项目进村成了农村经济增长的制度资源。

乡村振兴，产业兴旺是关键。产业兴旺不仅为农村提供了必要的经济基础，增加了村民的收入，也为解决农村剩余劳动力提供了就业机会。乡村产业大多存在产业基础薄弱、资源特色不显著等问题，如果没有政府对产业项目予以支持，很难在市场竞争中存活。当前中国西部地区农村集体经济发展面临发展的迫切性和风险性并存的局面。在西部地区，基层政府对农村集体经济的干预较多，基层干部用行政手段实现农村经济发展的目标。

作为一种适应中国市场经济和现代化发展的制度机制和组织行为模式，项目制日益渗透到中国政治、经济与社会生活中，影响力逐渐扩展与深入。基层政府在推动项目进村后，项目与农村结合的方式有三种，一种是项目与农村集体经济结合，另一种是项目与农村公共品供给结合，还有

---

① 本文由《基层治理中项目进村的有效性——基于 Y 县农村集体经济发展的多案例考察》（载于《政治经济学季刊》2021 年第 4 卷第 3 期）删减而来。

一种是与入户项目结合。本文以 Y 县为调查研究对象，研究农村集体经济发展中如何实现项目进村的有效性。

## 一、Y 县农村集体经济产业发展现状

根据调查，Y 县农村集体经济主要有以下几种类型：产业发展型、生产服务型、资源开发型、政府购买服务型（绿化公司）、固定资产租赁型。以产业发展型为例，Y 县各乡镇农村集体经济产业发展路径探索有两种类型。一类是与本村主导产业吻合，如都发展养牛产业（产业 A）；另一类是与本村村民发展的主导产业不同，如养牛 + 其他特色产业（产业 A + 特色产业 B）。对这些农村集体经济产业的发展路径的调研，将揭示选择什么样的产业或者要具备什么样的条件，才能更好地为农村集体经济发展作出贡献。

Y 县各乡镇及各村的产业有一定区别度，各乡镇的产业相似度较低，只有极少数产业在不同乡镇均有分布。近年来，乡镇农村集体经济的产业名目更替的周期较短，长则两三年，短则一年。不同乡镇政府领导均在任期内重点打造产业的示范性和影响力，打造的产业各有不同，产业的前后延续性不强。各地为了发展当地产业、经营当地产业，出现了三种项目和产业结合的方式：一是"项目 + 传统产业"的方式，为村集体经济发展提供产业启动资金；二是"项目 + 新产业"，鼓励村集体探索发展新的产业，以期获得更高的经济社会效益；三是"项目 + 基础设施"，将项目投资于发展传统产业所需的基础设施上。其中，第一种结合方式又分为财政资金到村集体和到户两种情况。

本文通过对扶贫工作的参与式观察、对乡村干部访谈和问卷调查，对项目进村实施前后的变化进行观察，并广泛搜集了近年来县级层面和各乡镇的数据和资料，特别是以基层政府运作产业发展资料为基础开展研究，形成了证据三角，使案例分析具有可信度和效度。

通过调查研究，从三个方面揭示项目进村后的运作机制，阐释基层政府干预地方产业发展的过程和后果。第一，在农村集体经济发展中，产业

选择的依据是县上直接下达任务还是乡村的自主选择。这将揭示村上产业发展的动力和思路，本村产业发展有无选择的余地，产业选择之初是否做过市场需求与供给的调研。第二，从政府动员效果来看，基层政府都作了哪些动员，采取的方式是什么？第三，从基层政府介入乡村产业的动力和手段来看，基层政府为何要积极打造农村集体经济产业？分析基层政府打造产业时选择的策略。

## 二、项目进村存在的主要问题

特色产业是乡村经济发展的重要支撑，要经历科学选择、合理规划、精心培育，最终到提升产业的发展水平。项目下沉到基层后，在乡镇政府的管理下，各村开始探索农村集体经济发展与项目结合的道路。

项目进村后，可以由农村集体或者农户承接。项目承接主体不同，政府干预的程度也有所不同，发展的路径和成效也有所不同。如何筛选出适合当地资源禀赋和富有成效的产业，各乡镇各村给出了不同的思路，同时也出现了一些问题。

### （一）产业选择缺乏前期科学论证

农村集体经济发展过程中的前期产业筛选调研不足。以 X 乡为例，乡党委和乡政府是否针对村集体产业选择作过前期调研，村干部表示不清楚。在两大产业还没有发展起来时，乡政府已经让上级领导前来观摩视察，当时还无法看出这两大产业的发展成效和发展前景。村干部认为，农村集体经济的发展，尤其涉及产业这一块，基层政府插手干预太多，要是能征求村干部或者村民意见，或许不会有这么大的损失；如果交给企业来运作，让企业选择产业、经营产业，或许会是不同的情况。总体来看，当地农村集体经济发展历史短暂，选择适合本村实际情况的特色产业的难度大，产业发展经验不足。这表明，基层政府依托"项目"的外力输入与村庄回应能力之间出现了结构性不匹配。尽管进村项目在基层政府的动员和推行下能快速推进，但是对于项目前期的论证、今后的发展趋势以及可能存在的困难和挑战认识不足。村庄自治能力和基层社会自组织能力的弱化，使得项目制进入乡村社会后带来的治理问题更加突出。

### （二）特色产业选择难

农村集体经济的发展壮大，关键在于产业选择。产业选择的关键在于找准适合村庄发展的特色产业。发展特色产业，是加强欠发达地区自我造血能力、促进集体经济薄弱村发展提升的重要举措。为此，要结合当地的自然资源与人文资源，寻找具有发展潜力和效益的特色产业。在产业选择方面，各个村要么是根据所在县的发展传统选择产业，比如养殖业；要么是在最近几年东西部协作中，根据当地的市场需求建立扶贫车间；要么是围绕传统产业进行产业链上下游的完善，如饲料配送、利用牛粪制作有机肥；要么是对当地的自然资源进行加工出售，如将山泉水变成饮用矿泉水；只有极少数村庄是承接县政府项目而增加集体经济收入，这类村庄一般成立相应的公司，具有招标资格。总体来说，农村集体经济在产业选择上是根据当地的自然资源禀赋确立产业。村集体经济发展中，规划意识不强，规划思路不清晰，一般都是边想边干；主导产业不突出，各个产业都试了试，有些尝试失败了，影响了农民的生产积极性。

### （三）项目进村后各村、各乡在发展中各自为政

项目进村后"立即上马，立即见效益"成为当前村集体经济发展面临的实质要求和最大现实。这种要求迫使村集体经济发展过于短视，项目匆忙上马，缺乏反复推敲与权衡机制，也没有建立能够深入细致研究特色产业可行性的制度。各村、各乡发展中各自为政，以自身行政区划为地理范围集中打造示范点，对长远运作的资金投入缺乏核算，对今后的投资额追加和投资周期不清楚，使诸多进村项目变成了半拉子工程，这些示范点带来的示范效应不仅不明显，还造成了财政资金的浪费。村庄发展对于项目资源下放的依赖与对项目资金使用的低效率，构成了项目进村的一对矛盾。

### （四）村集体自身诉求得不到较好反映

在村集体经济发展实践中，尽管农村集体在乎自身利益，但是自身诉求却得不到反映，农村集体对所掌握的资源的支配不够灵活，无法对乡镇

政府前期引进的项目做出有效评判和建立良性互动。村民和村集体的诉求无法明确地被识别并融入项目设计与实施过程，项目进村前后没有形成多元治理主体并存的局面，使得产业落地后的成效打了折扣，进村项目在实施中存在的偏差也就在意料之中，无法规避可能存在的系统性风险。

从 X 乡的农村集体经济发展实践来看，农村集体经济的发展与村民利益的关联性不强，村民参与农村集体经济的环节少。在两种产业从立项、审批到实施的过程中，选择什么产业，在哪里栽种，产业如何布局，乡政府的干预贯穿了产业发展的上述节点。

### （五）项目参与者会争夺对项目主要环节的控制权

乡镇政府对各农村集体资金的分配具有话语权，乡政府具有项目发包者和行政管理者的双重身份，在项目进村实施过程中乡镇政府拥有绝对话语权。在农村集体经济发展过程中，这种科层制对农村集体经济发展的方向、具体的实施都产生了重要影响。

产业的发展涉及前期调研论证以及中后期执行，是一个系统的过程，任何环节出了问题（如项目实施顺序颠倒），都极有可能出现失误。这样一个系统工程前前后后涉及的政府干部以及具体负责执行的人数较多。而基层负责具体执行的人往往对有些技术环节把握不到位，极有可能造成失误。因此，政府的指导尽管带有一定的合理性，也要兼顾现实，不能只追求理想效果。

基层政府在推动项目进村时，很难把握好干预时机和干预尺度，若进行全面干预，可能导致产业发展出现经济风险。为防范项目进村后产业发展中的风险转化，应当尽量减少基层政府在进村产业项目中的控制权，明确基层政府的权力边界。

村一级集体作为农村集体经济的承包人，在发展农村集体经济时面临可能或潜在的经济风险、责任风险（只能以农村集体作为项目实施方）时，村一级要把决策权部分让渡给乡镇一级，如果这个时候村一级不能坚持项目的正确实施方式，有可能造成后续的产业发展风险。在这些项目的实施前期，乡政府与农村集体并没有签订完全的协议，并规定哪些工作由乡镇完成，哪些由农村集体负责，一旦出现争议，解决机制不明确，政府的干预就会出现风险。由此可以看出，项目实施过程中，乡村产业项目的参与者可能会争夺对项目的主要环节的控制权。

### （六）到村项目实施中风险预估不足

农村集体经济发展中涉及产业发展，涉及专项资金分配、使用和考核，其中有两条资金分配途径，一是由省委组织部到县委组织部，再到乡镇党委来层层分配，二是通过政府的相关省直机关（财政厅、农业农村厅）来分配专项资金。组织部门承担了管理村集体资金和产业发展事务的最终责任，对农村的经济事务进行指导，通过制定政策，要求县、乡、村执行其发展战略。组织部门还会组织农村集体经济的观摩会，提出今后发展的要求。除此之外，财政厅对专项资金的使用也会出台相应政策，评估专项资金的使用情况，总结发展村级集体经济好的做法经验。[①] 更为关键的是，要在以往发展经验和教训的基础上，推动建立健全村级集体经济发展新的实现形式和运行机制。

项目进村后，基层政府会在需要的时候出面组织实施项目。在实践中，基层政府对村集体参与并实施产业项目的可能风险、面临的变数预估不足，对相关的利益方以及对项目进村后的可能存在的负面影响不够了解。农村集体经济发展要服从上级机构的指导方针。

### （七）到村项目未能真正吻合群众需要

在各类村集体经济项目实施过程中，一方面，存在项目落实不到位、帮扶单位和基层政府与村庄沟通不到位、村集体需求表达途径不畅通等显著问题，从而导致了基层治理失效资源浪费等问题；另一方面，作为村集体经济项目实施的两大主体，乡镇政府与村庄两者的地位具有显著的不对等性，前者地位强势而后者缺少相应的话语权，从而导致乡镇政府与村庄之间存在明显的不协同行为。

---

① 福建省财政厅 2018 年 8 月曾印发《扶持村级集体经济发展试点专项资金使用管理治理工作方案》的通知。

## 三、产业兴旺的治理能力思考

产业兴旺是解决农村一切问题的前提。产业兴旺需要综合性因素支撑，不单单是产业项目申请实施那么简单。本文对影响产业兴旺的因素从四个方面进行解读：制度安排与风险转化、产业政策执行与协调、财政资金及投资激励、不同干预方式特征。从这四个方面回答产业良性发展需要的制度动力、制度资源、投资激励和管理方式。

### （一）制度安排与风险转化

制度、利益、理念的关系是什么？结合项目进村后的情况来看，制度，是农村集体资金如何使用、如何管理的规定。利益是指在农村集体经济专项资金使用过程中，乡镇和农村不同的利益取舍考量（乡镇希望打造出示范，短期内尽快看到成果；农村希望能有实质性的收益，如带动就业和村集体有营收），理念指的是选择在本地农民富有经验的领域发展产业，还是追求经济效益引进外来产业。农村集体经济发展面临的激励约束不是单一制度塑造的，而是由一系列关联的制度共同塑造的。多层级的政府机构牵涉其中，不同层级政府有不同的要求、不同的考量，这都增加了农村集体经济发展统筹协调的难度。农村集体经济与相关部门之间相互依赖，这种相互依赖提供了起步阶段的推动力，也在一定程度上对产业发展产生复杂影响。而现实情况是，部分农村集体经济单纯变成了执行上级任务，在回应性和自主性方面有所欠缺。总之，当前的制度环境为相关部门干预农村发展集体经济提供了制度上的依据，他们具有影响产业经济活动的能力。正因为如此，这些部门有了干预的意愿。

如何使项目进村后规范化运作，成为当下农村集体经济发展的最大挑战。项目进村后，基层政府与农村集体的关系以特定项目运作为纽带，双方都专注于项目实施的过程，不过双方对项目实施的影响程度不同。基层政府倾向实施那些需农民被动参与的项目，以降低与农民打交道时的项目执行成本。不过，这样也导致了基层政府对农村发展合适产业诉求的回应不足。基层政府为了发展产业，对产业落地可能存在的挑战及风险预估存在不足，对于风险预见和风险规避也没有做出预判。当前由这种项目进村后的制度安排建立起来的关联机制，在不恰当的干预下，农村集体承担了绝大部分风险。

### （二）产业政策执行与协调

产业政策的制定是一个复杂的过程，而产业政策的执行更是一个充满意外因素和挑战的过程，或者说执行往往偏离预期目标。为此，需要关注政策执行的平稳性和连贯性。农村集体经济的发展依赖上级的正确决策，依赖技术水平成熟度带来的风险控制能力，也依赖市场销售端的不确定性。协调失败使得产业政策的执行效果出现区域性的差异。

地方政府积极鼓励农村推进产业结构调整，推动农业产业化，而农业产业化并不是那么容易的，其失败的结果往往由村一级承担。农村干部没有控制资源分配的权力，对于农村集体经济经营过程缺乏独立自主的决策权，导致了农民对农村基层政府发展经济能力的质疑。为此，组织部门及乡镇党委政府需要在农村集体经济体发展所迫切需要的产业政策上进行协调、沟通，并听取基层及时的、真实的反馈。对于那些农村集体经济发展失败的农村，要进行认真评估，吸取经验教训。

### （三）财政资金分配及投资激励

财政资源的地理分布具有巨大的差异性，这种分布不平衡的情况对农村经济发展产生了深远影响。在西部地区，不同县和不同村的财政分配也有一定差异，如一个县内打造的示范村将会受到财政资金的更多倾斜。项目进村有两种财政资金分配方式，一种方式是动员村一级积极申请争取从上而下的专项资金，这也构成了财政资金下放或分配的重要来源和渠道。另一种方式是下达任务式的投资，即政府给各村分配财政资金，这是一种刺激投资的模式。

项目进村后产业投资的激励体系与基层政府打造亮点紧密相关，这是一种为了产生一定的社会效益和政治关注而构建的投资激励体系。这种投资驱动力通过上级政府与下级政府的科层制制度进行保障，即形成一种"引导趋势＋基层政府项目整合"的制度环境。

农村集体经济发展的资金投向，也是为了干预收入结构，即为了提高村民的财产性收入。在实际工作中，作为农村集体经济发展的指导机构，组织部门拥有最终的裁量权和解释权，不过没有对基层政府干预的方式和范围给予明确规定。基层政府在产业发展上的干预是为了维持农村集体经济增长的局面。这些资金的使用要服从于增值保值的需要，是构成村一级经济增长的重要源泉。实际过程中多个部门对资金的具体使用产生重要影响。农村集体经济需要在多个目标中保持平衡。

### （四）不同干预方式的特征

本书试图回答新时代中国农村集体经济规范化发展的挑战与方向，对农村的现代化和乡村振兴进行思考。在前述论证的基础上，有必要对项目进村后政府干预进行分类，有助于深入认识基层政府管理经济的成效及可能存在的风险。本文根据 Y 县政府管理经济的实践，将项目进村后的政府干预类型分为三种（见表3-1）。

表3-1 不同类型的干预

| 干预类型 | 产生环节 | 主要特征 |
|---|---|---|
| 引导式干预 | 产业发展前端动员 | 政策引导村民，政府动员不具有强制性 |
| 择机性干预 | 全链条参与 | 乡镇一级对产业发展影响力大，干预时机具有不确定性，乡镇与农村在发展产业方面关联性强 |
| 施压性干预 | 关键环节参与 | 激进动员，上级领导视察观摩对产业的影响力大 |

引导式干预，基层政府只做产业动员，在产业发展前端参与，不介入项目实施。产业发展政策具有引导作用，但不具有强制性特征，基层政府避免了在风险高发环节上与农户产生矛盾。地方政府只出台产业补贴政策，产业发展规模、具体实施由农户自己决定。

择机性干预，基层政府既参与项目前端，介入产业前期调研、论证和最终确立，又介入项目实施过程，即基层政府是一种全链条参与，没有引入第三方治理。这种干预将职责同构模式落实到乡村两级。这种干预时机具有不确定性，因产业发展的具体阶段和环境而定。

施压性干预，在择机性干预的基础上，由上级领导对产业示范点进行观摩检查而产生的干预。上级政府检查观摩时，对基层政府负责的产业项目有一定的指导权和控制权，此时基层政府相当于"让渡"了部分产业经营自主决策权。上级政府与基层政府这种短期的联系，使得项目进村后抗风险能力降低。

施压性干预在一定程度上是行政压力的体现，施压性干预有可能导致政策目标异化或执行偏差。项目进村后，产业项目实施中承包人的行为选择是在多重治理情境中（多重领导、多重要求）。为此，要充分考虑多重制度安排对承包人的行为选择优先级以及对项目实施带来的影响。施压性干预是通过行政压力和科层传递完成，这使得政策执行中的跨部门协同和落地有一定难度。

在村集体经济产业项目实施过程中，会出现临时性、权威性的协调机制，如择机性干预，村集体经济的主要负责人可以在短时间内高效配置人、财、物资源，乡镇党委、政府在项目实施中具有重要地位。

相比之下，三种干预的程度逐步加强，对项目进村后带来的风险也有不同程度的影响。当前，农村产业发展对于基层政府如何扮演好服务性角色，做好可持续发展的需求十分迫切。要改变基层政府对农村集体经济发展的不恰当介入方式和介入程度，减少农村集体经济发展的风险。

项目进村后实施的过程中，干预程度的选择取决于政策环境、资源状况、乡政府与村互动关系等客观条件，也取决于基层政府想要达到的目标。根据现实情况来看，项目进村后，基层政府存在一定的干预空间。基层政府干预是可以伸缩的，体现在基层政府是否选择干预、在哪些环节上干预、在哪些链条上干预（前端干预、全链条干预、销售环节干预）。

农村集体经济发展需要在政策执行中有效动员与整合治理资源，而这种整合目前还存在一定的挑战。从本文案例所在地的政策执行情况来看，基层（乡镇与行政村）职责分工与党政职责同构下的整体协同行动之间存在一定张力，即上级政府机关行政权威的政治影响力与基层部门经营决策的自主性（多种制度和要求施加在农村集体经济承包人身上）之间面临不适应。尽管项目进村是在科层制的专业化分工下实施，但是农村集体经济发展面临着"上面千条线，基层一根针"的制度环境，这相当于农村集体经济的管理权限分散在多个职能部门，这就导致了一个问题：上级部门的短期政策动员或者施压性干预与农村集体经济发展所需的合作型治理成了一组不相兼容的悖论，农村集体经济承包人的积极性、主动性和自觉性难以充分施展。

要想让项目进村后产生好的实施效果，还需要变干预式治理为合作型治理，合作治理需要有效的信息资源交换和知识共享渠道（养殖业、种植业需要的专业知识），为农村集体经济发展带来更多的活力和自主决策权，以此构建起有机的合作治理体系。

## 四、政策思考及建议

项目进村后，要与农村资源禀赋及产业发展方向相适应（如符合环保要求，带动村民就业，能做到可持续发展），做到因地制宜和成功走向市场。根据本文的研究，项目制在实施中还存在一定的制度漏洞和实践困境。只有在项目进村后持续进行改革与创新，才能更好地将项目匹配于产业，使得乡村两级更好地经营当地产业。

一是产业项目实施要进一步明确项目承包者与实施者之间的特定权利。项目进村的专项资金属于专有程度高的资金，上级政府规定了专项资金的使用领域和使用方式。在项目进村实施后，上级检查观摩后难免要提出各种要求，对于这些要求的实施时机和实施程度，基层政府要进行认真研究，避免产业发展中出现不当干预。为此，上级政府应当给基层政府分配更多目标设定权和检查验收的权利，减少上级政府对进村项目的控制权和干预权，赋予村一级和乡镇一级政府组织落实乡村产业项目的自主性和灵活性。根据政策目标与开发效率相平衡的原则，在项目进村后，将控制权转化为各个承包主体的特定权利。

二是农村集体经济发展需要在制度规定上提供更多空间。要实现基层政府产业项目的预期目标，仅仅加强产业的筛选与论证是不够的，还需要加入村一级民主决策的制度安排，并增加村一级干部参与的公共空间。在本文看来，这种空间能为农村集体经济发展提供自主权，减少基层政府对农村集体经济发展不必要的、过多的干预，尊重农村的客观情况，实事求是，为农村集体经济盈利创造好的环境。

三是要对项目制可能出现的意外后果进行预估。项目进村后，若将产业项目的落地与村庄回应能力结合起来，有利于防范项目制的负面效应，使项目制实践走出低效益困境而真正惠民。当前项目进村依然是一种自上而下决策体制，上级政府无法通过项目制有效获取农村及农民的需求，项目制具体实施中的利益协调及监督功能受阻。项目制的优化路径是改革资源输入方式，激活基层组织，建立自下而上的民主决策机制。

四是在产业发展的稳健性和产业利润的可观性方面，不能一味追求产业利润而不顾产业发展的稳健性。农村集体经济发展特色产业并不是一件简单的事情。打造特色产业，不仅要具有突出的优势，还要考虑产业的实现路径是否可行，产业的支撑要素是否具备，也要考虑产业发展的平稳性以及与市场对接的有效性；要考虑产业的关联度，即产业链的延伸和布局形成后，拥有完整产业链条，才能对当地农村集体经济乃至村民就业形成吸纳和带动作用。

五是项目制下的农村集体经济的成功发展，是在政府干预与政府治理取得恰当平衡的条件下产生。当前农村面临发展产业的迫切性和风险性并存的局面，项目进村后农村集体经济的发展与政府的干预或者治理密不可分。政府干预与基层治理的不同搭配，出现了形态各异的发展局面和治理形态。项目进村后要制订基层政府和村一级在乡村产业项目实施中的负面权力清单，明确禁止基层政府人为随意调整进村产业项目的目标任务，不得直接干预承包者的经营决策和实施方式，要为进村项目的具体实施方和产业项目承包者提供权威的危机处理机制。

六是在项目制落地的整个过程中处理好不同部门之间的关系。这也是本书导论中所提到的重要内容，村集体经济项目实施中除了涉及乡镇政府、村两委、村民等主体，还与项目的生产者、经营者等市场主体打交道。在项目落地之前，要尊重村庄的主体地位，征集村民群体的意见，增加实际调研和民众诉求整合环节，确保作为村集体项目最终受益方的村民在项目落地中行使充分的参与权,建立"参与—整合—反馈—再整合—修改"的决策修正机制。

本文解释了项目制运作的内部逻辑,尤其是不同层级政府对项目的影响和控制程度,并解释了项目未能产生预期收益的原因。还考察了基层政府的产业甄别逻辑,并讨论项目进村后扶持的这些产业是否符合比较优势,是否具有自生能力。基层政府在打造示范点、做出政绩的同时,需要反思的是,其拥有的进村产业项目实施中"运动员"和"裁判员"的双重身份如何加强协同,如何优化干预、让产业和项目更好地结合,如何让项目的市场化顺利进行并取得预期收益。

# 附录　访谈问卷

## 一、产业格局

1. 本村的主导产业是什么？是不是争取来的项目？

2. 该产业最近几年经历了哪些大的变化？

3. 产业发展中经验、技术是否重要？

4. 产业规模扩大时是否做好了产业配套？

## 二、政府对产业的干预

1. 该产业是否迎接过上级领导观摩？上级提出了哪些具体要求？

2. 政府对产业实施都提出了什么要求？带来的影响是什么？

3. 产业发展中出现了哪些问题？哪些是不可控因素？

4. 项目落实中都有哪些人和组织参与？村民是否参与？

5. 项目实施离预期设想有多远？是否实现了预期目标？

6. 如何保证基层申请来的项目顺利成功实施？

## 三、产业论证评估

1. 该产业最先由谁提出？是否经过论证？

2. 该产业是否征求过村委会的意见？是否做过公共政策评估？

# 第四部分

# 工业镇产业发展与项目介入

本部分从中国千强镇和其他工业强镇中选取典型案例，在更为广阔的经济、社会现象中，立足于镇辖区发生的、可以观察历史进程主要节点（如产业选择、产业扶持）的地方产业勃兴与变动过程，以案例揭示各镇产业发展的自身逻辑和政府发挥的作用。站在全国层面评价中国乡镇工业化这种现象的意义，并研究产业发展过程中项目的介入方式。结合各县乡镇政府实施的一系列项目，分析基层政府经济管理措施的行为特征、深层次考虑及最终成效。

# 传承与创新：高阳县纺织业发展研究

李小云

2017 年国庆节，笔者到河北保定市高阳县调研。本次调研的对象是"中国纺织之乡"河北省高阳县的乡镇工业，主要考察纺织业及项目情况。高阳县纺织源远流长，始于明末，兴于晚清，盛于民国初期。36 集电视连续剧《布衣天下》曾在高阳县开机拍摄。根据高阳县人民政府网站介绍，高阳县拥有纺织企业 4000 余家、纺织专业村 98 个、各类纺织机械 4 万余台（套），从业人员近 16 万人。纺织业年产值 350 多亿元，巾被、毛毯产品市场份额占全国三分之一，使高阳当之无愧地被评为"中国纺织基地县""中国毛巾·毛毯名城"和"中国家纺巾被流通示范基地"。2012 年，高阳县被认定为国家外贸转型升级专业型示范基地。

## 一、调研纪实

高阳县城市规划相对整齐，不过市容市貌比起任丘还有一定的差距。到高阳住下来以后，笔者一直在思考如何去和高阳县的乡镇企业[①]进行接触。后来和酒店的前台服务员打听高阳县纺织业的分布情况，他告诉笔者县城中心有一家百货商贸城，里面有几百家店铺，几乎每家纺织业企业都

---

① 按照 1996 年 10 月颁布的《中华人民共和国乡镇企业法》所谓乡镇企业，是指由农村集体经济组织或者以农民投资为主体，乡镇（包括所辖村）举办的承担支援农业义务的各类企业。其范围包括乡（镇）办企业、村办企业、联户办企业、户（私营、个体）办企业，以及这些企业之间或者这些企业与国有企业、城镇集体企业、私营企业以及外资（包括中国港澳台地区）等多种经济成分联合投资建立的企业。

63

在这里面开了一个门面。当天晚上，笔者又了解了河北高阳县纺织业的历史、发展现状以及 2017 年环保治理的一些情况，发现高阳县有 140 多家企业被关闭，对全县经济发展产生了不小的影响。

这次调研是继河北任丘和文安县调研之后，又一次调研乡镇工业。本次调研的核心目标在于验证一些判断，比如社会资本对乡镇工业发展前期的作用和产业选择的规律、政府的产业政策（如项目）对产业集聚所产生的影响。

第二天早上，笔者乘三轮车到高阳县纺织商贸城。因为国庆放假，商贸城顾客稀少。商贸城占地有 300 多亩，有数不尽的纺织业批发店，批发毛巾、毛巾被、地毯等。在走路的过程中还发现了高阳县纺织业博物馆，国庆期间处于闭馆状态。

笔者随机选取了一家纺织业销售店，店里有一个 30 多岁的妇女，笔者进去和她交流了起来。这位大姐在这家店所在的企业工作了 7 年，她是高阳本地人，对本地情况非常了解。这位大姐告诉笔者，2017 年一年关了一百多家企业。当地企业向银行贷款一般是通过"五户联保"进行贷款。而像他们这样的小作坊，通过淘宝销售会产生欠款，而一天需要 6～8 吨纱，每吨纱要 18000 元，欠款使得企业需要一定的流动资金。这也是他们和银行打交道的一个原因。当笔者问到产业集群时，这位大姐说，龙头企业带动是当地的一大特点，这些龙头企业负责印染。在环保压力之下，它们如果外迁对当地小企业的影响较大。因为纱在本地购买，所以基本上形成了产业上下游之间的一个互动，可以足不出户就采购原材料。近一两年来，毛巾的利润减少，一条毛巾由原来五六毛钱的利润变成现在的一条赚一毛钱，全靠大量的批发才能获得一定的利润。笔者在店里参观的时候，看到几条很鲜艳的毛巾，这位大姐告诉笔者她们是印染的毛巾，这些毛巾现在已经不再生产，店里摆放的是原来的存货，现在贴毛的毛巾比较多。

高阳县产业转型中，小型个体户还存在着，但是比较少，大部分企业沿着原来的道路继续前进，它们有的面临资金问题，有的对于转型的前途比较迷茫。对于小企业来说，在环保压力下，污水处理成为他们最为头疼的问题，随着原材料市场价格的上涨以及污水处理费用的提高，这些小企业特别关心污水处理设备能否跟得上发展的要求。一般的小企业根本买不起污水处理设备，每一套设备需要几百万，所以只能依靠当地一些大的龙头企业处理污水。这种上下游企业协调为当地中小企业发展带来了好处，降低了中小企业的负担。小企业外迁基本上没有能力，只能在本地生存，要么关闭，要么进行整改，以符合环保要求。

当地的很多企业都是贴牌生产，当地企业注册地多数在为上海，老板都是高阳本地人。后来笔者了解到，消费者更信赖上海等地的产品，所以他们把公司注册地放在上海，但是生产基地在本地。所谓的贴牌生产是他们给广东的一些企业生产，贴的是人家的品牌。

产业发展之初，当地存在大大小小的店铺。后来政府为了规范化地管理，通过征用高阳镇农民的土地，建设成了商贸城。商贸城以前还举办纺织业的推销会，现在这些推销会已经不再举办。商贸城里有上千家门面房，这些门面房除了交房费水费以外，每间每年还要交6万元的租金。这并不代表他们所在的企业免税。

当地的纺织业发展过程有两个特点，第一种是子承父业，第二种是当地的农民自己创业，创办小作坊。大姐提到他们老板今年29岁，从事纺织业已经达九年，企业的规模发展较快。小企业的管理不是很规范，雇不起淘宝夜间聊天销售的人，只能老板夫妻俩晚上加班。这家工厂有7名工人，工人多数是当地人。工人和老板之间的关系比较和谐。在交流中了解到，之前有一些四川老板、湖北老板来高阳创业开工厂，不过现在都不来了。之前还有一些外地的工人，现在外地工人少了许多。纺织企业工人的工资普遍采用计件形式，一般车间工人的工资在4000~6000元之间，而雇用老头老太太一般在2000~2500元之间，工资发放形式比较灵活。

接着笔者去第二家店访谈。一位妇女在值班。这家店的纺织产品也是贴牌生产，和之前公司一样，注册地在上海。这家公司有工人二三十人。他们的产品的染色由一家大企业完成，这家大企业专门负责染色。

商贸城中的多数店铺都搞批发。笔者访谈的第三家店也有一个加工厂，他们不愿意零售，店里还有其他厂家的货（采购自其他厂家的货）。若不同产品若都由一家企业来生产的话，设备成本较高。访谈的第四家店也有厂房，印染由专门的厂负责。店主告诉笔者山东也有企业生产毛巾。高阳县的纺织业在全国所占的比例并没有那么高，尤其近十几年以来，全国有不少地方都在从事这个行业，竞争日益激烈，主要原因是这个行业资金和其他准入门槛较低，技术要求不高。

接下来笔者走访了另一家店铺，夫妻俩带两个孩子。这家小作坊是子承父业，店主王先生23岁，创业至今已经七年。他们家公司注册地也是在上海。店主告诉笔者山东有人生产高档毛巾，他们店里面的毛巾都是质量比较普通的。他们认为当前毛巾市场销量不好，也不仅仅是由于环保的影响，而是全国范围内供过于求，大环境影响毛巾的销量。他们举例子说，现在很多公司不再发劳保产品，这使得毛巾的销量减少。互联网时代定价更低，甚至产生恶性竞争，导致毛巾行业的利润率日趋下降，只能通过大量的批发才能获得一定的利润。通过访谈笔者感觉到，他们这么多年的创业并不是很成功，原有的老设备一台一万多元，生产效率较低，产品不平整。新设备虽然会提高工作效率，提高产品质量，不过新设备太贵，成本较高，因此他们家没有采购新的设备，产品档次较低。

王先生谈道，高阳县的纺织曾经很成功，拥有一个纺织业的博物馆。高阳经历了曾经的辉煌时期，现在已经逐步衰落，原因在于纺织业是一个需要染色的行业，用水量很大，污染严重，能耗也大。在新时期推进供给侧结构性改革以及环保整治时，高阳县的纺织业迎来了一个巨大的挑战，大量的印染废水成为高阳县纺织产业发展的"瓶颈"。为解决污水问题，高阳县建成了日处理污水20万吨的污水处理厂，并同期建设了中水回用工程。

产业经济格局在不断地变化。自从环境治理以来，喷涂、塑料等产业受到了影响，这是产业链上系统性的影响。时代的变化对于环境的和技术的要求，使得产业发展的环境发生变化。对于未来他们表示担忧，因为政府的强制性要求使得设备更新换代提上日程，环保要求的提高使得这些旧的设备迟早要被淘汰，这些设备折旧又不值几个钱。他们谈到政府提供的污水处理设备跟不上时代的发展要求，污水处理速度较慢，而本地企业每天都有大量的污水产生。

纵观高阳县纺织业的发展历史，高阳县的纺织业造就了高阳模式，使得高阳县远近闻名。这个离保定比较近的县虽然面积较小，但是经济发展相当不错。改革开放以后，路径依赖使得该县的经济转型困难，从 2010 年到 2017 年，经济总量波动较小，始终在一百亿左右徘徊。

第一天上午的调研结束，为了实地去走访各种小作坊，下午笔者乘坐三轮车去高阳镇岳家佐村。岳家佐村是高阳县锦华街道下辖的行政村。该村上规模的企业有 4 家。笔者走访了其中两家企业，一家没人，另一家企业的负责人接受了笔者的走访。这家小作坊有 20 多名工人，工人的月均工资在 2500 ~ 4000 元。环保治理以来，污染排放标准提高，颜料、纱等原料采购成本有所提高，变成了卖方市场。这家工厂成立 30 多年了，工厂成立之初村里工厂很少，后来厂子多了起来。

因为环保要求，这家工厂里的锅炉也被拆除，冬季取暖存在问题。面对高阳县如此严厉的环保整治，企业的转型体现在两个方面，要么转行，要么对环保设备进行更新。目前看来，转行的话，隔行如隔山。负责人告诉笔者，比如对于毛巾的生产，它的利润点在哪里，它的问题在哪里，有多年的经验一看就知道，转行以后就完全陌生了。

环保治理对当地企业的一个影响体现在污水处理上。据了解，宏润公司参与了当地污水处理厂建设。后来经过查阅资料得知，高阳县污水处理厂于 2014 年开始建设，总投资 8380 万元，其中有 2000 万元是中央财政资金，高阳县财政资金投入较少。这个污水处理厂的处理规模较小，日处理能力 26 万吨，其中工业废水占比近 70%。相对于当地企业产生的污水量来说处理速度较慢。因此，面对新时期的环保要求，只能通过关闭企业的方式来降低污染程度。高阳县地表水厂通过 BOT 工程（build-operate-transfer，一种基础设施投资、建设和经营的方式，通常涉及政府和私人机构之间的合作）来实现工程资金的筹集。地方财政实力有限，使得地方政府主动性作为受到影响，进而对地方经济的发展产生影响。为了使纺织业发展有一个更好的环境，2016年10月26日，集印花、染整、后整理车间及研发中心为一体的20万吨纺织品染整项目在高阳县开工建设，该项目是打造循环经济，推动产业转型的重要举措之一。但因为该项目的建设启动较晚，在未来一段时间内，高阳县的部分民营企业依然面临巨大的生存压力。

调研中了解到，村里不少家庭都不喝当地的地下水，他们认为当地的地下水被污染了。只有很少的村子的地下水可以饮用。从打井取地下水的深度可以看出水资源匮乏程度。刚开始创业的时候，打井十几米就有地下水，现在必须要打到50多米。高阳县境内有几条河流经过，一条河流已经断流。经过2015年以来的环保治理，一直到2017年上半年，这条河有水了，附近几十里的村民都去观看，这是一个比较好的征兆。

这位负责人告诉笔者，不仅山东省在生产纺织品，其他地区也有。这与之前调研中的访谈内容基本吻合。这家企业在村子里的规模相对较大，与银行有往来的只是打款，贷款较少。

这家厂子的设备比较陈旧，设备从一万元到到上百万元的都有。他们家的产品样式也比较多。为了解决资金周转的问题，他们一般通过催款或者和熟悉的客户争取账期这样的形式来完成。利用信用和口碑来实现资金周转。这表明，在乡村中通过赊欠互助缓解资金周转困难，往往比去银行贷款更加可靠。因此，这些当地企业家非常看重彼此间的信任，维持信用体系大有好处。还有一些民间之间的互助合作，对于工业发展起到了积极的推动作用。在高阳县商贸城里，很多商户通过资金互助来实现企业的发展。不过每一家企业的情况不一样。这家企业更看重实体店的销售，网销较少，网络的欠款比较少，资金周转的压力较小。

此行的不足之处在于没有去高阳县当地最大的两家纺织业公司调研。这两家企业的发展战略对于高阳县当地同行企业的影响非常大。有些小作坊十分担心这些大企业会外迁，因为它们生产过程中的一些环节由这些大企业来完成，假如大企业外迁，小作坊的生产成本就会提高。这表明，产业集聚的必要性在于生产中的相互协作，进而降低成本。那些大企业也不一定会生产所有的产品，它们的部分产品也是采购于这些小的作坊。这样一来，大企业和小企业在生产上形成了密切的合作（见表4–1）。

表4–1 高阳镇各村产业分布

| 村庄名 | 产业及品类 |
|---|---|
| 南沙窝村 | 纺织品、毛呢、毛毯、床上用品 |
| 代家庄村 | 毛巾类制品、床上用品 |
| 东田果庄村 | 纺织日用品加工、制造，毛巾类制品 |
| 杨家屯村 | 棉印染精加工，纺织品、针织品生产 |
| 北圈头村 | 毛巾类制品、床上用品 |
| 西庄村 | 毛巾类制品、床上用品 |
| 隆和庄村 | 毛巾类制品 |
| 西田果庄村 | 毛巾类及毛巾被 |
| 骆家屯村 | 个人卫生用纺织品、床上用纺织品 |
| 赵通村 | 毛巾类制品、床上用品 |
| 岳家佐村 | 毛巾、毛巾被、枕巾、浴巾、方巾、餐巾、地巾 |
| 西王草庄村 | 毛巾类制品、床上用品 |
| 史家佐村 | 毛巾、毛巾被、枕巾、方巾、餐巾、地巾 |

资料来源：高阳县人民政府网站。

高阳县已建成了集纺纱、织造、印染、后整、销售于一体的完整产业链条，拥有从纺织原材料、织机、配件供应到设计研发、质量检测、物流配送等齐全的配套体系。不过，大多数企业重生产、轻销售，尤其缺乏品牌营销意识，致使产业链条中利润占比较大的销售部分拱手让人。

任丘市和高阳县两地经济的发展存在巨大的区别，首先体现在经济总量的差别，其次是在经济转型中的主动性。在笔者调研的第五家店铺中，店主认为高阳县政府缺乏战略眼光，没有让华北油田在高阳县落户，而任丘有华北油田以后发展会很好。高阳县为了实现纺织业的规范化发展，只是建立了一个商贸城。正如这家老板所说，高阳县纺织业的园区太少，而个体户又太多。虽然在生产市场上，大公司经常采购小公司的产品，但是大的龙头企业对于小企业的带动毕竟有限，而小企业的规模有限，转型存在困难。店主认为，本地行业产能过剩，随着近两年来环保管制的严格，一些毛巾不能生产，加之出口量减少，利润越来越小。

当笔者问他商贸城的情况时，他说，原来这里是高阳镇的一个农村的土地，政府征地后建成商贸城。为了规范化管理，好多企业负责人入驻商贸城。本地不少商家的企业都在阿里巴巴上有店铺，少数在淘宝上有店铺。这家店的产品也不全是本厂生产的，普通毛巾的花色花边花纹生产需要不同的机器。总结起来就是产业集群内的配合协调很重要。

邓英淘在《为了多数人的现代化》一书中将陈云所说的"转大圈子"这种建立城乡贸易循环流程的形象表述称为"陈云模型"。[①] 受此启发，本文认为，高阳县的纺织产业的交易可以分为国内贸易和国际贸易，除了二者内部循环外，国内贸易和国际贸易之间的联系日益密切，农村工业品为了不断扩大市场，既要实现城乡交流，还要实现跨国贸易。

高阳有全国最大的毛巾专业批发市场，经济外向型特征明显，外贸体量大。为了持续保持产业的这种竞争力，稳定产品的市场占有率，高阳县政府以产业转型升级的自主性和优胜劣汰的危机意识，在项目谋划、项目引进上着力构建链条完整、层次高端、竞争力强的现代纺织产业体系。2013 年以来，高阳县按照"项目向园区集中，园区向县城集中"的发展思路，大力发展以纺织服装产业集群，有力地促进了县域经济发展。2015 年高阳县按照"将劣势转化为优势，将优势做到极致"的理念，改造提升传统纺织业。

截至 2021 年 9 月，高阳县拥有纺织类永亮、智阳、三利、瑞春 4 个中国驰名商标、17 个河北著名商标、14 个河北名牌和优质产品，拥有8441 个自主产品标识，品牌拥有量在全省县级行政区划中居于前列。高阳县力争在 2025 年前形成年产值超 500 亿级别的纺织产业集群，打造全国纺织商贸名城，建设"世界纺客目的地"。截至 2017 年，高阳县年产毛毯 4.5 万吨、毛巾 50 亿条，占全国毛毯、毛巾总量的三分之一；国内外先进无梭织机保有量超 9000 台（套），成为河北省第三批智慧集群建设试

---

① 邓英淘：《为了多数人的现代化：邓英淘经济改革文选》，生活·读书·新知三联书店 2013 年 12 月版。

点；借举办第四届保定市旅发大会契机，举行全国纺织供应链大会，发布河北·高阳毛巾指数，奏响"织梦高阳、巾赢天下"产业升级进行曲。

近年来，有学者提出合作型政府①这一概念，要求政府自身的组织逻辑从控制导向转向合作导向。合作制组织要求组织从控制逻辑走向合作逻辑，用平等取代不平等，用信任取代规则，用合作取代协作，最终实现开放系统之下合作制组织的形成。高阳对污染企业的处理，不仅关停，还体现在政府为企业发展存在的外部环境的制约提供解决之道。2017年环境保护部副部长赵英民带队督察高阳的污染治理，足见高阳污染的严重性以及治理紧迫性。高阳县针对水污染、燃煤污染两大制约纺织产业发展的问题，全力推进污水处理厂技改升级深度治理工程，工程完工后，日处理污水能力将达到26万吨。另外，着力推进集中供热锅炉改造及配套管网项目建设，拆除部分燃煤锅炉。政府还帮助企业减负，对出口额在300万美元以下的小微外贸企业加大出口信用保险扶持力度，小微外贸企业信用保险覆盖率达到80%以上，促进了外贸企业持续快速发展。

## 二、项目与产业

高阳纺织业发展的历程，也是政府项目介入的过程。这些项目更多是在产业中后期介入，政府期待实现规范产业发展、引导扶持产业的效果，通过企业投资、政府投资实现产业的升级。

作为纺织大县，产业发展过程中不可避免地会产生大量的印染废水，这成为高阳县纺织产业发展的瓶颈。随着2018年环保治理约束增强，高阳县抓产业转型升级的同时，采取政府主导、企业运作的模式建设污水处理厂。

高阳县城污水处理厂是2014年开始建立的，当时的中央预算资金是2000万元，总投资是8380万元，日处理能力26万吨，工业废水占比近70%。这需要地方政府投入不少资金。高阳县地表水厂通过BOT工程来

---

① 杨岚凯：《从回应型政府到合作型政府：中国服务型政府构建的理性路径论析》，《河南师范大学学报（哲学社会科学版）》2013年第5期。

实现工程资金的筹集。地方财政实力有限，使得地方政府主动作为受到影响。为了使纺织业发展获得一个更好的环境，2016年10月26日，高阳县建立集印花、染整、后整理车间及研发中心为一体的20万吨的纺织品染整项目，在高阳县开工建设。该项目是为了打造循环经济、推动产业转型的重要项目之一。高阳县被国家评为循环经济示范县城，通过行政干预强制使得高阳的经济实现转型，实现绿色发展。因为该项目的建设启动较晚，所以在之后一段时间内，高阳县的部分民营企业依然面临着巨大的生存压力。纵观高阳县城近几年来的建设情况，虽然有一定的变化，但是整体来说变化较小。

产业发展的过程不是一帆风顺，企业污水处理也是如此。那些产生污染的纺织厂在2013年年底不能按时接入污水处理厂时，被关停取缔，如果不安装在线监控设施，则停产整治。高阳县委、县政府严厉的治污力度，并通过政策引导、资金支持，推动企业主动转型升级（见表4-2）。

表4-2　　　　　　　　　高阳县近年来实施的部分项目或战略

| 时间 | 项目 | 内容 |
|------|------|------|
| 2008年 | 污水处理厂一期工程 | 引入民间资本宏润公司投资1.86亿元启动，已正式投入运营 |
| 2008年 | 污水处理厂 | 高阳县投资1.78亿元，建成了日处理能力6万吨的高阳污水处理厂，引导企业将印染废水集中到污水处理厂统一处理 |
| 2009年 | 污水处理厂改造 | 宏润公司投资3500万元，实施的一期升级改造工程投入运行，全县生活污水和部分印染企业废水实现了集中处理 |
| 2010年 | 污水处理厂扩容提标 | 高阳县投资2.1亿元对污水处理厂扩容提标，污水日处理能力达到14万吨 |
| | 推进节能项目建设 | 高阳县政府针对产业能耗高、技术落后的状况，推进"节能"项目建设。高阳县财政每年拿出100万元，对引进使用高新技术、高端设备的项目，建成投产后按设备投资总额的1%给予一次性奖励，支持企业进行设备更新、技术改造 |
| 2013年 | 循环经济项目 | 推进污水处理厂新增6万吨扩建、技术改造工程、再生水利用工程、水资源循环利用观光、科普工业旅游示范点项目、锅炉改造、热能综合利用等项目建设，大力发展循环经济，解决制约纺织产业发展的污染问题 |

| 时间 | 项目 | 内容 |
|---|---|---|
| 2015 年 | 纺织品技改项目 | 高阳县申报省、市重点项目 13 项，实施总投资 25 亿元的年产 6 万吨莱赛尔项目、总投资 3.2 亿元的保定智阳公司年产 8000 吨毛巾类纺织品技改项目。<br>谋划 75 个投资千万元以上建设项目，依托宏润、三利等大型纺织骨干企业，实现高档绒衫、服装面料与京津企业的全方位、多领域对接合作，吸引北京雪莲、京棉集团等企业落户，成为北京重要的纺织服装生产加工基地之一。<br>河北永亮纺织品有限公司通过技术改造，提升新产品开发能力，与河北大学艺术学院合作，推出织造文化创意礼品毛巾和婴幼儿毛巾等，产品生产向高端迈进。<br>柏立信抗菌毛巾引进意大利、法国的先进纺织设备，完成年产 5700 吨功能性新型纤维材料家纺产品开发及产业化项目建设，产品远销美国、法国、德国等 34 个国家和地区 |
| 2015 年 | 污水处理厂 | 高阳再投入 1.2 亿元，将污水日处理能力提升到 20 万吨，建成河北省规模最大的县级污水处理厂 |
| 2016 年 | 高阳县纺织商贸城升级改造项目 | 该项目是 2016 年高阳县确定的十项民心工程之一，总投资 3.45 亿元，建设两栋 4 层商业楼，建筑总面积 7.2 万平方米。新商厦以经营服装、百货、家电、日用品、精品毛巾为主 |
| | 财政支持企业参展 | 高阳县财政每年拿出专款 200 万元，鼓励支持企业参加中国家纺展、中国针棉织品交易会、广交会和法兰克福展会等国内外线下展销活动，打造"中国·高阳毛巾"品牌，为线上电商引流 |
| 2017 年 12 月 | 参加展会 | 高阳县河北永亮纺织品有限公司参加第六届河北省特色文化产品交易博览会 |
| 2019 年 | 河北省发改委专项资金奖励 | 河北省发改委对 2018 年新认定的省级企业技术中心、评价优秀的省级企业技术中心给予战略性新兴产业专项资金奖励，河北永亮纺织品有限公司获 2018 年省新认定企业技术中心奖励 50 万元 |
| 2018～2019 年 | 减征增值税和企业所得税 | 2019 年纺织行业小规模纳税人减征增值税约 5500 万元，减征企业所得税约 5200 万元 |
| 2019 年 | 河北省工信厅补助资金 | 2019 年河北省县域特色产业集群振兴发展项目名单（第一批）进行公示，其中涉及省级中小企业示范集群奖励项目 13 个，高阳县纺织产业集群入选。示范产业集群享受已出台的工业聚集区财税优惠政策，即以 2010 年省级示范集群企业上缴增值税、营业税和企业所得税省级留成部分为基数，实行"核定基数、超收全返、一定三年"的办法，返还资金全部用于集群内的基础设施建设和企业发展。对示范产业集群在建设公共技术服务平台、创业辅导基地、融资担保机构、人才培训基地、参展参会等方面予以重点扶持 |

续表

| 时间 | 项目 | 内容 |
|---|---|---|
| 2020 年 | 河北省重点支持的百家县域特色产业集群 | 河北省里精心筛选了 22 家，由省政府领导包联，其中包括高阳纺织产业集群 |
| 2021 年 | 晋庄镇 | 2021 年以来签约纺织企业 5 家，总投资 3 亿元，新增盛鸿纺织、唯他纺织、凯曼毛纺织等知名纺织企业；同时积极推进网红直播基地建设项目，建立线上销售带货平台，解锁"直播 + 纺织 + 电商"新业态，让电子商务真正赋能基层农村，加速乡村振兴发展。聚焦大项目、优项目招商，从源头上控制能源消耗 |
| 2021 年 | 出台"政府特别奖" | 高阳县制定出台了"政府特别奖"、开发区招商引资政策、支持民营经济健康发展措施等一系列政策文件，展现了高阳县创优一流服务、打造一流环境、抓招商上项目的态度和决心 |
| 2021 年 | | 制定出台了《高阳县支持民营经济健康发展的十二条措施》等一系列帮扶措施和优惠政策 |
| 2021 年 4 月 | 高阳县举行纺织机械推介展会 | 此次纺织机械推介对接，旨在引导先进创新设备应用，加快产业设备更新步伐，推动县域纺织产业高质量发展 |
| 2021 年 | | 出台《高阳县关于企业"小升规"的支持奖励政策》，对升规工业企业进行资金奖励，并且优先支持规上工业企业加快数字化改造 |
| 2021 年 | 推出高阳纺织指数 | "河北·高阳纺织指数"，把纺织产业与大数据相结合，立足于高阳辐射全国，将帮助纺织行业准确把握产品价格走势和行业发展趋势。指数的编制发布，将全方位拓展大数据在高阳县纺织行业的创新应用，进一步发挥产品发布、市场行情分析、信息预警等功能，加快产业转型升级、提质增效，助推纺织产业高质量发展，打造产业发展的新模式、新业态、新优势 |
| 2022 年 | 减税降费 | 部署减税降费、加快财政资金支出进度、加快专项债券发行使用等财政稳增长一揽子政策推进工作。有力缓解了高阳县众多企业资金回笼压力，为企业加快技术改造、设备更新助力 |
| 2022 年 | 招商引资 | 总投资 2.5 亿元建设的无纺布生产线项目，高阳县政府就组建了"宏润无纺布项目快速推进群"，县政府主要领导亲自挂帅，县政府办、发改局、审批局、环保局等多个部门参与其中，积极做好项目各项服务保障工作，及时发现并解决项目建设过程中遇到的困难及问题，有力地保证了该项目顺利开工建设 |
| 2023 年 2 月 | 快手在高阳县举行家纺行业招商培训会 | 快手与高阳县政府达成合作，共同打造实施高阳电商产业发展战略，充分发挥快手平台数字服务能力，结合高阳县产业集聚优势，降低本地企业营销数字化转型成本，推动高阳家纺产业和数字经济创新发展 |

资料来源：高阳县人民政府网站。

纺织商贸城始建于 2001 年，历经 15 年没有大的变化。为了让当地的专业市场实现新的突破，上档升级，商贸城升级改造项目被提上日程，把高阳纺织商贸城建设成为全国一流的毛巾专业市场。项目建成后，吸引数千家商户入驻，成为高阳县单体规模最大、经营业态最全、产品最丰富、配套最完善的商业综合体。该项目是当地政府匹配主导产业的举措。

高阳县连续两次实施减税政策，减轻企业负担效果明显，纺织企业利用减税节省下来的资金更新环保设备，提升厂容厂貌。减税后，纺织企业着力进行车间、纺织设备等基础建设的改造升级，并在设计研发上进行调整。

高阳县强力支持企业加快技术改造和设备更新，这一点是民营企业转型的关键，也是其投入的重点领域。近年来，高阳县新上先进织机 3500 多台（套）、先进无梭织机 5000 多台（套），淘汰老旧落后织机 1.5 万余台。另外高阳鼓励引导县内规模纺织企业自己建立研发设计机构，同时引进专业人才，成立了河北鼎智纺织技术科技有限公司，为纺织企业研发设计提供技术支持。截至本书成稿时，该公司服务企业已经有 50 余家。

此外，高阳县还设立企业技改创新专项资金，促进产业升级、扶持工业项目建设，支持企业加快技术改造和设备更新，建设数字化工厂、智能化车间，进一步提高自动化程度，提高产品附加值，推动传统纺织向高附加值、高科技含量、高个性匹配的现代纺织转型。截至调研时，高阳县拥有省级"专精特新"企业 16 家，工业企业研发机构 33 家，"工业诊所" 1 个，省级数字化车间 4 个，推动了纺织产业由"高阳织造"向"高阳创造"的转变。

政府服务和规划贯穿着高阳县产业发展的全过程。2014 年高阳县就制定《高阳县纺织业发展规划》，到 2019 年高阳重新规划审定了《纺织产业发展规划》，致力于用 3~5 年的时间，大力发展"巾业经济"，打造建设世界"毛巾之都"。在 2019 年 9 月，高阳县召开纺织产业规划提报论证会，会议邀请高阳 13 家重点企业负责人参加论证会，会上对高阳毛巾产业战略定位、高阳纺织小镇发展规划、高阳纺织产业三年运营规划等方面对高阳县纺织产业规划进行了分析和解读。此次会议的召开，也是对高阳纺织业面临问题的回应：品牌附加值较低、产品同质化、缺乏核心竞争力。值此纺织产业由低端制造向高端织造发展的关键时期，此次座谈会的召开，从规划的深度和广度让纺织产业与高阳农机业、商贸业、旅游业发展相结合，为高阳全域产业提升提出建议和意见。政府此举为规划的制定营造了开放式的参与氛围，使高阳纺织产业规划吸纳企业、行业的需求，帮助政府部门及时掌握产业发展动态，预判产业发展趋势，为企业发展提供决策参考，制定科学合理的政策。在高阳县纺织业发展历程中，当地政府十分重视产品质量，2019 年高阳县市场监督管理局组织召开了"2019年监督抽查纺织品全省质量分析会"。

作为中国最大的毛巾产地，高阳纺织企业的加工技术并不差，但由于企业对于创新研发的投入不足，产生了路径依赖，造成了纺织产业转型升级步伐较慢、产品创新能力较弱等问题。为此，高阳县政府聘请了河北朗图工业设计有限公司编制了家纺产业升级规划，推进制造与设计创新融合，使产品既新颖又切合消费者心理，对提高产品附加值、提高高阳毛巾的市场核心竞争力起到了积极作用。

2019 年是高阳纺织业发展史上的关键一年。由中国纺织品商业协会、中国纺织品商业协会家纺家居委员会主办，浙江省浦江县人民政府承办的"浦江·2019 中国纺织供应链大会暨中国家纺家居创新人物颁奖盛典"于2019 年 5 月 16 日在浙江浦江举办。高阳县纺织商贸城荣获"2019 年中国优质纺织市场"称号，表彰高阳县纺织商贸城在助推产业繁荣、推进行业进步方面做出的卓越贡献。能在全国家纺家居行业领袖云集的大会上获奖，高阳实属不易。

在主导产业发展的过程中，既需要行业自律、行业内企业之间的竞争赶超，还需要政府统筹协调，引导整个产业的发展方向，2020 年 8 月 13日，高阳县召开纺织企业座谈会，听取了企业遇到的困难和问题，提出企业要强化质量意识，提升产品品质；要加快淘汰毛巾织造企业落后产能，尽快完成中小企业设备整体换代，确保所有产品都符合国家标准、满足市场需求；推动产品创新、产业创新、管理创新，提升产品附加值；强化品牌意识，打造高阳名片。政府引导企业回应困难和挑战，政府的这些期待和要求以项目、相应的管制措施作为推动工作的抓手。

主导产业的发展既要纵向审视自身的发展历程，还要与时代背景和周边环境相协调。2022 年 6 月 11 日，高阳经济开发区管委会与北京市协同发展服务促进会召开高阳纺织产业集群与北京企业产业供需对接会。双方就解决过剩产能、产业发展模式及企业特色优势发展等方面进行讨论，彼此达成了进一步深入沟通交流的共识。

高阳县政府通过项目致力于更新产业发展所需的基础设施，鼓励企业追求先进的设备和技术，对企业积极走出去扩大品牌知名度给予一定的支持和鼓励。为了更好地把握市场经济的规律，高阳编制了高阳纺织指数。高阳县政府致力于纺织产业转型升级、技术升级，引导企业转型升级，实现产业结构的更替。高阳县纺织产业的转型升级，并没有对劳动吸纳产生排斥效应。纵观这几年政府围绕纺织业实施的项目，主要是在传统劳动密集型产业基础上发展"技术—劳动密集型"改造。高阳县政府对产业的这种经营，更多体现在努力构建产业、技术结构更加合理的现代产业体系，对产业具有合理化的目标付诸行动。笔者总结的高阳模式内涵见表 4 – 3。

表 4 – 3　　　　　　　　　　　　高阳模式的内涵

| 名称 | 内涵 |
| --- | --- |
| 高阳模式 | 高阳有着悠久的纺织工业发展历史，在 20 世纪 80 年代初期，高阳以家庭工业和小工厂起步进入乡村工业化历程，以工业村的出现为地域特征，相互模仿，相互学习，持续的乡村工业发展形成一定规模的专业化生产区域。政府在后期发展中建立纺织业污水处理厂；高阳当地几家大的纺织企业与广大中小型纺织企业形成产业链内的合作。高阳模式的核心特征是政府与市场的协调作用使得产业合理化 |

高阳县围绕纺织产业进行政府支持引导，大体可以分为四个阶段：（1）改革开放以来，产业迅速发展时期，政府充分尊重市场规律没有过多干预企业发展，大中小企业相互磨合，自力更生，纺织企业如雨后春笋般涌现，形成了较大规模的产业集群。（2）为了给纺织产业发展创造更好的

基础设施条件，同时便于规范管理，高阳县政府实施了纺织商贸城建设项目。（3）产业发展转型时期，在环保政策收紧和产品市场饱和的背景下，政府项目实施导向为帮助督促企业整改和转型，提高产业生态环保标准，促进产业升级，如污水处理厂建设或改造工程项目、推进"节能"项目建设等。（4）产业高质量发展时期，着眼于推进高质量发展的国家战略目标，实施如推动纺织产业与大数据相结合、设立企业技改创新专项资金等一系列政府引导和激励政策。

高阳县始终把创新作为引领产业发展的第一动力来抓，先后制定出台了《高阳县支持民营经济健康发展的十二条措施》《高阳县关于企业"小升规"的支持奖励政策》以及《高阳县关于设立"政府特别奖"的暂行办法》等一系列帮扶措施和优惠政策，激发经济发展潜能，推动县域经济社会创新发展、持续发展、高质量发展。高阳有着悠久的纺织工业发展历史，这些传统的产业项目经过市场的不断淘洗，逐渐形成了现在的格局。而高阳县的经验在于，随着发展阶段的变迁，以及投资、贸易和社会环境新形势的出现，紧紧锚定"雄安卫星城，美丽新高阳"愿景，通过项目与产业相结合，创新产业升级项目，建设服务该产业的基础设施项目，帮助拓宽市场和知名度，引导企业和小作坊找准定位，在项目的选择、实施、监督、验收、发展等全过程的展现，为政府与市场这一学术问题的讨论提供了经验视角。高阳纺织业的发展历程，不仅是政府规制的过程，也是政府与企业共同合作、企业与企业合作的过程。

## 三、主要经验

纵观高阳县的产业发展历程，其产业选择和项目实施主要有以下几个方面的规律和经验。

一是继承产业发展传统。发展传统是宏观层面的规律，也是一县乃至县内各个乡镇发展一个产业的经济地理现象。《中国的经济革命》一书对高阳县近代以来的产业发展历程有详细的介绍。高阳一向被称为"纺织之乡"，传统家庭纺织业历史悠久。高阳纺织业是中国近代民族工商业发展的缩影，在中国近现代纺织史上占有一席之地。高阳农村自古广植桑麻，从元末明初开始种植草棉（棉花），到明朝中期，棉花已经在高阳广为种植，取代了桑麻而成为主要经济作物和纺织原料。① 棉纺织业逐渐发展起来。1880～1937 年是高阳家庭生产的发展与区域纺织中心的建立阶段，1937～1949 年是高阳农村纺织业的衰落和复苏阶段，1949～1980 年是家庭纺织生产的国有化阶段，1980～2005 年则是家庭生产的复兴与纺织中心的重建阶段。② 产业发展传统对当地发展的影响是深远的。

二是良好的产业发展氛围。高阳县继承并发扬了当地的发展传统，使得这一传统成为一种文化氛围。从事纺织业成为村民脱贫致富首要选择，进而，相互借鉴和模仿成为当地发展的一大亮点。这种模仿是微观个体层面一种自发的模仿，减轻了政府动员的压力。从工业生产家庭化到产业集群的形成与发展，其实就是早期小农把自身比较优势与工业化进程相结合，在市场竞争中发挥成本优势，进而通过分包制度演变为集群经济的兴盛。③ 高阳商会从资金、技术、市场、人才资源、品牌效应、管理制度、政府性减税、保护商民利益等方面，对高阳织布业乃至区域经济的推动作用功不可没。④

三是当前政府的产业管制。高阳县纺织业的发展蔚为壮观，引起了社会各界的注意。其早中期发展主要得益于市场经济和自由竞争。《高阳纺织业发展百年历程与乡村社会变迁》⑤ 一书中关于高阳纺织区的经济结构为"二元"结构和长期不变的论断，揭示了在高阳县域经济范围内，当处理政府和自由市场的关系时应发挥市场和自由竞争机制在资源配置中的主

---

① 《保定地方志》，高阳县—特色产业，http：//www.bddfz.com/？m = show&cid = 14&id = 1424。

② 赵志龙：《高阳纺织业的变迁轨迹：1880—2005》，《中国经济史研究》，2006 年第 2 期，第 77 – 82 页。

③ 赵志龙：《农户与集群：高阳纺织业形态及其演变》，《中国社会科学院研究生院学报》，2007 年第 5 期，第 71 – 76 页。

④ 张智超：《改革开放以来高阳纺织业研究回眸与前瞻》，《河北广播电视大学学报》，2020 年第 2 期，第 19 – 24 页。

⑤ 冯小红：《高阳纺织业发展百年历程与乡村社会变迁》，中国社会科学出版社 2019 年版。

导作用，当地政府主要为自由市场从制度和法治上创造良好的营商环境。此外，高阳县的巨大制造能力和市场占有率是其优势，但是遭遇史上从未有过的挑战——环境污染治理。遍布京津冀地区乡镇的小产业集群，是河北县域经济发展的动力，也是将来经济转型和地方治理需要直面的客观环境。县政府对纺织业的发展给予诸多支持，并且在产业发展到一定阶段后进行产业管制，既是产业链内的转型升级，也是优化产业布局。至此，政府的职能由管制型转向服务型。

四是廉价劳动力对资本的替代导致纺织业资本准入门槛低。纺织业更容易被当作适合资本存量低的小农户发展的产业。1978 年，中国的基本经济禀赋是：拥有丰裕的劳动力、有限的土地以及稀缺的资本。相比之下，乡镇企业面对的要素价格更符合中国的实际要素禀赋。乡镇企业最大的竞争优势就是较低的工资。面对现实的要素——价格关系，乡镇企业有足够的动机去寻找最适合自身条件的盈利性业务，从长远来看，这种情况也给了它们一个有利的竞争地位。[1] 乡镇企业的生产成本大大低于城市工业，在市场竞争中占据优势地位。国有工业推行重工业优先发展战略后，忽视了中国劳动力低廉这一比较优势，不适当地抬高了企业的资本密集度和技术结构，增加了生产成本。相反，乡镇企业由于一开始就面向市场，加之乡村政府受财政预算硬约束不可能进行大量投资，所以其技术水平和资本结构更适合目前中国的资源特征。[2] 这种富有高阳特色的发展模式可以被总结为以"就地转移劳动力"为主的劳动力转移模式。

五是高阳县项目谋划和实施注重破解当地主导产业发展瓶颈。当地政府和企业有强烈的互联网意识和危机意识，围绕传统纺织业改造提升，加快实施企业技术改造和改扩建项目建设，着力打造循环型产业体系和资源循环利用体系。制约高阳县纺织产业发展的首要问题是以水污染为主的环境污染。高阳县着力打造循环经济园区，以污水处理、水资源循环利用为

---

① ［美］巴里·诺顿：《中国经济：适应与增长》，安佳译，上海人民出版社 2019 年版。

② 韩俊主编：《中国经济改革 30 年：农村经济卷（1978～2008）》，重庆大学出版社 2008 年版。

平台，构建了纺织印染、污水处理等一体的循环经济产业链，以生产性服务业为保障、以平台经济为支撑的发展路径聚焦大项目、优项目招商，引进先进企业，带动当地产业升级，从源头上控制能源消耗推动纺织业由传统产业向数字化转型。项目的实施围绕当地主导产业，通过项目协调解决市场主体生产行为的集体行动困境（污染），项目是对产业发展现状的一种回应，是对产业转型升级的一种引导。尤其是企业投资项目的落地为当地产业结构的转变产生了重要影响。高阳县因势利导、扬长避短，通过项目和政府的产业发展战略，以创新驱动为引领，充分发挥产业集群优势。

在不同区域的工业发展过程中，产业的选择有各自的历史性渊源。不同的工业发展路径上，政府的干预类型不同，不同干预在产业的投入、扶持上机制不同，进而塑造了产业发展的特征。在产业选择到崛起的一系列过程中，产业发展最为关键的环节是政府选定某项（些）产业之后政府的深度参与，这使得该产业在短时间内"崛起"成为可能。从高阳县的案例可以看出，政府扮演了引领性干预的角色，政府和企业界对产业转型升级已形成共识，明确了产业转型的方向。

纵观高阳县纺织业发展历程，当地政府把项目建设作为传统产业升级的着力点，着力构建链条完整、层次高端、竞争力强的现代纺织产业体系，打造全国高新轻纺生产基地和商贸中心，充分体现了高阳县政府在产业发展和项目谋划中的战略意识、危机意识、参谋意识。

# 自我发展与政府规划：庞口镇农机配件产业发展研究

李小云

2017 年 10 月 3 日上午，笔者从高阳县城出发到庞口镇调研，庞口镇离县城有半小时的路程，是高阳农机配件之都，在高阳县远近闻名，也是高阳县产业集群发展得最好的镇。

庞口汽车农机配件市场于 20 世纪 70 年代萌芽，历经三次搬迁、两次扩建，综合实力稳居全国农机市场之首。庞口镇是首批国家级特色小镇建设示范乡镇，拥有全国最大的汽车农机配件市场，市场年交易额达到 130 亿元。庞口镇的竞争的对象也有，如全国十大农机市场之一的宁晋县大陆村工业园区。

现如今，庞口镇镇政府致力于将"中国·庞口农机商贸小镇"打造成为农机交易市场繁荣、现代物流发达、加工制造实力雄厚、生活环境生态宜居"四区融合"发展的国家级农机商贸特色小镇。

## 一、调研纪实

初到庞口镇，直观感受是该地营业房数量多，销售的产品有润滑油、液压配件、农机配件、轴承、装载机等。一些比较有名的农机生产企业，如五征、常柴、双力、时风等在该地采购配件。一些外省的涉农机械厂家，也在庞口镇设置代理厂商。

为更详细地了解情况，笔者来到庞口镇配件城管理委员会调研。国庆期间管委会的人正常上班，工作人员介绍了一些情况，并建议笔者去镇政府进一步了解。庞口镇配件城管理委员会负责管理市场中的一些营业房，而大的产业转型和经济管理工作由镇政府来负责。

10 月 4 日早上笔者再次去庞口镇政府调研。镇政府办公室主任是庞口镇本地人，谈起庞口镇产业经济发展的历程，主任说，老百姓是穷则思变。20 世纪 70 年代本地产业开始萌芽，配件买卖主要是零售。在访谈中，主任向笔者推荐了《守望：扎根沃土的当家人》一书。根据该书的记载，1974 年 7 月，西庞口大队支书李恩平支持第四生产队队长赫辰星建起了庞口第一家压塑厂，生产农机配件。到 1975 年，全村有压塑厂共计 35 个，每个生产队一个。[①] 压塑厂的壮大，唤醒了村民发展产业的意识。随着压塑厂生意的扩大、盈利的增长，1977 年，西庞口大队不仅还清了合作化以来的各种生活、生产贷款，又从办厂利润中拿出一部分购置农业机械设备，实现了机械化耕作，使得当时社员收入大幅度提高，年人均收入达500 元，而 1978 年全国居民人均可支配收入为 171 元。[②]

1980 年，以推行家庭联产承包责任制为契机，庞口镇的压塑厂开始由生产队集体产业扩散为家家户户从事压塑生产，集体企业的示范作用得以凸显。这个时期庞口镇的主导产业还是压塑产业，但为庞口镇后来的农机配件产业格局打下了基础。

1983 年，河间市卧佛堂镇的甄友信、刘宝珠等人到庞口镇小白河干涸的河床上摆摊卖农机配件，由此渐渐形成了一个农机配件的固定交易场所，后来每逢农历三、八集日，本地和外地的 100 多个摊位汇聚于此。河床上摆摊难以满足日益发展的交易需求，到 1984 年春，集市搬迁到宽阔的西庞口大街。这一时期，农机配件交易与压塑生产齐头并进。1984 年，庞口已有压塑生产联合体 120 个，从事压塑生产的户数达到 736 户，占全村总户数的 83%，从业人员 1720 人，占总人口的 42%，外出推销的业务

---

① 柴春芳、李建永：《守望：扎根沃土的当家人李恩平纪实》，河北教育出版社 2017 年版。
② 2021 年 9 月 28 日，国务院新闻办公室举行新闻发布会，介绍《中国的全面小康》白皮书有关情况并答记者问，1978~2020 年，全国居民人均可支配收入从 171 元增加为 32189 元。

人员达 346 人，形成了遍及全国各地的经销网络。[①] 压塑产业成为当地的富民产业。产业规模的扩张带来了交易的活跃，到 1986 年，庞口集日摊位达 500 个，日成交额 15 万元以上。

勤劳淳朴的庞口人靠着农机交易和配件制造这一特色产业走上致富之路，当地老百姓创立的小企业规模越来越大，庞口镇经济也飞速发展。这种自发发展起来的市场现象引起了高阳县委、县政府的重视。1993 年，高阳县委、县政府将庞口配件市场纳入经济发展的整体布局，投资 1.2 亿元，建设门店 800 余套，容纳 3000 多个摊位，使交易市场进入繁荣、有序的规范化管理阶段，体现了政府的有效干预。

1994 年，庞口镇建成全国最大的汽车农机配件市场。1995 年，配件市场拓展新迁，其后短短几年时间，总计投资 4 亿元，由一个街头小市场建设为全国闻名的专业市场。

为了对配件市场进行统一管理，1995 年成立了庞口汽车农机配件市场管理委员会。高阳县政府为了更好地推介庞口镇，于 1996 年、1997 年与中国农机总公司在庞口镇联合举办了两届全国汽车农机配件订货会，扩大了知名度，使市场更上一层楼。之后几年庞口汽车农机配件交易迎来了繁荣期，1998 年，年交易额达 18 亿元，产品出口东欧、南亚、东南亚、非洲的 20 多个国家和地区，一些港台地区商品及外国商品也来此交易。经过一步一个脚印的发展，庞口汽车农机配件市场（以下简称庞口市场）逐渐成为全国最大的农机配件市场，综合实力稳居全国十大农机交易市场之首。

庞口镇的发展离不开当地政府对规划的高度重视。2000 年，庞口镇邀请省规划设计院的设计专家，耗资 17 万元，编制了《庞口镇小城镇建设总体规划》。2006 年又花费 30 余万元，委托保定三环规划建筑设计有限公司，本着高起点、可持续的原则，对原有总体规划进行修编，完成了2006～2020 年庞口镇总体规划和庞口镇村庄规划，并通过了专家评审论证。

---

① 柴春芳、李建永：《守望：扎根沃土的当家人李恩平纪实》，河北教育出版社 2017 年版。

2013 年，高阳县出资 20 万元，委托保定规划设计院，对庞口镇 2012 ～
2030 年发展战略进行了重新规划。

在主导产业形成及发展的过程中，政府如何进行管理或引导？庞口镇党
委、政府为加快主导产业发展步伐，立足于高标准规划，致力于引进高精尖
产业项目，拉动农机特色产业的健康发展。2006 年底创建庞口汽车农机配
件产业园区，这是庞口镇对市场存在的问题的及时回应：当地市场已形成多
年，硬件设施未得到更新；市场在物业管理各方面均存在不足；市场内缺乏
娱乐休闲配套设施；市场整体规模较小，各商家经营面积有限。

2007 年，按照高阳县委、县政府"项目园区建设突破年"要求，庞
口镇开始推进庞口汽车农机配件产业园区建设。2008 年企业开始入驻园
区。园区共入驻 12 个项目，其中亿元以上项目 3 个，总投资额达到 8.6
亿元。产业园区的建成，既成为庞口镇一个新的经济增长点，也成为农机
配件市场的有力支撑，扭转了庞口汽车农机配件市场有市无厂、交易难以
规模化的局面，有力拉动了庞口全镇及至高阳县的经济发展。

2012 年庞口镇的外贸出口额达到 19.5 亿元人民币，同比增长 26.7%。
这个成绩的取得，得益于中央一号文件关于购机补贴政策的逐步落实：
"扩大农机具购置补贴规模和范围；加强农机关键零部件和重点产品研发，
推动农机服务市场化和产业化；切实加强农机售后服务和农机安全监理工
作。[①]"此外，高阳县第十一届党代表大会明确了庞口市场上档升级和打
造全国汽车农机配件贸工中心的目标，进一步提振了商家的经营信心。庞
口市场外贸业户增多，出口量增大，资金回流加快，带动了市场资金流量。

随着庞口市场的规模和影响力的扩大，主营产品范围也不断增加，整
机、汽车、农用车、机动三轮车、拖拉机、农机具、农排、收割机、农副
产品加工机械八大类配件，2 万余品种，国内 600 多家大中型企业在市场
从事直销或代销，名优产品占市场配件总量的 60% 以上，已形成辐射全国

---

① 中共中央 国务院：《关于加快推进农业科技创新持续增强农产品供给保障能力的若干意
见》（2012 年中央一号文件）。

各地并出口印度尼西亚、巴基斯坦、俄罗斯、尼日利亚等20多个国家和地区的销售网络，2013年市场交易额达203亿元。

新规划的园区占地400多亩，是在废弃砖瓦窑基础上建立起来的。依托强大的农机市场，庞口及周边涌现出16个农机配件加工专业村、836家生产加工企业，形成了市场带产业、产业兴市场的格局，农机配件加工制造业成为庞口镇经济发展的支柱产业，年产值逾20亿。[1]表4-4中，以2015年的数据为例，从业人员数量占到了常住人口的59.78%，二三产业从业人员占到了总人口的36.3%。凭借鲜明的产业特色和明显的区位优势，2016年10月，庞口镇成为首批国家级特色小镇建设示范乡镇。

表4-4 庞口镇工业经济数据

| 名称 | 代表性产业 | 常住人口 | 从业人员 | 二三产业从业人员 | 工业总产值 |
|---|---|---|---|---|---|
| 高阳县庞口镇 | 农机配件 | 47106 | 28163 | 17100 | 186600 |

数据来源：《中国县域统计年鉴2015》。

总体来讲，庞口镇本地的产业发展依靠的是本地企业，没有外来资本到本地投资。笔者问庞口镇的农机配件是不是受益于任丘的摩托车链轮产业影响，主任说反而是任丘市受到了庞口镇的影响，不过庞口镇和任丘市的产业分工不同。庞口镇有一个产业园区，农机配件在本地形成了产业集聚的发展格局，而类似"农机配件之都"的称呼在任丘市并不存在。

产业园区的建成使得庞口镇产业的核心技术、品牌效应与营销网络优势更加明显，带动作用更加有力，提升了庞口镇产业竞争力和可持续发展能力。此外，还引导大大小小的企业向龙头企业靠拢集聚，提升了产业集中度。

庞口镇的经济总量在高阳县位居前二。2014年1~12月，高阳县庞口市场交易完成交易额达到218亿元人民币，同比增长9%，成为高阳县经济的一大亮点。但高阳县的财政收入与任丘市相距甚远。任丘2016年完成财

---

[1] 《探访国家级特色小镇建设示范乡镇高阳县庞口镇——农机小镇，风景这边正好》，载于《保定日报》2021年4月9日。

政收入 106.7 亿元，而同期高阳县只有 10.3 亿元。财政收入的多少决定了政府作为的主动性，一个直观结果就是高阳县乡镇的基础设施建设跟不上。"庞口镇政府的办公地点现在还是平房"，主任不好意思地说。任丘市财政收入较高，因此可以实行"放水养鱼"①，这一点高阳县做不到。

庞口镇经济发展起步之际，优惠政策主要体现在税收、土地和招商上，而后来这些优惠措施逐步规范，先前的优惠措施已经没有了，现在更多的是要靠产业的竞争力。关于信贷政策支持地方经济发展，主任谈到，通过政府主导，银行鼓励贷款，有银企对接。

庞口镇是河北省内生型工业发展的一个代表性地区。其依靠当地的劳动力、当地的资源，在当地人民十几年的摸索中，建立完整的产业体系。尽管这些产业体系的技术水平不是很高，但为当地的经济发展和人民增收致富作出了很大的贡献。主任认为，由内向外的发展才是真正的发展。

作为一个有特色产业的小镇，庞口镇 2016 年被住建部评为全国特色小镇。而未来城镇化的发展，能否更加顺利，还要看上级政府对本地发展的规划，尤其是乡镇工业这一块。例如雄安新区规划的出台，就改变了庞口镇新市场建设原先的规划。

庞口镇与河北省其他工业强镇一样，在园区建立时，预留了第二期、第三期的规划，但这些规划普遍缺乏土地指标。庞口镇原本是一个农业镇，农业镇的定位使其在发展工业的过程当中面临着一些制约。例如，庞口镇汽车农机配件产业园区中有七八家企业面临土地指标缺乏的问题。绝大多数农机配件企业有做大做强、实现跨越发展的意识，但占地指标不能解决、融资能力差、银行贷款门槛高、原始资本积累有限，因此扩大再生产受到制约，发展后劲不足，难以做大做强。

扩权强镇是加速推进县域工业化、城镇化、现代化的重要基础。目前中国一些乡镇发展中存在这样的问题：权责不统一，责大于权。扩权强镇

---

① 放水养鱼即财政部门在政策上给予优惠，在资金上给予照顾，通过减免税收、贷款贴息等方式让利于企业，投资于企业，来调动企业生产经营管理的积极性，促进企业发展，增强企业后劲。

意味着赋予镇一级政府较大的财政权、城市建设用地审批权和相应行政管理权与执行权，增强乡镇提供公共产品和公共服务的能力，推进公共服务型政府的建设。在发展的过程中，可以尝试下放事权，按照签订委托协议赋予行政审批许可和处罚、土地收购储备及综合管理权限等，也可以支持农村建设用地和城镇建设用地增减挂钩改革。这些改革思路将解决庞口镇发展中的问题。在访谈中，主任谈到，一个地区的行政级别对一个地方的发展是很重要的。基层一级政府没有一级财权，因此公共产品的提供跟不上。现在庞口致力于建设一个新的市场，且已经建起来了展览馆，但在时间上已经滞后于市场的发展。庞口镇一直推动扩权强镇，但是没有批下来，这一点不像浙江省，浙江实现的扩权强镇的镇数量比较多。

在产业发展的历史进程中，庞口镇党委对地方经济发展产生了积极的影响。据主任介绍，当地 70 多岁的老支书一手带动了庞口镇经济发展。老支书解放思想，在早年鼓励当地村民贷款盖门面房然后出租，后来厂商入驻，对当地发展起到了示范作用。

经过 20 多年的发展，庞口镇从一个农业镇已经完全转型成为一个工业镇。访谈时，现在庞口镇有工业村 13 个，工业支持农业。正是前期村民之间相互带动，相互借鉴，相互学习，才造就了今天的发展规模。以前庞口镇老百姓外出打工，现在老百姓多数为自己创业或在当地的企业就业。这表明，村民之间学习借鉴所形成的社会资本在农村经济发展当中起了推动作用。

## 二、项目与产业

从前面调研纪实可以看到，庞口镇的产业发展最早可追溯到 1974 年，当时庞口办起第一个农机配件压塑厂，自此与农机结下不解之缘。庞口市场在 20 世纪 80 年代萌芽，是从批发零部件摆地摊开始的。那个时候的货源主要是农民自己进货，后来转变成加工生产。在这个过程当中，形成了滚雪球式的发展效果，由小到大，由弱到强。庞口市场形成之初，市场管理委员会出台一系列市场优惠政策，凡是新商户，给予半年至一年的试营业期，免收市场管理费等费用，这些优惠措施对培育市场起了重要作用。

2017 年，河北省商务厅会同北京市商务委印发了《河北省承接地批发市场建设工作方案》，提出"以保定市高阳县庞口农机汽车配件城为重点承接北京汽车配件批发市场转移"。未来，庞口镇的蓝图是打造为"中国北方农业机械制造中心""'一带一路'国际农机贸易基地"和"国家级农机商贸特色小镇"，预计 2025 年市场年交易额突破 500 亿元（见表 4 - 5）。

表 4 - 5　　　　　　　　　庞口镇主要产业项目介绍

| 时间 | 项目内容 | 资金来源 |
|---|---|---|
| 1994 年 | 建成全国最大的汽车农机配件市场 | |
| 1995 年 | 着力加强基础设施建设 | |
| 2000 年 | 邀请省规划设计院的设计专家，投资 17 万元，编制了《庞口镇小城镇建设总体规划》 | |
| 2006 年 5 月 | 中国农机流通协会命名庞口市场为"中国农机配件之都" | |
| 2007 年 | 从 2007 年开始建设汽车农机配件产业园区，园区占地 356 亩，是在拆除废旧砖瓦窑的基础上建立起来的。2011 年 4 月 27 日，高阳县委、县政府在园区举行了项目集中开工仪式 | |
| 2013 年 | 高阳县政府确立了庞口上档升级的发展战略。通过与四川昊昇三农实业有限公司洽谈，促成了项目落地，中国庞口农业机械装备产业城项目总投资 60 亿元，总占地 3000 亩，以农机、汽车配件及整机为主要业态构成，打造集高标准配件市场、旗舰店、品牌形象店、制造基地、展贸中心、信息中心、电子商务、集中仓储、物流配送、金融结算、商务酒店、办公及商住配套服务于一体的现代化农机产业综合体 | |
| 2013 年 | 投资 20 万元，委托保定规划设计院，对庞口镇 2012 ～ 2030 年发展战略进行了重新规划 | |
| 2014 年 | 庞口农业机械装备制造交易中心项目，建设集机械制造、市场商贸（农机、通用机电、五金、农机汽车配件等）、仓储物流、研发设计、博览展示、办公、商业、综合服务配套等于一体的现代机械装备商贸城 | 河北省重点前期项目，昊昇三农实业有限公司总投资 60 亿元 |
| 2015 年 | 庞口市场管理委员会搭建农机配件电商平台，引进北京凡视网络科技有限公司，投资搭建农机配件电商平台——好农机商城。已经有 230 多家商户注册开店，商品涵盖八大类配件，平台上架产品 23000 多种。采用担保交易模式，通过农机物流网络，大幅提高交易效率 | |

续表

| 时间 | 项目内容 | 资金来源 |
|---|---|---|
| 2016 年 | 经庞口市场管理委员会积极运作，争取到中国国际农业机械展览会（2016 年在武汉举办）"庞口展区"，组织近百家市场商户展出汽车农机配件产品 5000 余种，并积极协调组委会，为市场商户在进出场馆、展品运输、场地布置等方面提供便利 | |
| 2017 年 | 以"整合大农机市场资源"为主的产业综合体投资运营商——高阳县昊昇三农实业有限公司正式承揽庞口特色小镇建设项目，建成专业商铺、农机国际展馆、酒店、商务等配套 | 总投资约 10 亿元 |
| 2017 年 | 2017 年中央农机购置补贴资金 690 万元，补贴对象为直接从事农业生产的个人和农业生产经营组织，对农民合作社、家庭农场、农机大户及取得拆解回收证明的报废更新户予以优先补贴 | |
| 2019 年 4 月 | 成功举办了"2019 中国·庞口春季农机零部件商贸大会暨首届华北农机地头展"，全面展示了农机装备水平、技术创新能力，为推动农机汽车配件产业向更宽领域、更高水平迈进提供了强有力的展示平台 | |
| 2019 年 8 月 | 庞口·中国农机博览城封顶仪式暨第三次产业招商，众多农业机械前沿企业齐聚一堂 | |
| 2019 年 7 月 | 高阳县庞口河南农机商会成立，主要涉及汽车农机零部件生产经营领域。通过商会的成立，拉近两地间人员交往、信息交互，资源互通共享，促进经贸交流 | |
| 2019 年 | 庞口昊昇农业机械装备制造交易中心项目建设，目前占地面积 105 亩的庞口·中国农机博览城项目一期工程已经全面开工 | |
| 2020 年 | 召开汽车农机配件产业发展研讨会，为高阳汽车农机配件产业发展把脉会诊、寻方问计，明确发展方向，破解发展瓶颈，规划发展路径 | |
| 2022 年 | 中国恩菲工程技术有限公司中标河北省保定市高阳县庞口镇镇区生活污水综合治理工程项目 | |

资料来源：根据高阳县人民政府网站公开信息整理。

作为最基层的一级政府，镇政府没有一级财政，靠农民集资发展不太现实，不能事事都去集资。财政决定了地方政府作为的主动性和积极性。基层政府首先面临的问题是提供公共产品，PPP 模式也难以落地，比如建立污水厂等就没有社会资金参与。

通过表 4 - 5 内容，庞口镇乃至高阳县当地政府在产业项目谋划和实施的经验有以下 3 个方面。一是政府通过搭建电商平台和争取展览会的展区，在宣传推介、产业提升、技术和人才交流等方面对当地农机产业进行大力支持。二是为产业的发展提供基础配套，农机配件产业园区、中国庞口农业机械装备产业城项目对庞口镇当地的主导产业有直接影响，属于项目和主导产业紧密结合的一次尝试。至 2016 年，庞口镇引入专注于新型农机市场建设和新型化产业运营的高阳昊昇公司，作为庞口项目建设主体；引入安永（中国）咨询公司，对庞口产业升级和小镇建设整体定位规划。最终，确立将中国·庞口农机商贸小镇打造成为集市场、产业和区域"三位一体"的品牌，提出建设农机交易市场繁荣、现代物流发达、加工制造实力雄厚、生活环境生态宜居"四区融合"发展的总体目标，同步带动周边镇村制造业、乡村旅游协同发展。[①] 三是在项目谋划上坚持以上下游产业链完善为目标。中国国际农业机械装备产业城项目完善农机产业链条，把研发、制造等上游产业融入产业城发展，吸引更多国内外同类企业入驻产业城。针对各企业反馈的庞口农机产业链由于环保政策原因，重要的金属表面处理环节缺失，从而使企业生产成本增加甚至产品质量下降的问题，庞口镇积极协调有关部门，依据小产业集群提升的政策验收了一些环保设施齐全的喷涂企业，并按照"一厂一策"的原则，为企业提供环保管家的服务，为规范企业生产经营和完善产业链做出了贡献。

## 三、产业发展经验

由全文可以看出，庞口镇的产业选择和发展体现出如下规律。

一是当地人民群众的自我探索。庞口镇人均耕地面积不足两亩，发展农业优势并不明显。1984 年的庞口农机配件市场初步形成，人们大都从事简单的农机配件销售，彼时的庞口农机市场充斥着大量劣质品，却以此为契机独辟蹊径开始发展乡镇工业。靠着农机制造和交易这一支柱产业，

---

① 《瞭望新"庞口"一个"产城人文特色小镇"建设的探路》，《保定日报》2016 年 9 月 8 日。

很多从业者在十余年前完成了资本原始积累，年利润在 50 万～100 万元的商户当时占比超一半，盈利能力由此可见一斑。庞口人民的自主探索精神和经商头脑，让农民创造社会财富的潜能得到充分释放，为当地发展注入了文化层面的动力。

二是人民群众之间的相互模仿。这种模仿胜过了政府的动员，是一种最具说服力最有效的示范引领。不过沿着这种内生型工业化路径发展起来的产业体系，其典型特征是存在路径依赖，以至于企业普遍同质，企业规模大体相同，产品差异化程度小。路径依赖容易导致产业集群的技术锁定现象，使得集群内信息同化，无新信息与新知识。然而，尽管模仿导致了同质化，但也唤醒了群众的思想意识。正如费孝通等学者指出，乡镇企业们虽然从事的是现代工业活动，但在技术获得和学习方面却高度依赖非正式的地缘、亲缘等传统社会关系。[①] 截至 2018 年 12 月，庞口镇域内拥有各类企业 1450 家，规模企业 316 家，市场周边加工专业村 30 余个，加工专业户 12000 户，从业人员 4.8 万人，生产加工近千个品种，年产值 10.8 亿元。这些专业村的产生就是村民相互模仿、借鉴的直接体现，更是工业化从中心点到外围的不断扩散。

三是政府在产业发展前期的鼓励和支持。地方政府主导经济发展是否始终具有前瞻性？这个问题要结合实际情况来分析。从起步阶段的情况来看，中央政府意识到了乡镇企业自发利用工业资源的经济潜力，主动将工业资源开放给农民。这强化了乡镇企业嵌入工业体系的广度和深度。[②] 政府的作用是为当地已经出现的产业提供公共产品，提供更好的发展环境。在产业格局初步形成及规模逐渐壮大后，政府又以项目的形式介入产业发展，给予相应的扶持，如庞口镇的农机博览城项目。农机配件加工业是庞口镇主导产业，镇党委、政府始终把培育特色产业当作发展经济的重要抓

---

① 费孝通：《小城镇四记》，新华出版社 1985 年版。朱云云、姚富坤：《江村变迁：江苏开弦弓村调查》，上海人民出版社 2010 年版。

② 郭年顺：《打开民营企业创业"黑箱"：工业体系和嵌入式创业者》，《社会学研究》2022 年第 3 期。

手。2000 年庞口镇邀请河北省规划设计院的建筑设计专家编制《庞口镇近、中、远期小城镇建设总体规划》，规划了专业市场区、集贸市场区、饮食服务区、工业园区、文化教育区、生活住宅区、政府机关办公区等。

四是有效解决了谁来投资的问题。自 1996 年庞口镇建镇以来，庞口镇党委政府坚持"依托市场，突出特色，以市兴镇，强镇促市"的方针，明确定位，科学规划，通过吸引全国各地商户和周边农民自建住宅落户、自办企业发展、自寻岗位就业，实现了庞口建镇初期的人口、资金和产业集聚，使庞口从无到有、从小到大、从弱到强，成功地走出了一条不依赖国家投资、主要靠农民自身力量建设现代化城镇的新路子。表 5 - 5 中提到的一些项目主要是为主导产业提供一些基础性的支撑，投资主要来自广大农民和其他企业投资者。

五是企业成功地实现了产业链之间的互补。庞口镇汽车农机配件产业在漫长的发展历程中逐步形成一个具有相当规模的产业集群，形成了集农机配件产品研发、生产、销售于一体的产业体系。2009 年河北金奥管业有限公司投资 1.1 亿元用于生产各种型号的无缝钢管，填补了本地产业空白，大大降低了本地生产企业原材料的采购成本，实现了产业链北部之间的互补。农机作为庞口镇的支柱产业，历经 30 多年的积累和成长，不仅完成了产业集群的聚合，也树立了行业地位。关系庞口产业链条的延伸、产业模式的升级以及产业环境的优化。如今，庞口镇的定位是聚焦支撑其长远发展的产业平台，也就是将市场、制造、物流、外贸、电商、金融和数据等产业交融互织、相互促进，在一个大的平台不断延伸和发展，从而真正释放产城融合的魅力。

六是庞口镇发展核心在于良好处理政府与市场关系。庞口镇的产业发展，不是政府通过运动式治理和行政命令实现的，而是依靠市场机制的作用，特别是产业发展中后期的宏观布局上的引导、城镇建设上的规划。庞口镇是依托专业市场的不断发展壮大而建镇的，其发展路径是"先有市、后有场、再建镇"。庞口镇主导产业的发展带动第三产业迅猛发展，市场周边有转运站、宾馆饭店，还有从事装卸、餐饮、运输、包装等行业人员，为农村剩余劳动者创造了就业机会，促进了农民增收、农村稳定，加快了农村经济的发展，促进了城镇化进程，走出了一条市场化与城镇化协调推进的发展道路。建镇以来，庞口在培育专业市场方面实施了三步走战略：第一步，培育发展阶段，用放水养鱼的方法，让产业自由发展；第二步，成形巩固阶段，采取适度规模管理，管放结合，制定了管理制度；第三步，升档定位阶段，实行规范管理，严格制定各项制度，建立健全了各种管理机构和服务机构。

四十多年来，庞口镇政府始终把培育主导产业作为发展经济、促进小城镇建设的战略性工作来抓。以庞口汽车农机配件市场为依托，辐射周边，吸引全国，进而建成了河北省、全国知名的小城镇和商贸型小城镇。在这个历史进程中，庞口镇实现了人口、资金和产业集聚。政府规划、产业园区建设和平台建设使产业更加规范、市场空间不断扩展、影响力不断增大。产业园区的建成为庞口镇带来了一个新的经济增长极，成为农机配件市场的有力支撑，扭转了庞口汽车农机配件市场有市无厂的局面。庞口镇的产业发展历程表明了地方政府发挥的引领意识、规划意识和服务意识，为处理政府与市场的关系提供了庞口经验，展现了中国乡村工业化进程中政府管理经济的丰富内涵。

# 从弱小到集群：石门桥镇产业发展历程研究

李小云　邹德奇

2017 年 7 月 11 日上午，笔者一行到任丘市石门桥镇考察调研。任丘是位于河北中部的县级市，早年凭借其境内西北部的"华北明珠"白洋淀而蜚声中外，后又因中石油华北油田、华北石化公司驻在市区而远近闻名。石门桥镇位于任丘市城南 8 千米、京九铁路两侧，106 国道贯穿南北，毗邻华北油田。全镇共有 32 个行政村，人口 3.9 万，耕地面积 4951 公顷。

改革开放以来，任丘市石门桥镇摩托车链轮业经过 30 多年的发展，从无到有，从小到大，异军突起，成为全国最大的摩托车链轮生产基地。该产业作为内生型乡镇工业，在分散发展阶段，由各乡村根据比较优势因地制宜地发展相应的工业，以便能够快速地积累资金。产业发展到一定规模和阶段后，形成一定的规模效应。摩托车链轮及其他各种工业用轮业是石门桥镇重要的支柱产业和主导产业，石门桥镇上榜 2024 年度全国综合实力千强镇，位居第 521 名。

## 一、调研纪实

笔者去石门桥镇政府采访了分管经济和企业发展的郑副镇长，他表示，石门桥镇的链轮产业主要从 20 世纪七八十年代开始兴起，由一个乡镇企业带动区域工业，逐步形成产业集聚。

2003 年，石门桥镇迎来了大的改变：摩托车链轮生产基地规划（占地 1000 亩）提上日程，其中，一期占地 304 亩，二期占地 206 亩，三期占地 490 亩。基地一期从 2003 年启动建设，总投资 1.2 亿元，建成后入驻企业 22 家。为了满足工业发展的需要，2010 年，由任丘市政府牵头，山东城乡规划处编制的燕南工业园区规划，将石门桥摩托车链轮生产基地扩充至 8600 亩。

任丘链轮产业产品型号有 130 余种，产品量市场份额占全国的 95% 以上。代表性的企业有顺天摩配有限公司、大金摩托车配件有限公司，这些大型规模企业有着丰富的制造经验和较高的专业化程度，投资额达数千万元，产品不仅在国内有稳定市场，也出口远销到东南亚、南亚、西亚、南美、非洲等国外市场。石门桥链轮业经过多年的发展，培育了古潜山、久大、正太等省著名商标，成功打造并叫响了"中国链轮石门桥制造"区域品牌。石门桥镇还存在大量的小型企业，这些以家庭作坊为代表的民营小型企业投资额较少，主要做本地生意。在全镇形成了付家村、马村、军营、磨盘街四个摩托车链轮加工专业村，以及占地 500 余亩的任丘市燕南工业园区摩托车链轮生产基地。链轮产业已成为石门桥镇经济发展的主要引擎，是财政收入和农民增收的主要来源，链轮产业的发展极大地推动了当地城镇化进程。

**（一）雁翎工业园区产业发展**

随后，我们前往石门桥镇雁翎工业园区南区，走访了部分企业。雁翎工业区主导产业为链轮和铝材门窗，总规划面积 4000 亩，其中一期占地 1700 亩，二期规划面积 2300 亩。调研时工业区已入驻千万元以上企业 28 家，项目总投资达 13 亿元人民币。园区规模较大，35 千伏安变电站、三横两纵近 6000 米干路、通达的通信网络和公共交通等基础设施保证了园区内部企业的经营活动有序进行。我们走访了园区内龙牌门业公司，了解到目前工业区南区主要生产铝材、门窗。工业区的企业集中化和地理位置的优势促进了完整产业链的形成，产业集群进一步扩大了产业规模。2018年 3 月在雁翎工业区南区举办中国·任丘第三届门窗幕墙博览会。

据雁翎工业区企业主介绍，当地产业存在一些尚未解决的问题，主要有以下几点。

一是工人稀缺。现在工业园区内部企业众多，以中小企业为主，对劳动力有着巨大需求，尤其是技术工人。以龙牌门业公司主营的悬浮门、伸缩门、停车场智能系统这三个业务为例，从原材料的加工氩弧焊，到中间的组装、最后的装潢，需要一定的技术水平，所以对技术工人的需求是企业面临的主要问题之一。

二是缺乏行业统一管理，存在恶性竞争。大企业进入市场较早，积累了一批老客户和良好的口碑，但是如雨后春笋般发展起来的小型民营企业正改变着原有的市场均衡局面。链轮和铝材门窗行业都存在入行门槛低的特点，以家庭作坊为代表的小企业成本低得多，有的既不用付房租，又不用雇工人，发展起来相对迅速。以龙牌门业为代表的中型企业，技术工人每月工资 5000～6000 元，还有每年应付的房租和应缴纳的税费、水电费等不小的支出。同时，市场份额不断被以低价策略为主的同行蚕食，劳动力成本不断上升，企业主面临着巨大的生存压力。产业集聚在一定程度上看并没有实现应有的优势互补，缺少行业规范化管理优势，同质化竞争问题较为严重。

三是互联网对传统行业的冲击。一方面，互联网在一定程度上推动了石门桥镇民营工业企业的变革，信息公开透明化推动了石门桥镇链轮产业和铝材门窗产业走出去，在国内市场获得较高的知名度。另一方面，互联网的发展压缩了企业的盈利空间，价格不断走低，让行业的利润也越来越低。

四是产能过剩问题。大量家庭小作坊式的民营企业涌入市场，推动了行业的繁荣发展，但是创造了过剩的产能。适度的产能过剩对于产业转型升级具有积极意义，有利于形成优胜劣汰的健康机制。

石门桥镇的产能过剩与产品的同质化密切相关。产品同质化产生的原因主要有两点：技术缺乏创新、品牌建设薄弱。就前者而论，不管是哪个行业都存在这个问题。后者则是铝合金门窗行业的软肋，铝合金门窗面对的客户群分散，普遍表现为理性购买。长期以来在营销上过多地依赖销售的推动，厂家的品牌建设意识淡薄，品牌管理部门更是被边缘化。

关于土地的问题尤其值得注意。在任丘市企业园区建设占地与占用农业耕地手续审批之间存在着矛盾。为了加大民营企业扶持力度，任丘市政府默许了企业建厂和园区建设的占地问题，实行先建设、有了指标再审批的方法，有力保证了任丘市内各个工业园区和产业集聚地的发展。

**（二）走访马家村和军营村**

7月13日，我们去两个工业村进一步调研了石门桥镇的链轮产业。上午，我们前往106国道以西的马家村和军营村，了解了马家村和军营村的工业企业的分布情况。石门桥镇生产摩托车链轮、齿轮的专业村有5个，分别是付家村、军营村、张家场村、马家村、磨盘街村。在石门桥镇近16个工业村中，马家村很有代表性，马家村距离石门桥镇政府1千米，紧邻106国道，乡村工业相对发达，人口众多。马家村村内主要街道全部硬化为4米宽左右的水泥路面，主道旁的十条辅街以及连村路也已全部硬化为水泥路面。

马家村的产业以铝型材生产和摩托车链轮加工为主。还有很多以锻造加工钢材毛坯为主要业务的企业，这些初加工材料销往本地的链轮加工制造企业，以雁翎工业园区内的摩配厂和一些链轮加工厂为主。石门桥镇政府郑副镇长谈到，这些企业附加值很低，技术水平不高，在未来产业转型升级的变革中不可避免地将面临淘汰的命运，但是短时期内这些小企业将会是石门桥镇乃至任丘市工业发展结构中必然的存在。

在马家村，副村支书马永建介绍了马家村工业企业发展的历程和面临的一些问题。齿轮行业是先锻造、再加工，其中不同型号的齿轮对于机床的压力要求不同。因此，随着村里工业的不断发展进步，机床的最大压力由300吨逐渐增长到1200吨，齿轮种类和型号也不断丰富。加工期间需要厂家检验是否合格，只有合格产品才能进行链轮精加工和组装等后续工序。

20世纪90年代，以马永建为代表的马家村领导班子对村里发展工业进行了一系列积极的探索。在1993年进行铝材市场布局，招商引资引进企业，为产业集聚提供便利。村委会只收取其中一部分公有地的租金。此外，马家村还将村里的一部分自留地拿出来给个体户发展民营经济，村里开发、村委收取土地租金，并且给这些民营企业提供一些优惠措施，例如水电费优惠、降低土地租金价格等，鼓励支持了村民的自主创业，为全村的经济发展提供了很大的推动力。正是因为马家村的这些富有创新性和前瞻性的措施，马家村民营企业获得空前的发展。调研中我们发现村里几乎家家户户都有小汽车。据马支书介绍，全村将近50%的家庭拥有工厂，近20%的家庭在附近工厂上班。

企业占地历来是一个重要的问题。马家村的企业土地租金由企业直接与农民进行洽谈商讨，村委会在引进企业和鼓励本地民营企业发展的整个过程中只获得有限的租金收入。在拿出村里5号路和106国道两侧的村自留地分配给企业时，采用公平公正的原则进行分配。村里设有公开栏，将财务等一些重要信息对全村百姓公开。采访中马支书给我们的第一印象就是爱笑，和蔼可亲而又朴实淳厚。作为全村威望高的村干部，每次在村里选举时他所得票数都是第一，但是自己却不想当村支书，最后当了副职。这些年一边钻研机械加工，一边研究书法，还成了任丘市有名的书法家。这样一位热情实在又踏实肯干的人是马家村人民朴实性情的一个缩影。从鼓励村民搞副业创企业，到现在进行适当引导，把区域产业做大做精，马家村和军营村的发展十分迅速。

2011年，石门桥镇财政收入实现3422万元，同比增长27.9%。这一年石门桥镇加大招商引资力度，全力推进项目建设和园区建设，链轮生产基地二期工程已完成土地招投标，在科学谋划的基础上，全力推进占地236亩的胜利工业基地的各项前期准备和规划设计工作，并精心组织了网上招商活动。当年就有12家企业报名，政府在有意向入驻的企业中筛选了15个项目。[①] 2011年，任丘市政府、石门桥镇开始进行产业结构调整形成了东有摩托车，南有摩托车链轮的产业集群格局。

2012年10月底，石门桥镇财政收入完成3003万元，远超西部地区的一些农业乡镇的财政收入。

---

① 《石门桥镇2011年党委政府工作总结》，任丘市人民政府网站。

2012 年，石门桥摩托车链轮生产企业到了规模扩张和转型阶段。2012 年上半年，链轮生产园区促进产业提档升级，石门桥镇政府对在建项目提出"面向国际市场，提升竞争能力"的要求，以园区建设服务办公室为核心，吸收统计站、企业办相关人员，组建项目建设服务中心，对项目的筹建、立项审批、开工建设等环节进行跟踪服务，为项目早投产、早见效保驾护航。

石门桥镇利用产业优势，加强园区软硬件建设，打造资金技术"洼地"，深挖园区原有规模企业潜力，采取技改、扩建等措施，提升产品质量和档次，增强拓展国际市场能力。为了帮助企业更好地"走出去"，增强拓展国际市场能力，镇政府鼓励并帮助 12 家企业办理了自营进出口权，出口创汇 2000 万美元。石门桥镇还成立了链轮协会，对石门桥的链轮产业的大发展创新了道路。① 尤其注重解决"资金从哪里来"的问题，实施项目招商、以商招商，扩大招商引资力度，共吸引内资 2.2 亿元。

根据在镇政府调研了解的情况，石门桥镇有 4 个村是当地的专业村，链轮加工生产成为这 4 个村的主导产业和村民的主要收入来源见表 4-6。

表 4-6　　　　　　　　　　石门桥镇专业村产业

| 村名 | 主要收入来源 | 生产组织 |
|---|---|---|
| 磨盘街村 | 链轮生产加工 | 磨盘街村全村 95% 以上的企业都是以家庭作坊为主的链轮加工企业 |
| 南石门桥村 | 以链轮生产为支柱产业 | 拥有民营工商企业近 20 家，解决了部分村民就业问题，本村拥有链轮加工作坊 50 余户 |
| 马家村 | 以粮食生产、私营工商企业、外出打工、特色种植和专业养殖为主 | 民营工商企业、家庭作坊 |
| 付家村 | 以生产和加工摩托车链轮为主导产业，链轮产业集聚，产品出口西亚、东南亚、非洲等 | — |

---

① 《石门桥镇政协 2012 年工作总结》。

| 村名 | 主要收入来源 | 生产组织 |
|---|---|---|
| 史村 | 经营工商企业、打工、种植等，村内大部分村民都从事摩托车链轮的生产和加工 | — |
| 张村 | 粮食种植和打工 | 村里的企业以链轮生产和车床加工为主，大大小小的有几十家 |
| 南于庄 | 农业生产以小麦、玉米为主，村民副业是以链轮加工业为主 | — |

资料来源：任丘市人民政府网站。

石门桥镇企业大多是传统的家庭作坊式的加工生产模式，如前文提到的马家村的生产模式，已经不能适应新时期的发展，规模小、缺乏技术含量，企业进入发展瓶颈期，缺乏有影响力的名牌产品。土地、资金一直是链轮业大发展、快发展的瓶颈，企业扩张、扩大规模举步维艰，需要政府的技改补助资金，更需要政府支持企业完成自身跃变。

当地工业产业发展保持了一定的连贯性、继承性。2013 年，石门桥镇继续以经济建设为中心，突出工业基地建设，搞好企业服务，深化实施摩托车链轮、工业齿轮、铝型材三个支柱产业布局建设，实现招商引资、出口创汇、节能减排等工作上的新突破。

2014 年，石门桥镇实施了"双百工程"，加强对该工程内的企业的服务，通过一对一帮扶，解决实际问题。镇政府给当地的企业发展定下了目标：确保当年内 3 家企业由成长型企业转为规模以上企业，3 家小微企业转为成长型企业。[①] 镇政府为了培育企业，体现了服务型政府的角色。

尽管石门桥镇有全国链轮之乡之称，企业近千家，但企业规模小、产品档次低、自主品牌少，新产品研发和技术创新能力差，产业转型升级迫在眉睫。2018 年、2019 年，石门桥镇继续致力于摩托车链轮产业提档升级，2018 年石门桥镇不断加大招商引资力度，加快链轮企业转型升级，

---

① 《石门桥镇党委书记述职报告》，任丘市人民政府网站，2014 – 07 – 08。

成效明显。石门桥镇投资五千万元以上企业共计 7 家，新增规模以上企业
2 家，规模以上企业达到 25 家。石门桥镇把着力解决摩托车链轮产业转型
升级作为核心，兼顾当时的政策形势、市场前景和定位分析，通盘考虑路
网、绿化、污水处理等基础设施，规划了汽贸城、精工产业园、智慧物流
城等重点项目，通过创新产业园区的引领提升，促进链轮产业的转型。[①]
2019 年上半年，石门桥镇盘活摩托车配件厂 40 亩土地资源，建设创新产
业研发平台，同时，启动精工产业园等亿元级项目，带动产业转型。[②] 这
表明，政府跳出了利益藩篱、行动的困局，给当地主要企业的发展确定了
远景目标和发展方向。不断克服经济面临的新约束，需要政府与市场的良
性互动。[③]

### （三）环保与产业转型升级

发达的民营经济在过去是任丘相对于周边其他县城的优势，但考虑环
保因素，或许又会成为劣势。伴随着京津冀协同发展带来的重大转型契机
和日渐严重的环境保护压力，任丘市提出打造清洁能源基地这个发展思
路。环保整治对于石门桥镇的企业来说略有影响，主要是因为链轮加工、
铝材加工等工艺基本上无污染。这也体现了链轮产业附加值不大、技术程
度不高的特点。当地政府加大清洁能源供给能力，对传统产业实施清洁生
产改造，并发展清洁制造业。

石门桥镇成为全国知名的链轮生产基地，与政府部门的支持和引导有
着密切关系。为了解决环保问题，政府引导企业提前行动，完成煤改气等
转型，缓解了企业发展与环保之间的矛盾。此外，石门桥镇建立了工业园
区，园区内企业发展规范化、标准化，形成较好的区域协同作用。

据郑副镇长介绍，任丘市共有 15 个乡镇、4 个办事处和一个开发区，
在所有的乡镇办事处中，石门桥镇的 GDP 总量排在前列。石门桥镇的主
导产业就是链轮加工产业，目前链轮行业存在很多待解决的问题，如行业

---

① 《石门桥镇人民政府 2018 年上半年工作总结》，任丘市人民政府网站。
② 《石门桥镇人民政府 2019 年上半年工作总结》，任丘市人民政府网站。
③ 张军：《市场、政府治理与中国的经济转型》，格致出版社 2014 年 1 月版。

利润空间越来越小，存在着技术转型的迫切性。然而，对于石门桥镇的链轮企业来说，从劳动密集型产业转移到技术密集型产业需要大量的人才，而当地能提供的技术性创新型人才还很少，难以为产业转型升级提供强有力的支持。对于大中型生产加工企业尚且如此，对于那些转型困难、有些甚至违反法律政策投产的小作坊式企业来说，未来的命运更加不乐观。

提到环保政策，郑副镇长表示很无奈。当地一些企业缺少完整的土地手续和环评手续。在环保检查来临之时，企业们只能停产整顿，随着政策越来越严，留给企业的空间越来越小。安全生产和环保是郑副镇长分管的工作。近几年来的政策变化让他感慨万千，用他的话来说就是"在过去谁拿环保当回事？现在谁不拿环保当回事？"环保问题已经上升到全民关注的层面，在这样的大环境下，从地方政府到民营企业，切实落实环保政策，正确认识和对待环境保护问题，才是可持续发展的保证。

土地手续不全不仅影响企业的环评，还对公司的贷款等金融服务产生一定程度上的影响。据了解，在过去企业从银行贷款较为容易，最近几年银行对企业没有完整的土地手续、企业违法占地现象有所担忧，投资放贷更加谨慎，因此很多小企业在银行贷款变得困难。这是企业建立初期手续不全留下的后遗症。但在采访大金摩配有限公司时，生产部门负责人马经理明确表示企业不会从银行借贷，行业内部的企业之间存在相互帮助的机制。

谈到未来发展趋势，郑副镇长坦言，目前石门桥镇的链轮产业中，出口业务相对好做一些，但链轮行业的发展空间已经十分有限。随着国内人民生活水平的不断提高，汽车会逐步取代摩托车，链轮行业正从摩托车配件转向汽车配件。国外链轮产品市场尚有一定的发展潜力。中国链轮产品主要出口到南美、东南亚和非洲部分地区，主要是因为这些地区对摩托车仍有着很大的需求，正如20世纪80年代中国市场对于摩托车、三轮车的需求。如今，石门桥镇积极寻求新的工业发展方向，例如马家村的铝材组合门、防盗门产业。从近几年固定资产投资的情况可以看出，固定资产投资主要集中在组合门、悬浮门等生产制作厂家，而链轮产业的投资几乎没有。

中国改革开放日益深入和经济全球化不断加快，必然加大中国零部件行业的调整力度，齿轮行业低水平制造能力过剩、高水平制造能力不足的局面将得到改变。

面对京津冀经济一体化、环渤海经济圈崛起等新形势、新机遇，链轮业如何进行二次创业，如何更好地对接不断加快的城镇化、工业化进程，是亟待研究和解决的重要课题。

链轮行业面临着激烈的市场竞争，必须通过产品结构、行业结构、企业生产结构的创新和调整，迅速缩短与国际水平的差距，并利用中国链轮产业的优势，积极参与国际齿轮市场的竞争。对此，企业应完善不足、积极创新，政府应加以引导、解决行业后顾之忧。

### （四）调研任丘市直机关

结束了在石门桥镇的调研，7月14日我们前往任丘市，先后采访任丘市发展和改革局与工业和信息化局的相关领导。据了解，任丘市内的民营企业具有明显的地方特色，现代化程度不够，技术水平整体不高，家族式企业普遍存在，整体规范化程度不高，例如北汉乡的模具产业、长丰乡的摩托车配件、石门桥镇的链轮等，都具有十分明显的地域特征，也具有产业集聚的特点。受访者对于本地区民营企业尤其是中小型民营企业的未来发展持谨慎态度。主要原因有两点。一是很多本地区企业存在土地手续不全的问题，在当初企业建立之时，往往土地手续并未批下来就开始建，即所谓的"未批先建"。在20世纪八九十年代，国家土地政策监管力度不够大，土地审批流程较为复杂，很多地区工业用土地指标较少，实际建厂用地与可用地指标之间存在差距。近几年来，随着国家对环保政策和土地政策的重视，现在针对这部分企业将要展开追究问责，对于违规现象会做出相应的处理，这是当地部分民营企业将要面临的一大挑战。二是民营企业内部存在诸多问题。任丘市各个产业集聚地还没有成立相应的行业协会。据发展改革局的工作人员介绍，不同行业内恶性竞争现象十分普遍，行业内部缺少统一的标准，造成市场混乱。产业的科技水平不高，多位于产业链的底层。以石门桥镇的链轮行业企业为例，主要做OEM产品，部分企业从广东接订单代为加工，没有自己的品牌和竞争优势，是单纯的劳动密集型产业。目前，任丘市积极引进外部投资，新进入的企业统一入驻工业园区和任丘市经济开发区，政府也加大力度扶持高科技、环保型的项目和企业。民营企业内部也正在积极尝试加大科技研发和创新技术的投入。环保政策一定程度上能够促进企业的转型升级，为了达到环保政策的要求和不断升级的技术指标，民营企业的转型已是势在必行。

下午我们来到任丘市工信局，具体了解政府对于民营企业的引导支持措施。任丘市企业转型普遍存在困难，对于很多企业主来说，企业转型升级风险太大和发展方向不清晰，维持现有状态则可以避免陷入被动。虽然地方政府和很多企业都在积极进行各种尝试，力争不损失现有利益的情况下进行调整，但是效果一般。任丘市9个县级工业区内企业众多，实现结构转型升级将是对地方民营企业的一大考验。

工信局的工作人员表示，政府对民营企业出台了很多优惠措施和支持性政策。以税收政策为例，由于任丘有两家国企作为纳税大户，极大地缓解了地方税务压力，政府在税收政策上对中小型民营企业提供优惠，减免部分税项，实施"放水养鱼"政策，鼓励民营企业的发展。在环保政策下，政府对于所有的企业都是该整治就整治，该发展就发展。据介绍，2016年报给沧州市政府的拟治理"散乱污"企业就有1556家。在产业结构调整和环保政策等诸多条件的约束下，企业存在"内忧外患"，部分民营企业生存空间堪忧。

## 二、项目与产业

综合调研情况来看，任丘市石门桥镇制造业企业面临的困境主要体现在以下方面。

一是创新能力不足。用低廉的劳动力为外国品牌加工产品，换取微薄的利润。这是石门桥镇那些以出口生意为主的链轮企业所处的状态，更是当下中国很多制造业企业面临的共同问题。

二是产品附加值低。绝大多数企业不注重科技研发，宁愿花钱买技术、用市场换技术，也不愿投入资金、时间、人力资源持之以恒地进行科技研发，造成大部分企业缺乏核心竞争力，实际上相当于其他企业的加工厂。如雁翎工业园一家工厂，一个摩托车链轮出厂价不足 1 美元，生产企业几乎无利可图，而这 1 美元的链轮被核心企业卖到摩托车制造厂所赚到的利润远不止 1 美元。

三是产能过剩严重。随着后入者不断地进入市场，当地企业产能过剩，引发恶性价格竞争，订单数量不断缩减，威胁了整个行业的生存发展。

四是高端人才匮乏。缺乏人才是石门桥镇制造业升级中首要解决的问题，大力培养和广泛吸纳高级科技人才是提高企业自主创新能力的关键因素。

在石门桥镇的案例中，我们发现，石门桥镇的农村在城市之外建立了一个门类相对齐全的工业体系。农村工业的主体是"农工业"，它有两重含义：一是指以农业为原料的工业；二是指直接为农业、农村提供生产投入品和生活消费品的工业。① 石门桥镇则属于后者。中国农村工业的发展已超越了以"农工业"为主体的模式，农村工业已全面介入各工业部门，其行业分布与城市工业具有很强的"同构性"。到 20 世纪 80 年代末，农村工业在城市工业之外构筑起了"第二工业体系"，它在某些工业部门的产值和就业份额已达到了很高的水平。②

针对上述困境以及产业发展的愿景，任丘市政府又先后实施了一系列战略和项目，以链轮产业为重点，塑造产业格局，引领产业发展趋势，见表 4 - 7。

表 4 - 7　　　　　　任丘市石门桥镇链轮产业项目及发展战略

| 项目及战略名称 | 主要内容 |
| --- | --- |
| 2003 年，石门桥镇摩托车链轮生产基地 | 总投资 1.2 亿元，规划占地 1000 亩，其中，一期占地 304 亩，二期占地 206 亩，三期占地 490 亩 |
| 任丘摩托车链轮制造基地规划（财政资金） | 基地经任丘市政府批准建立，于 2003 年 4 月启动。规划占地面积 1000 亩，投资 1500 万元 |

①② 韩俊：《中国经济改革 30 年：农村经济卷（1978～2008）》，重庆大学出版社 2008 年版。

| 项目及战略名称 | 主要内容 |
| --- | --- |
| 2010 年，链轮生产基地扩建 | 由任丘市政府牵头，山东城乡规划处编制的燕南工业园区规划，将石门桥摩托车链轮生产基地扩充至 8600 亩 |
| 2015 年，小微产业园筹建 | 着眼于链轮等传统产业的转型升级，启动小微产业园筹建工作，以增加科技含量、提高规模化生产和经营水平为努力方向，促进链轮行业的健康快速发展 |
| 2021 年任丘市投入资金对链轮企业进行技术改造（财政资金） | 大力推进企业品牌建设，注册了"链轮之乡"产业品牌和区域性商标。2021 年新上千万元以上的技改项目 2 个，完成固定资产投资 966 万元 |
| 2022 年，技术改造 | 搭建科技创新平台、投入资金对链轮企业进行技术改造，大力推进企业品牌建设，引导链轮企业走专精特新发展之路 |
| 2022 年，河北任丘经济开发区 | 河北任丘经济开发区传统产业转型升级示范区（南区），规划面积 11.68 平方千米，已建成面积 3.85 平方千米，现有企业 268 家，产品以铝型材、摩托车链轮、防火门为主 |
| 2022 年，《任丘市国民经济和社会发展第十四个五年规划和二〇三五年远景目标纲要》 | 推动摩托车链轮行业发展，增强产业链科技创新水平，不断延伸产业链条，开发工业链轮等新产品，争创自主品牌，提高产品附加值，持续扩大市场份额，有效促进任丘市摩托车链轮行业的持续健康发展 |
| 2022 年 3 月 10 日，《任丘市加快培育规模以上工业企业暂行办法》 | 突出靶向培育：以上年主营业务收入 1000 万～2000 万元的中小微工业企业（科技型中小企业、专精特新中小企业等）和省、市重点工业项目为重点，建立规模以上工业企业重点培育库。支持提档升级：培育新增规上工业企业优先申报"省级技术创新示范企业""省级管理创新示范企业"、省级专精特新中小企业、科技"小巨人"，支持企业在技术装备更新、高端材料和新材料采用、智能化、数字化、信息化、节能减排和绿色发展等方面进行改善改造 |
| 参加展览会、博览会 | 任丘市全星机械链轮公司、任丘市庆堂齿轮链轮厂参加河北任丘农机展，任丘市华隆机械将携带立体车库链轮、传动轴等最新产品亮相 2020 国际停车博览会，任丘市禹祥机械配件有限公司亮相 2023 中国（天津）食品加工及包装机械展览会 |
| 任丘市加强与大企业、大公司的合作 | 实现生产要素优化重组，与重庆力帆、大江、隆鑫等集团合作，力帆三轮摩托车基地、新丰摩托车有限公司等龙头企业相继建成投产 |

资料来源：根据任丘市人民政府网站公开信息整理。

表4-7中既有政府投资建设的项目，也有企业自主投资的项目。总体来看，任丘市各级政府在链轮产业发展中发挥的积极作用表现在四个方面。一是优化营商环境。推动成立任丘市摩托车链轮协会，通过整合市场充分发挥群体优势促进企业发展。二是加强基础设施建设。主导建立石门桥链轮生产工业园，完善基础设施建设。三是提高管理服务水平。实行"扎口式管理""一站式服务"，为国内外企业搭建发展平台，促进达成合作开发协议。四是改造提升传统产业。链轮产业属于交通设备制造产业，是任丘市的传统优势产业。为适应国内外市场需求，完善产品结构，任丘市将项目与产业结合，以项目引领产业，地方政府通过项目、搭建平台等方式逐步引导产业进行转型升级（见表4-8）。

表4-8 石门桥模式内涵

| 名称 | 内涵 |
| --- | --- |
| 石门桥模式 | 石门桥镇并无工业发展的传统，其对高阳县庞口镇（中国农机配件之都）进行了模仿和借鉴，摩托车链轮行业逐渐形成规模和体系。后来乡镇政府出于进一步发展当地产业的考虑，扶持摩托车链轮行业。石门桥镇的产业首先是在市场中自发成长，然后政府从中选择有市场潜力的产业，通过政府的力量将之确定为重点扶持产业，并加以引导规范 |

从产业发展的环境来看，链轮产业的成功与当时国内链轮市场前景广阔有关，国内年需求量在2亿套左右，广大农村和西部地区对摩托车的需求以年均10%的速度增长。东南亚、非洲、拉美等发展中国家摩托车发展潜力及市场前景大，这些国家从中国进口链轮，主要是因为石门桥镇的产品价格低、产品性能和整车使用寿命相匹配。

随着前期创业企业发展规模的不断扩大，产业链的上下游也会产生一些新的中小企业，不断推进产业链内的专业化分工和协作。随着产业链内企业的不断"内聚"，加之链轮产品品种与市场的相互作用进一步深入，具有纵向联系和横向联系能力的企业不断向石门桥镇集聚。

石门桥镇链轮产业并不仅仅走向了高科技，这无法满足农村人口就业和致富的需要，而是根据市场需求，将先进技术同发展劳动密集型产业结合起来，因地制宜地选择"技术—劳动密集型"产业。这既是人民群众的智慧结晶，也是符合经济发展规律的必然之举。

## 三、产业发展经验

纵观石门桥镇的产业发展历程，其在产业选择和项目谋划实施上体现了以下五个规律。

（1）当地村民具有敏锐的市场意识和致富积极性。发展之初极少数村民凭着对市场敏感的嗅觉，捕捉稍纵即逝的机会，看准了摩托车链轮行业的利润，开始创业。正是这种创业的成功起到了巨大的示范作用，吸引了更多的村民向这个行列"聚集"。一个中心产业发展起步后，其上下游的产业出现并不断扩展，具有明显的地域特征，形成了一些专业村，石门桥镇成为链轮产业有名的专业镇。

（2）在发展初期，大部分乡镇企业并非以小城镇作为其发展的空间载体，而是呈现出高度分散化的布局特征。专业村的生产格局促进了专业镇的形成。据有关调查，20世纪80年代末的乡镇企业中，只有约1%的企业分布在县城周围或县以上城市的城镇中，有12%的企业分布在乡（镇）政府的所在地，有7%的企业分布在行政村的所在地，而80%的企业分布在自然村中。[①] 如表4-6所示，石门桥镇的生产格局也呈现出专业村的特征。

（3）石门桥镇作为链轮产业专业镇，集群内部具有良好的创新创业环境。石门桥镇辖区内的专业村属于熟人社会，在链轮生产、营销方面知识共享与溢出效应明显。良好的创新创业环境为集群内创新网络各节点间的知识共享、人才与资讯流动、技术合作等提供基础保障与助力。

（4）石门桥镇链轮产业发展经历了从分散到集群这一过程。发展这类工业的乡镇往往自然资源禀赋并不突出。内生型乡镇工业的发展明显可分为分散和集群两个阶段。在分散发展阶段，往往由各乡村根据比较优势因地制宜地发展相应的工业，以便能够快速地积累资金。待发展到一定规模

---

① 韩俊：《中国经济改革30年：农村经济卷（1978~2008）》，重庆大学出版社2008年版。

和阶段后，政府再进行规范化管理，通过建设工业园区，引导分散企业集群，形成一定的规模效应。概言之，石门桥镇这种类型的乡镇工业具有民间自发和政府引导的双重特点。

（5）当地政府在产业发展和转型升级上保持了战略定力。为了让产业发展更上一个台阶、更加规范化、实现产业转型升级，协调、规划解决企业用地需求、融资需求，当地政府以项目发挥了规划、协调和引领的作用。在石门桥镇链轮产业发展和转型升级过程中，既有来自政府的投资，也有来自企业的投资。政府为了更好地引导企业转型升级，实施了一系列技改项目投资补助。从2011年到2017年，任丘市在链轮产业转型升级上保持了战略定力。政府关心主导产业的国际定位、竞争力以及产业结构等问题，扶植或协助本地的链轮企业在国内市场和国际市场争得一席之地，扩大市场占有率。

# 服务与规制：辛集镇皮革产业发展中的政府角色

李小云

2018 年 4 月份，笔者对 2017 年全国综合实力千强镇的发展路径进行调研，选择河北辛集市辛集镇作为调研点。本次调研的目的主要是回顾千强镇发展历程，总结发展经验，从乡镇角度理解基层政府在发展经济中的作用和机制、主要的政治经济制度结构和经济发展的组织方式，以对乡镇经济增长路径或者产业发展战略的选择做出解释。

有研究指出，中国的乡村工业在不同环境中具有多种多样的产权形式与制度发展模式。乡村工业化有三种著名模式：江苏与山东的集体所有制模式、浙江与福建的私营企业家模式以及广东的试验性股份制模式。① 本次调研的河北辛集市辛集镇的皮革产业可以视为私营企业家模式。这些乡镇建立起了自身的产业体系，形成了围绕主导产业的上下游产业链。当地政府也有比较成熟的经济管理经验，制定了一系列政策，通过制度和政策的结合，为实施"工业强市"战略奠定了扎实基础。

本文立足于在中国乡镇一级政府及所辖区域上发生的、可以进行历史进程主要节点观察（产业选择、产业扶持）的地方产业勃兴与变动过程。

---

① 彭玉生、折晓叶、陈婴婴：《中国乡村的宗族网络、工业化与制度选择》，《中国乡村研究（第一辑）》，商务印书馆 2003 年版，第 252 页。

## 一、调研纪实

2018 年 4 月 27 日早上，笔者来到河北辛集市辛集镇党政办公室，同党政办公室的同志作了简单交流，表明了来意和要调研的内容。首先介绍情况的是党政办的一位副主任，他认为单纯从辛集镇去看皮革产业，不能反映辛集镇皮革产业的全貌，应该从全市的角度来看皮革产业。因为辛集市有一个皮革城制衣工业区管理委员会，该管委会直接对辛集市负责，是一个正科级单位，而不隶属于辛集镇。

据这位党政办主任介绍，辛集的皮革产业有本土企业，也有外地的企业，还有三资企业。皮革产业在辛集历史比较悠久。当地政府为了适应环保要求，建立了污水处理厂。

在辛集市统计局综合科办公室，笔者得到允许，把 1994 年到 2015 年辛集市统计年鉴的数据，尤其是经济方面的数据进行了拍照。之前笔者从中国知网的统计年鉴上检索过辛集市的相关数据，但数据并不齐全。这次在辛集市统计局能找到这些统计年鉴，弥补了缺失，实属难得。

### （一）皮革产业的起源

辛集的产业基础很好，有悠久的制革传统和经验传承。改革开放前，河北的政治生态比较保守，私营经济得不到发展。这一点与沿海地区在发展民营经济上存在一定的区别。辛集皮革产业蓬勃发展始于改革开放以后。1992 年辛集皮革行业集体所有制企业有 17 家，当时有村办企业、乡办企业、合作办企业以及个体办企业。1992 年政府鼓励户办、联户办企业，这种模式就是大家合伙干，每个人出的资金少。当时政府还鼓励乡镇试办民间金融机构，以缓解资金周转压力。辛集的皮革产业发展潜力被激发。

浙江海宁在 1949 年前基本没有什么皮革产业，后来有了做衣服的产业。浙江海宁的皮革业产生的时间较晚。在 20 世纪 90 年代，人们还不知道有海宁，但辛集的名字已经响彻海内外，90 年代海宁曾派大量的干部和民间创业人士来辛集学习。不过海宁在理念、信息和交通方面具有优势，因此后来者居上。

当笔者问到浙江海宁皮毛生产时，这位主任认为海宁在钱塘江口，皮革产业对于当地的水资源存在一定的污染，海宁的皮革生产依然有一定的风险。北方皮革业与南方皮革业相比，北方更擅长于成品革的制造，南方更擅长于工艺，工艺水平更先进，例如可以将1厘米的皮革拉伸至1.1米。

2013年，辛集市成为河北省的省直管县，作为一个副厅级城市，市委书记和市长都是副厅级实职，省直管县在市财政资金和政策方面可以直接下达，也有利于发改局申请技改资金。

**（二）走访国际皮革城**

2018年4月27日下午，笔者来到了辛集市国际皮革城。该商贸城占地面积较大，一楼主营皮包，包括男士和女士皮包、腰带、钱包等。据一些售货员讲，这些并不是商贸城的主流产业。皮包对于男性来讲是耐用品，更换周期较长，对于女性来讲则不是。当时正处于皮革城销售淡季，往来的顾客非常稀少。

在二楼一家名叫金苹果的店铺里，售货员介绍，她们加工厂的生产车间位于老皮革城，工人有10人，到冬季人会多一些。该皮革城建成以后，有2/3的店铺出租或卖给当地的厂商，另外1/3在皮革城的手里。金苹果店铺门面年租金11万元。在用工方面，贸易量大的公司会付用工费，抽调或者借用那些处于相对较闲置状态的企业员工，这些公司给工人每件100元的工资。作为店铺的售货员的她，月工资2000元。据她介绍，当地的工人在冬季时，每天从早上8点工作到晚上12点，熟练工一个月的工资是5000元左右，属于计件工资，工资的高低与工人的熟练程度有关。皮革加工主要是裁缝工作，大部分工人都是女性劳动者。据她介绍，工人每天可以做1到2件皮毛衣服。从上中下游产业来讲，首先是皮毛加工，比如水洗、脱毛、上色，再进入制革环节，最后到销售环节。并不是每个工厂都拥有上述全部环节，只有个别几家企业集皮毛加工、皮毛生产和销售于一体。值得一提的是，有部分厂商或商店的注册地为上海。

据这位售货员介绍，之前辛集皮革销往中亚和俄罗斯，走外贸的比较多，现在一些大企业也在做外贸，不过中小企业正在转向国内市场，主要是北方市场，如北京、东北三省、山西等。辛集本地人不怎么穿皮革衣服。

辛集市有不少人在外地销售皮革产品，利润好就继续坚持，利润不好了就换地方，或者回到辛集。辛集30余家骨干企业在京津、西北、东北等主销区新设了150家连锁店。330家企业的产品在俄及东欧直销，135家企业在绥芬河、黑河等口岸设立直销点，8家企业联合在美国、加拿大注册了营销公司，200多家企业的产品已打入欧美和东亚市场，出口国家和地区扩大到74个，逐渐形成了以俄罗斯市场为主体，以欧盟、东亚、中亚等新兴市场和边贸市场为补充的市场销售格局。

皮革产业看重工人的经验，有些环节是机器所不能替代的。培养一个熟练工需要好几年。辛集镇正在研究智能工厂，不过这种发展需要一个过程。20世纪90年代是皮革产业工人最多的时候，在辛集镇有十几万人，多数都是外地人。因为该行业的缝纫工作需要大量的女工，外地人一般都是两口子过来，女方从事缝纫，男方从事一些副业。辛集本地的女工到一定年龄后，会选择回家生养孩子。为了更好地适应市场，一般的做法是，企业会派员工去展会采样，看款式、看工艺、看流行风向，回到辛集做成样衣，邀请客户前来参观欣赏，并提出修改建议，进行批量生产。这表明，辛集的皮革生产模式并不是依靠设计师来设计。

近年来，全国各地的皮革工厂多了，如河北肃宁的皮革工厂、河北白沟箱包生产基地、深圳皮具产业集群、广州市梓云岗皮具城、上海虹口区箱包中心、海宁皮革城、内蒙古集宁国际皮革城等重要生产基地和专业市场，对辛集皮革产业造成了挑战。

### （三）产业规范化管理

辛集的制革厂成立公司的有400多家，没有成立公司的有1000多家。1994年以前辛集的皮革厂分布在各个村子，生产组织主要是小作坊，当前大都实行一层是门面房、二层是办公室、三层是生产车间的空间布局。

在产品创新方面，辛集市每年都组织不同层面的全国皮革行业高层论坛和研讨会，邀请业内专家和技术人员举办讲座，与四川大学、陕西科技大学、中国皮革研究院等单位合作，在辛集开设制革专业研究生进修班，

25 家企业成为国内 4 所皮革院校的实训基地；常驻外国专家达 30 名、国内专家 50 多名、享受政府特殊津贴的研究人员 1 名。在质量提升及品牌培育方面，制定了《辛集市开展"质量兴市、名牌兴企"战略实施方案》、开展了"侵犯知识产权和制造假冒伪劣商品专项整治行动"，每季度发布一次《产品质量分析报告》。在准入标准方面，严禁新上年产不足 18 万张羊皮革的小型制革业户，新建制革企业必须设置综合污水排放和铬液回收装置，全面落实环保要求。在污水处理方面，政府建立了污水处理厂，以满足皮革加工企业的需要。

辛集市的污水处理厂采取"3P"模式。首先是制革企业经过自己的工序，不是产生多少污水就排放多少污水，企业要承担一部分成本，政府不会承担无限责任，企业无法处理的一些包含金属元素的污水由政府来处理。这样形成了一种相互制约的局面，相当于财政资金以另一种方式补贴给企业，企业排放给政府处理的污水需要具备一定的标准。不达标的企业将被关停，整改达标后才允许开放。

**（四）制革工业区调研**

2018 年 4 月 29 日上午，笔者来到辛集市制革工业区进行调研。这个区的单个企业占地面积在几亩至几十亩不等，集中分布在一个园区里。园区分布着纵横交错的管道，路边是一条小水沟，里面流着黑水，迎面扑来一股恶臭和烧焦的皮毛味道。从初次印象来看，皮革产业的环境污染相当严重。放眼望去，四周马路上车辆较少，来往的车辆载满羊皮。

调研时正值五一放假期间，多数企业还处于生产时间。中国皮革和制鞋工业研究院河北分院也位于该园区。河北分院成立于 2004 年 9 月 28 日，经营范围为受公司委托自营和代理各类商品和技术进出口（国家限定公司经营或禁止进出口的商品和技术除外）。简单地说研究院是负责技术指导，主要针对废气和废水如何处理的技术指导。自成立以来发展迅速，业务不断发展壮大。从研究院出来，笔者走进一家皮革企业，这家企业的办公室人员告诉笔者，企业工人的工资在 4000 元左右，五一也不放假。

作为一个传统产业，皮革在辛集有着悠久的历史，工艺也不断创新和发展。据工作人员介绍，革鞣剂是为了增加皮革的柔软度，以免白皮不够柔软。铬鞣剂是制造轻革（鞋面革、服装革）的最好的鞣剂，用铬盐制革已有100多年的历史。革鞣剂在使用的过程中会产生硫化钾、硫酸、氨气、粉尘和微粉等有害物质，对工人存在着一定的职业危害，因此，皮革的清洁生产十分关键。近年来，有些企业开始使用科莱恩公司生产的新型无铬鞣剂。科莱恩公司是全球处于领先地位的特种化工产品公司，总部设在瑞士巴塞尔附近的穆顿兹（Muttenz）。

### （五）走访皮革城旧城区

2018年4月29日下午，笔者到辛集皮革城旧区考察调研，总共走访了两家店。第一家店店主告诉笔者她家没有加工厂，都是委托别人加工，自身也没有形成品牌。从事这个行业的原因是父辈一直在从事皮革行业。她们家的生意处在皮革产业一个小环节中。丈夫在外做销售，宣传自家产品，妻子在家守着门店，通过实体店进行销售，没有微信销售，也没有淘宝网店，因为网店前期宣传推广费用较高。

这位女士介绍，政府合并了许多加工厂，对普通商户的生计考虑不周，当前皮革产业处于低迷期。本地人出去做皮革销售的人较多，但是外出务工的人很少。

在第二家店，老板向笔者介绍，他的加工厂已经有20多年的历史，并且有一个门店。互联网销售的占比非常小，之前试过微信销售，现在已经放弃了。这家加工厂给工人的工资是计件工资，好的皮革每件加工费是80~90元，较次的皮革每件40元加工费。工人一般都是本地女工。近几年皮革生意不好，现在皮革城外地人非常少，皮革城显得十分冷清。这家加工厂是个体工商户。因为生意不大，所以资金可以周转得开。以前还有过销售欠款的事情，现在已经不赊账了。为了更好地进行资金周转，现在根据订单生产，生产出来的皮革产品按照客户要求贴什么牌就贴什么牌，不过订单一般来自国内的小品牌，这就是所谓的贴牌生产（OEM）。

在直观上，旧的辛集皮革城现在已经十分萧条，虽然皮革城内的马路上车来车往，但是90%的皮衣店铺关门，只剩下一些销售手套的店铺还开着门，这些手套在淘宝网上也有销售。一些销售皮衣的店铺会在秋冬季打开门面。

## 二、产业发展与项目实施

得益于辛集悠久的皮革产业发展传统和文化传统，改革开放以来辛集皮革业迅速恢复和发展，从以户户生产为代表的作坊式生产到政府引导生产行为集中规范，把分散生产的近万户制衣作坊，优化整合集中到皮革城经营，政府的项目、协调发挥着重要作用。近年来的产业项目和发展措施见表4－9。

**表4－9**          **辛集市皮革相关产业项目及政府发展措施**

| 项目及战略名称 | 主要内容 |
|---|---|
| 河北皮革新材料科技示范园项目 | 项目总建筑面积15.2万平方米，建设牛皮沙发革、汽车坐垫革厂房、牛皮凉席厂房14座，制革原辅材料仓储用房4座，研发中心一座，实验中心1座，综合仓储中心1座，污水厂1座及其他附属设施，购置生产设备1160（台/套）。建成后年加工高档牛皮沙发革、汽车坐垫革280万张、牛皮凉席15万套 |
| 污水处理厂建设项目 | 2014年4月经辛集发改委备案，辛集市宏四海皮革有限公司建设污水处理厂，处理能力约2500吨/日，推进皮革行业绿色发展 |
| 2015年辛集国际皮革城被央视授予"中国经济观测点" | 辛集国际皮革城以全国独一无二的产业优势把市场定位为商品质高价优、品类齐全、服务优良的中高档时尚皮革皮草专业市场。此次与央视财经频道在皮革生产、销售和行业发展等领域开展合作 |
| 规范化市场建设 | 2016年7月皮革城举办规范化市场建设阶段性排查活动 |
| 国际皮革博览会 | 2016年9月30日第24届中国（辛集）国际皮革博览会重点招商项目发布会暨辛集市重点项目签约仪式举办 |
| 海宁中国皮革裘皮服装展 | 2017年6月皮革企业参加海宁中国皮革裘皮服装展，辛集市委办、政府办、制衣区、皮革企业商会等单位参加并观摩海宁中国皮革裘皮服装展 |
| 辛集市远达皮革厂建设年后期整理180万张羊皮革项目 | 2017年10月，建设生产车间4座、日常办公用房1座及其他辅助设施 |
| 辛集市伊罗娜制衣有限公司年产服装10万件（皮革服装、防寒服装）项目 | 2018年8月，利用已有厂房进行建设，厂区占地面积为3382.85平方米，厂区内建有北综合楼（6层）、中综合楼（10层）、东综合楼（7层）三座综合楼，以及宿舍楼（6层）、辅助用房（平房），总建筑面积为13965平方米 |

续表

| 项目及战略名称 | 主要内容 |
|---|---|
| 辛集市麦雅制衣厂建设年产 5000 件棉服、2000 件羊剪绒项目 | 2018 年 8 月，利用已有厂房进行建设，厂区占地面积为 2331 平方米，厂区内建有生产车间 1100 平方米，库房 150 平方米，办公生活用房 350 平方米 |
| 《关于印发辛集市皮革行业固体废物污染治理专项行动实施方案的通知》 | 到 2018 年底，通过先进适用技术试点项目建设，基本达到含铬废物全部资源化利用的目标。开展资源化利用试点工作。将河北中皮东明环境科技有限公司利用含铬皮革废碎料生产再生革、植绒粉、皮革复鞣剂和含铬鞣剂的 3 个项目作为试点项目，制定工作方案，积极争取政策、资金支持，加快推进项目建设进度，确保 2018 年底前建成投产。财政部门负责依法制定试点项目的优惠政策和无主皮革废碎料收集、贮存、处理和处置所需经费的保障工作 |
| 辛集市新杰皮革机械有限公司年产 500 台皮革机械、60000 套皮革机械配件项目 | 2018 年 11 月，建设年产 500 台皮革机械、60000 套皮革机械配件。项目主要建设生产车间、原料库房、成品库房、办公用房及其他配套建筑 |
| 制革区整合提升改造项目 | 2019 年 4 月，项目在原厂区内进行整合提升改造，改造面积 5 万平方米，改造设备 850 台 |
| 国际皮革皮草时装周 | 2019 年辛集市举办中国（辛集）国际皮革皮草时装周 |
| 皮革服装产业发展振兴计划 | 《关于印发辛集市皮革服装产业发展振兴计划（2019—2022 年）的通知》：谋划实施一批高端制造和产业配套项目，加快形成"设计、品牌、制造"三位一体的产业发展格局。重点抓好工业设计创新中心、B 型保税物流中心以及相关企业升级改造等项目 |
| 皮革技术产学研应用中心 | 2019 年 8 月皮革技术产学研应用中心成立，就高层次人才引进及课题研究、皮革产品技术升级等方面开展更多合作 |
| 辛集市圣嘉龙皮革机械有限公司年产 500 台皮革机械设备、30000 张生态板的项目 | 项目占地面积 6000 平方米，总建筑面积 9800 平方米，主要建设生产车间、仓库、办公楼及附属设施。购置裁板机、折弯机、电焊机、氩弧焊机等共 57 台 |
| 皮革查验场所建设项目选址座谈会 | 2019 年 8 月召开皮革查验场所建设项目选址座谈会，计划建设进境皮张指定查验场。其中，进境皮张指定查验场规划选址在制革工业区，占地 25 亩，实现进境皮张"集中查验、集中监管、集中除害" |
| 皮革产业创新发展座谈会 | 2019 年 11 月举办皮革产业创新发展座谈会暨河北省皮革产业技术创新战略联盟揭牌仪式，旨在以搭建全面交流平台、整合技术和管理资源为手段，以协作、创新为根本，立足持续解决行业关键共性技术难题、推进皮革业走出困局的同时，培育适应新时代要求、具备新文化理念的新皮革人 |

| 项目及战略名称 | 主要内容 |
| --- | --- |
| 2019 年实施财税激励 | 对经认定并取得高新技术企业资格的皮革服装企业，减按 15% 的税率征收企业所得税 |
| 设立企业纾困基金 | 辛集市财政出资 1000 余万元，设立企业纾困基金，支持企业上市、发债融资 |
| 设立皮革服装产业转型升级专项资金（2019 年） | 在产品研发、品牌争创、广告宣传、市场开发、人才引进等方面，对成效突出的企业给予补贴① |
| 皮革业高质量发展专题协商会 | 2021 年 4 月召开皮革业高质量发展专题协商会，拼产品、拼客户、拼实力、拼影响，抢占竞争制高点，确保办成一届隆重、安全、精彩的"7·8"时装周 |
| 辛集市皮革产业媒体推介会 | 由河北省市场监督管理局、辛集市人民政府、河北省广告协会主办，2021 年 9 月"辛集市皮革产业媒体推介会"成功召开，通过全省优质的媒体资源对辛集市皮革产业进行集中打造、包装和推广 |
| 外贸转型升级基地（皮革）项目 | 2022 年 8 月河北省商务厅对"河北省辛集市国家外贸转型升级基地（皮革）"给予 50 万元资金支持 |

资料来源：辛集市人民政府网站。

辛集市为了打破松散的产业销售模式，2008 年梁国申②与辛集市政府、开发区相关领导开始考察全国各地的市场，考察回来后向市委、市政府作了汇报，建议辛集皮革业走集中销售分散生产的道路，并建议建一个高规格的国内皮革市场——辛集国际皮革城。从表 4-9 中可以看到，辛集市各级政府高度重视皮革业，在全国较早建成皮革专业市场、全国最大皮衣生产基地之一、世界最大羊皮服装革生产基地之一，是省重点支持发展的"新型工业化产业示范基地"和"特色产业集群"。辛集的案例表明，优越的国际政治经济格局促使出口加工工业实现了地方政府预料之外的迅猛发展，对外贸易的繁荣使得辛集的发展有了外部力量的积极刺激和助推。

在皮革产业发展历程中，辛集通过政府投资项目和企业投资项目，

---

① 《关于印发辛集市皮革服装产业发展振兴计划（2019—2022 年）的通知》，发布机构：辛集市人民政府办公室，发布日期：2019 年 9 月 16 日。

② 梁国申，河北省劳动模范，辛集建设集团、辛集国际皮革城董事长。

优化产业布局，完善产业链，解决产业发展的关键环节的瓶颈。表4－9中的项目和战略既有转型求变的特征，迈向产业链中高端；也有产业振兴的特征，辛集市设立产业转型升级专项资金，支持企业全面提升创新能力，引导企业延伸产业链，开发新产品、增加新品种，生产更环保的服装革产品；还有开放创新的特征，坚持积极走出去、主动引进来相结合。项目既是倒逼产业转型的方式，也是延展产业链条的有力支撑。项目是围绕主导产业既有格局而推出的，具有匹配主导产业、塑造主导产业的作用。

## 三、产业发展经验

一是民间自发发展传统深厚。辛集皮革制造、交易历史悠久，当地人继承了产业发展传统并发扬光大。直到抗战前，辛集一直是中国的皮毛加工集散中心，全国各地都有经营辛集皮毛的专卖店和皮革加工技术人才。

辛集镇的不少小企业在创办企业之初多以多方筹资为手段，这与沿海发达地区的起步阶段的经济基础不可同日而语。过去辛集的民间原始积累并不丰厚，因此当地老百姓只能从事一些前期投入小、附加值低且技术不复杂的行业，这些行业需要的设备也不贵，一般是几万元钱，不需要水平很高的技术型人才，操作容易掌握（见表4－10）。

| 表4－10 | 辛集模式的内涵 |
| --- | --- |
| 名称 | 内涵 |
| 辛集模式 | 主导产业历史悠久，在不同历史时期均出现过繁荣期。改革开放以后辛集皮革行业家庭作坊多，通过社会网络的纽带作用，工业发展的隐性知识不断扩散，生产工艺不断被模仿和学习，生产网络不断扩张，产业逐渐集聚。发展成规模后，政府建立制革工业区，并在环保治理和产业转型升级方面实施了一系列项目，倒逼企业转型升级 |

二是政府有针对性地扶持产业发展。20世纪80年代以来，当地政府通过建园区、促聚集、拓市场、提档次，实现产业蓬勃发展，辛集形成了具有较高知名度和影响力的皮革服装产业集群，先后建成了全国首个皮革专业市场、全国最大的皮衣生产基地、世界最大的羊皮服装生产基地。辛

集市制定了《辛集市皮革服装产业"十四五"发展规划》，确定了加强平台建设深化创新驱动、推进品牌建设完善营销体系、提升产业链条优化产品结构、绿色低碳发展培育绿色产品、打造智慧车间提升工业水平等五大任务。此外，还印发了《辛集市皮革服装特色产业提质升级工作方案（2021—2025 年）》，确定了提升创新驱动能力等 14 项工作任务，出台了加大对企业信贷支持政策。通过印发《辛集市全民创新和全民创业扶持政策》，对企业技术改造、建立国家级实验室、企业新上项目给予扶持，在占地、用电、设施配套、税费征收等方面给予最大限度的优惠，促进了皮革产业的发展。

三是民间因地制宜，结合传统，找准了适合当地的产业。乡镇企业依靠自身的积累逐渐壮大，为农村大量剩余劳动力提供了广阔的就业空间，使稀缺的资本和闲置的劳动力有效率地结合起来，从而部分纠正了不切中国实际的传统发展模式的弊端，提高了资源利用率，增大了整个社会的产出。[1] 从事皮革产业所需资本存量少，对劳动力需求大，迎合了当地人民对致富增收的现实需求。

四是辛集镇乡镇企业灵活的生产经营方式为产业壮大奠定了基础。乡镇企业以其灵活的经营方式和市场适应能力，满足了市场的需要，并获得了发展机会。[2] 在辛集镇各个企业之间通过灵活的生产方式实现合作，如委托生产，既降低了企业的生产成本，又提高了生产效率。

五是以规划和项目实现产业快速转型及集约发展。辛集镇皮革产业发展起步之初，集群效应不明显，为了实现分散型向集聚型转变，以产业布局调整和产业链重构为契机，培育集群优势，辛集市政府先后实施了一系列政策，如淘汰落后产能、实施专精特新中小企业培育工程、扶持、引导企业转型升级。辛集市出台了一系列支持皮革服装产业集群发展的政策、措施，市财政列支专项资金用于支持企业产品开发和市场开拓。当地政府能够发挥主体作用，积极谋划开展如国际皮革博览会、行业交流会等国内

---

① ②　韩俊：《中国经济改革 30 年：农村经济卷（1978～2008）》，重庆大学出版社 2008 年版。

国际企业交流会议，促进企业交流合作。

六是劳动力市场化由本地扩展到更广范围。在辛集镇，大多数农民变为产业工人，并从当地产业的市场化发展中受益，促进了乡村社会的市场化发展。这符合涂尔干的经典判断——现代化意味着社会分工的发展。[①]产业带动的农村市场化发展，市场因素早已通过各种途径渗入工业镇乡村，并改造着乡村。所形成的上下游产业链市场，影响了整个农村经济格局，将乡村直接纳入了市场经济体系。产业市场将农民吸纳进去，改变了农民家庭劳动力的配置模式，劳动力市场的存在使得农村劳动力有了机会成本。辛集镇的劳动力市场从开始的乡村社区范围，逐渐扩展至本省市范围、跨省范围。

辛集镇从 1990 年起，以强制手段促进皮革区的重新分布，在 1994 年市政府整顿合并皮革加工区后，这种去市场化的政府行为在 2016 年再一次出现。2016 年 11 月 18 日辛集市专项整治行动共捣毁制革工业区、辛集镇和田家庄乡的皮革后整饰加工企业 98 家。政府规划代替市场机制促进皮革产业的资源整合，而且在之后的发展历程中，辛集市政府没有放弃这种强制性的手段，在政府与市场关系中表现出了"政府扶持 – 过度干预"现象，其中出现的问题，使得政府协调（选址协调）、环保管制（污染治理专项行动）、产业转型升级（转型升级专项资金）的迫切性被提上日程，并围绕这三个方面实施了一系列项目。

在辛集镇的发展中，社会资本发挥的作用也是十分显著的。皮革产业发展起步之际，有一个核心区域集中了较多的皮革小企业，后来该区域的示范性增强，皮革生产加工区域不断扩大。辛集市还有化工等产业，但政府对皮革产业更为重视，政府在众多产业中重点培育、筛选和扶持皮革产业，政府对于经济发展主体的干预使得皮革产业成为当地规模最大、影响力最大的产业。

---

① 涂尔干：《社会分工论》，渠东 译，三联书店 2000 年版。

# 自发与扶持：高沟镇工业发展历程研究<sup>*</sup>

李小云

安徽无为县高沟镇是以电线电缆为主导产业的新型工业乡镇，是全国闻名的"电缆之乡"，无为电缆产业的发源地。截至 2022 年 2 月，高沟镇有各类企业 360 余家，从业人员 3.1 万人。2018 年 4 月 16 日笔者赴安徽无为县<sup>①</sup>高沟镇这座"安徽第一镇"调研。

翻阅当地政府工作报告不难看出，政府对电缆产业的支持力度越来越大。不过据多名当事人的口述，本镇电缆企业近几年的效益并不可观。这一怪现象引起了笔者的好奇。

## 一、工业发展历程

### （一）电缆企业孕育期

据高沟镇党政办秘书介绍，高沟镇历史上以种植棉花、油料为主，是个传统的农业镇，没有发展工业的传统。高沟工业发展起步于 20 世纪 70 年代末期，以磨具和耐火材料为主。这期间的工业经济总量较小，多数以加工厂为生产单位。进入 20 世纪 80 年代，热处理设备、电加热、工业电炉、温控仪表等逐渐成为高沟工业的主导产业，但都没有产生明显优势，直至电缆产业的出现。

---

\* 本文由《政府统合的多元竞争：安徽省高沟镇产业发展奇迹研究》（载于《政治经济学季刊》2019 年第 2 卷第 3 期）一文删减而来。

① 2018 年 8 月 28 日，无为县改为无为市。本文调研时尚未撤县改市，故沿用"无为县"之称谓。

2018 年 4 月 16 日上午，笔者去高沟镇政府办公室找到镇人大主席。据他介绍，20 世纪 80 年代到 90 年代，为了规避当时的政策风险，一部分民营企业挂靠在政府办的企业下面。他认为当时全国的情况大同小异。党的十一届三中全会的召开，特别是以经济建设为中心和改革开放的提出，大大促进了民营经济的发展，对高沟镇的经济发展也产生了深刻影响。

高沟镇电缆企业孕育于 20 世纪 80 年代至 1991 年，发源于居民自我积累回乡创办以磨具、耐火材料、电热器材为主的小型手工作坊。1993 年，在高沟镇定兴村，推销员沈志海率先开办了华海特种电缆厂。随后，亚神、华星等高沟企业都陆续转型为电缆加工厂，高沟电缆产业真正开始起步。[①] 然后从高沟辐射到其他乡镇，渐成规模。

**（二）工业成长阶段**

1988 年，无为县有工业企业 2.2 万家。受 1998 年亚洲金融危机影响，不少企业衰落，至 2001 年仅剩 3891 家。1997 年，无为县政府为了激发民间发展活力，对原先挂靠在集体的企业进行了摘帽，民间创业建厂的热情高涨。

20 世纪 80 年代初，模具磨料市场逐步萎缩，高沟的销售人员发现电加热器市场广阔。信息反馈回来以后，高沟人开始从江浙引入电热圈、云母加热片等电加热产品，以家庭作坊式为主要加工模式、以业务员推销为主要营销方式，沿用小作坊加工的生产模式，以定兴村的缪传授、长淋村的阮全好和复兴村的刘宏林为代表。

1981 年 9 月 17 日，无为县召开全县发展多种经营会议，提出解放思想，广开门路，能办什么企业就办什么企业。这次会议对后来民间工业的启动和发展影响深远。1984 年，无为县社队企业改为乡镇企业，县政府加强对村以下的联户、个体户的管理和扶持，形成集体、联户与个体经济

---

① 张从寿：《安徽高沟电缆产业集群可持续发展研究》，中国科学技术大学硕士学位论文，2010 年 5 月。

同时并存的乡镇企业体系和村、乡、县三级管理网络。随着生产电加热产品的企业越来越多，以电加热产品为主要支撑的乡镇企业得到大力发展，逐渐形成了小产业集群。

1988年高沟镇的工业总产值为4731万元，但电加热产品并没有真正改变高沟的经济地位和影响力，直至1993年高沟镇第一家电缆厂——华海特种电缆厂的创立及成功，电缆产业从此在高沟镇扎下根基，在此后二十多年里一步步发展壮大。

20世纪90年代初曾在高沟镇具有一定影响力的主导产业有热处理设备、工业电炉、电加热、温控仪表等，但这些产业的厂家纷纷转向生产电缆，主要原因有以下三个。一是电缆产业在20世纪90年代初期是暴利的行业。当地企业家转向利润高的电缆行业，这是生产转型的根本动力。二是原先的企业转型难度低。热处理、电加热、温控仪表等行业与电缆行业的基础领域差别不大，转型不至于造成固定资产投资的损失，加之在生产技术上的相似性，促成了转型生产的可能性。三是电缆产业进入技术壁垒低，新进入电缆行业的企业可以较快地熟悉该行业的生产工艺知识，销售员原先积累的技术、经验、对市场需求的了解，都为后来的创业奠定了基础。

高沟的电缆发展与当地的乡村经济能人的带动密不可分。高沟镇村民沈志海原来在江苏一家电缆厂工作，积累了一定的行业经验和创业资本，为回乡创业奠定了基础。他的创业事迹在乡土社会起了一定的示范效应。2011年度高沟镇两位企业家当选芜湖市经济人物，其中就有安徽华海特种电缆集团有限公司董事长沈志海，他坚持自己的创业信念，授人以鱼，更加授人以渔，他的首创精神带动和鼓舞着一大批创业者，成就了今天的高沟电线电缆产业集群。

高沟镇早期创办的电缆企业均为家族式企业，创业者主要是无为县当地在外销售人员，以及早期的电热管行业的企业主。从经验现象角度来看，电缆产业的兴起主要有主观和客观两个方面的原因。在主观方面，高沟人勇于尝试、勤奋刻苦的奋斗精神功不可没；在客观方面，高沟镇经过一段时间的发展，资金积累充分、商业信息渠道畅通、电缆生产技术壁垒低、企业转行难度低、电缆生产企业利润高等方面的因素，促成了电缆产业更快地在高沟镇的落地生根。

1980～1990 年高沟工业发展总的说来是迅速的，显示了顽强的生命力，规模、水平有了很大提高，所涉及的行业技术含量增加，工业附加值也逐渐变高。其中值得一提的是那些在外推销的业务员，他们在大城市开阔了视野，学到了知识和技术，在后来高沟镇实施"凤还巢"工程时，将学得的技术、本领和获得的项目带回高沟，为高沟镇工业的大发展贡献了力量。

### （三）电缆产业处于成熟的发展阶段

在无为乡镇企业发展历程中，原先经济落后的高沟镇发挥优势，把现代产业与营销方略结合起来，迅速走入全省"百强乡镇"前列，获"全国乡镇企业示范区""安徽星火技术密集区""安徽省民营科技示范园"等称号，成为全国四大电缆产业基地之一。

电线电缆产业的发展，随之而来的是产业的扩散与辐射。2003 年成立无为综合经济开发区高沟高新工业园区，简称高沟工业园区，由定兴、新沟、长淋、坝湾、龙庵 5 个小区组成。2005 年底，高沟工业园区内共有各类企业 326 家，形成电线电缆、电加热、机电产品三大支柱产业，形成了产业链内互补式竞争格局。高沟工业园区是无为县和高沟镇为了更好地结合地方产业发展的需求，从土地资源、不同乡镇政府协调入手，建立更好的协调管理机制的体现。高沟工业园先后被农业部、省科技厅批准为"全国乡镇示范区""省级星火技术密集区""安徽省民营企业科技园"和"安徽省高沟特种电缆产业基地"。①

高沟镇的乡镇工业早已不是低端落后的代名词。2009～2015 年，无为县电线电缆产业专利申请总量累计达到 4600 件，其中发明专利申请量

---

① 2005 年《无为县县志》第九章《民营经济》第三节《高沟工业园》。

1600 件。① 这表明在后发追赶的过程中，工业强镇的企业不断实现了技术突破。

2004 年 12 月，时任中共中央政治局常委、全国政协主席贾庆林亲临高沟镇，视察新亚特电缆集团和超飞乳业有限公司。高沟镇被国家统计局调查总队评为 2004 年度全国"千强镇"，人称"安徽第一镇"。2006 年，高沟镇被评为"安徽省文明乡镇""安徽省环境优美乡镇"，新亚特电缆集团董事长徐顶峰被选举为全国人大代表，江淮电缆集团副总经理后力被选举为全国政协委员。2007 年无为电线电缆产业总产值首次突破百亿元大关，2008 年高沟镇电线电缆企业实现出口 5.94 亿元（约 8700 万美元）。

2008 年 10 月 12 日，作为全民创业的模范乡镇，高沟镇全民创业再出"奇招"，高沟镇全民创业工业园试点项目正式启动，该项目作为高沟镇探索全民创业新思路的试点工程，建成后，园区内的厂房和办公楼将低价出租给入园企业，让企业以极低的成本获得效益，此举给有好项目且有志于回乡创业的有识之士提供了舞台，解决了一些中小企业的资金难题。为了方便更多有志于创业的回乡人士，高沟镇对园区内的企业实行"三年轮番制"的新举措，入园的企业已满三年且具有一定规模的要求搬离园区，"自谋出路"，将机会留给其他创业人员，此举既可以让园内企业自我加压，探索发展新思路，又可以实现全民创业目标。

为进一步促进工业化进程，优化企业发展环境，高沟镇 2009 年投资 1.2 亿元用于 66 项基础设施建设，重点构建"三纵三横"园区路网体系及其配套设施，为新高沟的发展奠定基础。2012 年，无为县电线电缆产业产值达到 415.8 亿元，占无为县规模以上工业总产值的 65.4%，规模位居全国四大电线电缆产业基地第 2 位，为芜湖市四大支柱产业之一，是安徽省最成熟、最典型、最活跃的产业集群之一。

无为县成立专业招商机构——电线电缆产业投资促进中心，紧紧围绕

---

① 无为县政府办《无为县电线电缆产业发展情况》。

电线电缆产业的前延后伸、主导产品及其上下游产品，精准锁定招商目标企业，采取"点对点""一对一"的招商方式开展链式招商，不断延伸产业链。

2012年，无为县已有电线电缆及配套企业268家，拥有1件中国驰名商标、24件安徽省著名商标、31个安徽省名牌产品、高新技术企业44家、高新技术产品99个。

到2017年，无为县电线电缆产业和集聚区——高沟经济开发区，开发区将总产值突破千亿元作为奋斗目标。电线电缆产业科技含量和综合竞争力进一步提升。充分利用辖区资源优势和特种电缆产业结构特点，无为县采取多项措施，用政策打造电线电缆产业"航母"。

高沟镇在县委、县政府大力支持下，自2009年以来，累计投入3.5亿元用于基础设施建设和支持企业发展，目前工业区内"三纵三横"路网已形成，为承接大规模产业转移提供了发展空间和坚实的基础。高沟电缆发展至今，亟须转变发展模式，增强持续战斗力，在政府的引导和协调下，电缆企业之间逐渐实现"内联"，并逐步开始走"外联"之路、走"大企业、大集团"之路。

高沟工业发展中，一支销售员队伍日趋成熟，他们奔波在全国各地，独具敏锐的市场嗅觉，善于发现并能及时抓住商机。与此同时，在用工、分配制度上，高沟企业推行完全买卖制，实行销售承包责任制，按绩付酬。各类推销人员常年跑订单，企业以销定产，实现零库存，具体运作方式：推销员找市场，单个或多人联合起来，通过投标等方式取得订单；拿回订单后相关企业用竞标的方式落实。推销人员活跃在市场最前沿，带回信息、技术和资金。高沟的30位最具实力的民营企业家曾经是销售员。

## 二、企业融资协调

高沟镇电缆电线产业有其自身的发展逻辑，在发展进程中遇到的问题使得政府与企业之间的关系更加密切。作为企业发展中面临的一大普遍性问题——融资难，高沟镇也进行了一定的探索。2017 年 9 月 20 日，无为县出台《关于金融支持重点工业企业发展的指导意见》（以下简称《意见》），《意见》指出，为促进金融支持工业发展，有效增加信贷投放，集聚金融资源向重点企业倾斜，采取稳定信贷规模、拓宽融资渠道、处置担保链风险、落实信贷考核等多方面联动措施，强化金融支持实体经济发展的功能作用。

高沟镇的电缆企业原本比较分散，没有集中的园区。无为县为了更好地发展电缆产业集群，将高沟打造成一个产业集群区域。高沟镇确定了 20 强领军企业，后来演变成 15 强，对这些企业进行重点扶持，打造行业龙头企业，提升产业发展水平，加快工业强县步伐，促进全县经济持续健康发展。

高沟镇人大主席介绍，在融资担保方面，有融信担保和反担保，反担保与银行要求不一样，是对现有银行放贷机制的突破。在 20 世纪初期，中国商业银行通过实行联保互保机制，让各个企业之间实行联保互保。这项制度在企业效益好的时候还可以，一旦其中一个企业运转出现问题，就会连累其他企业，让其他企业负担。之前一段时期，中国商业银行普遍出现了过度融资的问题，银行给企业的贷款额超过了企业的生产值。当时的融资环境普遍比较宽松，只是后来因为企业资金较多，企业开始了多元化投资。但多元化不一定能让企业发展得更好，企业产生了一定的债务。后来融资环境变得紧缩以后，国家大力推行去产能和去杠杆。但企业已经形成债务，再去压缩债务，等于压缩已有的流动资金，这加剧了企业的风险。

无为县商业银行发明了"订单贷"，额度是 1500 万元，这是一种新的金融产品，不过这些资金用途有限。总体来看，高沟镇民营企业更多依靠间接融资，而间接融资成本较高，依靠直接融资的只有一家上市公司。用人大主席的话来讲，高沟镇民营企业发展错过了最佳发展时期，相比之下，江苏省电缆行业已经有好几个上市公司。

# 链接：调研华宇电缆集团

安徽华宇电缆集团有限公司（华宇集团）的老总叶总曾是无为县另一家电缆企业华星电缆的常务副总裁，积累了多年的管理经验和对市场的深刻把握，2004年6月，叶总成立了华宇集团。华宇是一家典型的家族化企业，一开始公司有三个股东，演变到后来只剩两个股东，这两个股东都是亲兄弟。华宇集团的接班人是董事长的儿子，大学毕业以后就来公司工作，目前是常务副总裁。

华宇集团位于高沟工业园内，占地约17.8公顷，注册资金2.77亿元。当前华宇集团的工人加销售队伍总共有500多人。企业生产一线工人每年年收入达6万多，每天工作12小时。企业每年职工工资开支1500万元。企业目前用的生产设备只有一台来自德国，其他均为国产，主要产地为江苏。近几年来公司发展速度较快，从2004年的产值一个亿，到2018年调研时的十几个亿，并成为国家高新技术企业。同时每年还承担一定的社会责任。作为一家为军队尤其是海军装备生产电缆的企业，其产品生产比较单一，即没有走多元化之路。

华宇集团通过一系列的体系认证进行现代化管理，并且派中高层领导去培训，学习国外的先进管理知识，在人员绩效考核方面，公司的工资制度实行计件工资，没有保底工资一说，因为生产较为饱和，工人不用担心工时过少的问题。

当被问到政府派干部来企业挂职，或者政府主要领导人承包一些企业的作用时，华宇的接待人员认为，政府在华宇集团经济发展过程中，只起到一定的引导作用，比如提出一些合理化的建议，部分会被采纳，如针对科技创新、转型升级。政府也会通过引导基金起到引导的作用。

在解决土地、资金等难题方面，政府积极创新破难、加大支持力度，提供优质服务。以土地资源为例，高沟镇政府在土地盘整中取得了进展，仅2011年，高沟镇已有长源、新宇、华通、华峰、海容等8家企业闲置厂房（土地）被收购、重组或租赁，盘活土地面积达420亩，新上工业项目8个。

调研中我们花了较多的时间谈了企业的融资问题。华宇的受访者认为，"互联互保"着实令人头疼，一旦某个企业出了问题，运营好的企业也会产生负担。该做法产生于推行"四万亿"刺激计划的时期，当时银行放贷积极，甚至不顾企业的生产总值而贷款。企业贷款以后可以扩大产能，但有些企业会将这些多余的资金投向其他行业。这一点在我们调研中也有所发现，如一些企业会建设酒店。"互联互保"的问题可以通过一个形象的比喻来体现：苹果坏了，要拿出来，不能放到一起坏了一筐。

现代市场是专业化、细分化和差异化的市场。高沟镇的电缆一直在走差异化的竞争道路，但是这也不能保证企业不会出现决策失误，正如江淮集团因投资多元化出了问题。无为县委、县政府也很关心如何解决"互联担保"的问题，但仅靠县一级和镇一级，对于"互联担保"问题是无法解决的。民营企业发展，如果依靠民间借贷，那是不稳定的，而且担心随时会被抽走贷款。

2018年4月16日下午，我到无为县委办公室拜访张从寿主任，聊起无为县高沟镇的发展历程。张主任认为，改革开放前无为县虽然离长江边不远，但是相对来说比较偏僻，交通不发达，但江边人民观念比较开放。这些因素为无为县高沟镇电缆产业的发展奠定了一定的基础。

接下来我们聊到了"互联互保"。他介绍道，江苏、浙江那边也实行过"互联互保"。这种制度的问题在于，个别企业存在问题会产生连锁效应。在经济形势较好的时候，这种制度有助于企业获得贷款，但容易产生过度融资或授信的问题。在经济形势差的时候，一个企业出现问题容易让其他企业产生负担。

在中国县域经济发展中，现有的正规的商业银行体系不足以让企业获得充分的融资。为此，无为县政府组织引导成立了相关的融资担保公司，以更好地解决本县中小企业的融资问题。之所以"互联互保"对电缆产业影响较大，其原因在于电缆行业具有一定的特殊性，首先其原材料比如铜的价格较高，且交易都是现金付款。现有的电缆企业售出产品后，资金回收较慢，这使得企业十分需要过桥资金，以缓解资金流转的压力，并且企业十分担心银行抽贷。无为县政府成立相关融资担保公司，就是为了避免银行抽贷出现资金周转不开的问题。

## 三、政府与企业关系

发展型地方政府具有干预经济的能力，具备一定的组织基础。正如埃文斯认为的，政府具备"自主性"是政府能够有效地推动地方产业成长的前提。[①] 高沟镇在无为县政府的支持下，通过制度性安排，确保县镇政府能满足嵌入性的条件，这样的行为模式使得政府变成了有发展能力的政府，并且可以规范和塑造私人资本的发展方向和投资领域。在高沟镇工业发展的进程中，形成以地区发展的整体目标和公共利益的共识，通过基层党委的统筹领导以及与企业之间建立的广泛而密切的联系，自主性与嵌入性结合，使得发展型政府得以发挥作用。这种政府与企业的关联或者嵌入性可以理解为一种政治性关联。

根据高沟镇的经验，企业经营战略的调整，往往意味着政府的介入和干预。尤其是政府通过对典型行业的代表性企业进行嵌入，来了解企业的发展诉求，也可以把这种行为称为企业在政治上的响应。

在漫长的发展历程中，当地企业家通过不断选择，最终确立了电缆产业为主导产业，才有今天享誉全国的电缆产业集群。这一选择深刻影响了当地的产业格局。

高沟镇的电缆产业从起步到转型，政府发挥了关键作用。2011 年，高沟镇努力破除土地瓶颈，为电线电缆转型升级创造条件。一是通过政策引导，鼓励企业重组，促进企业做大做强。二是支持新办企业采取租赁或购买方式盘活闲置厂房。以省级开发区、国家经济发达镇试点为契机，积极争取重大项目单独供地。高沟镇对企业用地的费用进行减免，对现有的闲置土地、厂房进行规范清理，通过土地整理，为企业扩大生产规模或新

---

① Evans Peter. Embedded Autonomy: States and Industrial Transformation. Princeton University Press. 1995.

企业投资建厂提供土地指标。三是为了更好地服务企业，加快经济转型升级，高沟镇建立了党政班子成员联系重点企业和重点项目制度，11 名镇领导分别联系全镇 59 家规模企业和 13 个重点项目。政府通过频繁调研电缆龙头企业，及时掌握企业运行情况，帮助企业解决发展中遇到的困难、问题。四是在高沟镇的发展路径中，政府为当地主导产业提供公共产品，营造发展环境，制定产业政策给予重点支持。既对辖区企业实行全程跟踪服务，还为企业生产经营活动保驾护航，通过多种方式对联系帮扶企业进行了解，与企业保持常态化联络，时刻关注企业生产经营，形成良好的政企关系。五是当地政府有针对性地促进科研成果与企业需求有效对接，深化科技创新，推进产学研用合作，帮助企业转型升级。

## 四、电缆产业项目和政府战略

"高沟模式"属于群众自发探索主导产业的发展路径，产业发展历程中，伴有政府制定的各项优惠政策，以及围绕项目实施的一系列项目（见表 4 - 11）。

表 4 - 11　　　　无为县高沟镇电缆相关产业投资建设项目

| 项目名称 | 项目内容 |
| --- | --- |
| 2009 年 5 月出台了《关于进一步加快电线电缆产业发展的决定》 | 从优化企业发展环境、鼓励企业提高管理水平、扶持企业开拓国际市场、推动企业科技创新、促进企业做大做强、支持产业项目建设等方面力促电线电缆产业发展 |
| 新上计算机电缆项目 | 项目租赁原安徽华正电缆科技有限公司厂房余地，占地 40 亩，厂房 10000 平方米。项目达产后年产值可达 2 亿元，税收 800 万元 |
| 2009 年 8 月电缆技改项目（财政资金补助） | 安徽华菱电缆集团有限公司高速铁路信号系统用数字信号电缆技改项目获得 432 万元中央投资重点产业振兴和技术改造专项资金补助 |
| 2009 年 7 月科技项目对接及科技奖励大会 | 巢湖市第七届科技项目对接及科技奖励大会上，高沟镇安徽华菱电缆集团等 4 家企业共 10 个项目成功与高校院所签约。提高了高沟镇科技创新能力，推动了产业结构调整与升级 |
| 2009 年 8 月无为县技术改造项目奖励 | 为做大做强无为电线电缆产业，无为县政府出台了加快电线电缆产业发展的 28 条意见，对在金融危机期间（2008 年 11 月 1 日至 2009 年 6 月 30 日）技术改造项目固定资产投资超过 200 万元的企业给予 5‰ 奖励，重点支持和鼓励企业技术改造，优化产品结构，增强发展后劲 |

续表

| 项目名称 | 项目内容 |
|---|---|
| 2010 年 8 月承接产业转移项目 | 高沟镇在县委、县政府支持下，累计投入 3.5 亿元用于基础设施建设和支持企业发展，目前工业区内"三纵三横"路网已形成，为承接大规模产业转移提供了发展空间和坚实的基础 |
| 2010 年 7 月皖江城市带承接产业转移示范区暨第八届巢湖市科技对接会 | 第二届皖江城市带承接产业转移示范区暨第八届巢湖市科技对接会，高沟镇共有 17 个项目成功签约，高沟电缆企业纷纷转型升级，积极推动科技发展战略，不断扩大校企合作范围，努力加快科技成果转化 |
| 2010 年召开电线电缆产业转型升级推进大会 | 加快产业结构转型，引导企业发挥比较优势，注重错位发展，加快建设一批竞争优势明显、适应市场需求的新型电缆项目，不断提升电缆产业的市场竞争力；鼓励企业引进先进装备和技术，提升产业的科技竞争力；承接一批电缆辅料等上下游产业项目，延长产业链条，壮大产业规模。大会宣读了《关于扶持电线电缆骨干企业做大做强的决定》 |
| 2011 年召开电线电缆企业开拓国际市场调度会议 | 加快无为县电线电缆产业转型升级，支持企业开拓国际市场，积极发展对外贸易，学习了《关于进一步推进电线电缆企业开拓国际市场的若干意见》，无为县商务局对有关进出口方面政策进行了解读 |
| 2012 年 5 月节能重点工程（财政资金） | 高沟镇安徽华电电缆集团有限公司喜获省节能重点工程、循环经济和资源节约重大示范项目资金 460 万元，主要用于电机系统及电缆智能内加热装置节能改造 |
| 2012 年 6 月 | 无为县出台了《关于扶持电线电缆骨干企业做大做强的决定》，具体涉及新上项目核准、支持"高、新、特"项目建设、鼓励企业兼并重组内引外联、推进企业上市、促进企业自主创新、鼓励企业引进高层次人才、鼓励企业建立现代企业管理制度等十二条具体措施，力促产业转型升级 |
| 2013 年无为县召开电线电缆产业规划讨论会议 | 研究国内外市场，结合"十二五"规划和相关政策，分析市场走势，明确无为电线电缆产业发展方向和路子。深入研究国内外知名电缆企业发展路径，在规划编制中结合县委、县政府关于无为县电线电缆产业转型升级总体思路 |
| 2013 年 1 月 | 无为县政府出台了《无为县创建"全国特种电缆产业知名品牌创建示范区"工作方案》，明确了示范区创建工作目标 |
| 2013 年 | 无为县政府相继出台了《关于实施电线电缆产业千亿发展计划的意见》和《关于实施高沟经济开发区千亿发展计划的意见》，加速实现"千亿产业"和"千亿园区"的宏伟目标 |
| 2014 年 | 《关于支持企业克服当前困难促进经济平稳健康发展的若干意见》，开展联系帮扶企业"集中服务月"活动，各联系帮扶单位继续深入企业一线，"一企一组一策"帮助企业解决融资、用工、货款回收、人才培训中的实际困难 |

续表

| 项目名称 | 项目内容 |
| --- | --- |
| 2014 年举办电线电缆企业与银行对接会 | 为破解当前电线电缆企业的融资难题，加强企业和银行之间的沟通交流，搭建银企合作平台 |
| 2014 年 | 出台了《无为县财政存款与规上电线电缆企业贷款挂钩考核暂行办法》，无为县财政在国库拨付至财政专户的增量资金中安排 50% 的财政性资金，与银行机构对电线电缆企业的贷款进行挂钩。对电线电缆企业贷款余额减少的银行，原则上不参与财政增量资金的分配，同时按照贷款余额减少额和相应比例调减财政存量资金存款；将财政增量资金和调减贷款余额减少银行的存量资金分配给贷款余额增加的银行 |
| 2015 年召开电线电缆首位产业调度会 | 充分发挥易企网、中小企业服务中心等平台作用，加快落实奖补政策，充分发挥产业引导资金作用，放大财政资金效用 |
| 2017 年"订单贷" | 无为县政府与扬子银行合作推出金融创新产品"订单贷"，对经营状况良好、无不良信用记录，有品牌影响力、核心创造力、市场竞争力的电缆企业来说，只要有订单，就可以在银行拿到贷款 |
| 2018 年出台了领军企业《培育扶持及专项管理暂行办法》等系列政策 | 成立专项服务工作组，对 20 强企业实现对口帮扶；常态化开展"一企一组一策"及"四送一服"，对 20 强企业开展经常性走访联系活动，切实帮助企业解决融资、用工等困难。<br>围绕细分行业领域，突出细分产品优势，指导企业修编三年发展规划，实施新一轮技术改造专项行动，引导企业进入多层次资本市场。<br>与中国电工技术学会、中国兵工学会、中国化工学会签订战略合作协议，聘请 10 名全国知名专家担任创新顾问，兑现各类科技创新奖补资金 2800 万元 |
| 2022 年 8 月 | 无为市第九届电线电缆产业科技论坛成功举办，本届科技论坛以"打造线缆工业互联网，助力企业提质增效"为主题，加强政府、科研院所、企业之间的紧密联系和深度合作 |

资料来源：根据无为县人民政府网站整理。

　　在表 4-12、表 4-13 中政府制定的政策、召开的会议、制定的规划、搭建的平台体现了政府协调的作用，建立了连接政府和工业企业的政策网络，也成为政府管理经济的基础。如企业对以信贷为主要融资方式的依赖，而银行资本顺应政府与企业的期待，帮助企业克服融资约束。政府推出的政策及项目使工业发展与行政能力有了广泛的制度化联系，由此，地方政府体现了管理经济的自主性。

表 4 - 12 2008～2019 年高沟镇大事记

| 时间 | 单位 | 主要内容 |
|---|---|---|
| 2008 年 | — | 高沟镇成立电线电缆辅料行业协会 |
| 2016 年 4 月 | — | 无为县召开电线电缆企业融资相关工作推进会，全力解决存在的困难，要持续拓宽融资渠道，县金融部门和各银行机构结合无为县实际，不断创新"订单贷"、应收账款贷款等金融产品，多途径缓解融资难题 |
| 2017 年 11 月 | 安徽省发改委 | 调研芜湖市无为市高沟电缆小镇 |
| 2018 年 7 月 | 高沟镇 | 召开电缆小镇推进会，规划设计电缆小镇建设项目 |
| 2018 年 8 月 | 无为县政府 | 《无为县高沟电缆小镇概念性规划及核心区控制性详细规划》：开展电缆技术研发、积极拓展产业链、成立电缆科技研究院、拓展高尖端特种电缆研究方向、组建电缆产业联盟等五大措施完善产业规划 |
| 2018 年 11 月 | 无为县政府 | 高沟电缆小镇工作推进会 |
| 2018 年 11 月 | 高沟镇 | 无为县高沟电缆小镇与安徽华宇电缆集团达成共识，决定在华宇电缆集团设立院士工作站，研发特种电缆材料 |
| 2018 年 10 月 | 安徽省发改委 | 走访了安徽尚纬电缆有限公司、安徽华菱电缆集团有限公司两家重点电缆企业，针对企业在发展中面临的难题和诉求，积极协调相关部门给予协调解决 |
| 2019 年 4 月 | 高沟镇 | 高沟电缆小镇签约招商项目 2 个，总投资 4.5 亿元，其中之一是数字化轨道交通用电线电缆项目 |

资料来源：根据"芜湖市无为市高沟电缆小镇"公众号整理。

表 4 - 13 无为县出台的相关经济政策

| 文件 | 文件内容 |
|---|---|
| 《中共无为县委无为县人民政府关于扶持电缆电线骨干企业做大做强的决定》 | 决定设立企业税收贡献奖，鼓励企业兼并重组，内引外联 |
| 《中共无为县委无为县人民政府关于实施电线电缆产业千亿发展计划的意见》 | 大力培育领军企业，扶持高、新、特、专企业 |
| 《中共无为县委、无为县人民政府关于实施高沟经济开发区千亿发展计划的意见》 | 支持企业开拓国内外市场，并成立首位产业千亿发展计划，成立相应领导小组，并设立产业发展引导基金，优选重点企业和重点项目，在企业上市、项目建设、科技创新等方面给予大力支持。<br>实施领军企业培育计划，鼓励企业技改扩建。实施重点项目计划，助力招大引强 |

资料来源：无为县《民营经济政策汇编》①

---

① 该书未公开发行。

除此之外，无为县还出台多份文件，支持电线电缆服务平台项目建设，扶持企业开拓国际市场，评定无为县电缆领军企业。这些政策文件的出台，较好地扶持了电线电缆企业的发展。

高沟镇的项目实施经验可以总结为以下五个方面。一是加强技术改造和节能改造投入，逐步解决科技创新薄弱、电缆的核心竞争力不强等问题；无为县通过出台企业技术改造奖补政策，支持企业开发新技术、新设备、新工艺、新材料，提高市场竞争力。2017～2018年无为县累计兑现各类科技创新奖补资金9000万元。二是搭建平台，通过科技项目对接、重大关键技术难题攻克，促进技术在企业转化，提升企业档次，为企业在市场竞争中脱颖而出提供源源动力。三是承接产业转移，将财政资金用于基础设施建设和支持企业发展，为承接大规模产业转移提供了发展空间和基础。四是致力于转型升级，政府通过制定政策并引进优质企业项目，实现高沟镇电缆产业的转型升级。五是进行融资协调，通过财政增量资金拉动银行机构对电线电缆企业的贷款。

为进一步加大招商引资工作力度，激励成功人士回乡创业。2008年5月，高沟镇在县政府出台有关招商引资优惠政策的基础上，结合自身实际，制定鼓励招商引资和投资兴业相关政策，重点是对新办企业的给予8000元/亩土地办证费用补贴，对企业增资扩产的按厂房建设面积20000元/亩给予补贴，同时抽调镇、村精干人员，在企业征地、建设过程中提供协调服务。2008年1～5月，高沟镇引进项目27个，实际到位资金5.9亿元。

高沟电缆产业之所以能取得优异成绩，除了自身因素之外，还与宏观经济形势密不可分。信息时代的临近，以及光纤接入、村村通工程等国家重点工程的实施，为电缆电线产业带来了商机。从1998年开始，全国范围内进行城乡电网改造，通信行业复苏，中国电缆行业进入了高速发展阶段。这个过程表明，中国经济处于增长态势，以及工业化、城市化进程的持续，是电线电缆产业繁荣发展的根本推动因素。

## 五、经验启示

高沟镇支柱产业的发展，既是一个经济现象，也是一个政治现象，还是一个金融现象。无为县政府管理经济颇具东亚奇迹的嵌入性特点，体现在引导企业调结构、转方式、促升级上，积极利用上级政府的产业政策和县级政府的产业政策，在宏观方向和发展战略上对企业发展进行影响和引导，在企业科技成果转化率和应用率、企业申报技改贴息和中小企业发展专项资金补助上给予支持，提高企业转型升级积极性。在当前中国的发展阶段和金融制度下，县一级虽然不是金融配置的末梢地区，但是存在着覆盖不足的问题，正规金融体系实行严格的信贷配给制度。中小企业的融资较难，发展中面临融资瓶颈，而现有的金融体系又无法满足这一需求。无为县政府介入金融系统，为产业发展输血和助力，创新金融产品，创新金融体系。

以发展型国家理论为代表的政府职能理论，更多地讨论政府的经济职能，而没有研究政府自身的变革和体制变化对地方经济发展的影响。对于转型时期中国乡镇一级政府职能变化以及县乡两级政府关系的变化，发展型国家理论对此关注不够，或者说涉及较少。有学者认为，以往研究对政府间纵向关系的动态演进过程关注度不够，缺乏对纵向关系的阶段性和不同阶段的应对策略的认识。① 这表明，没有普适的政府间纵向关系。随着中国市场经济的不断成熟和完善，政府角色在转换，央地政府间纵向关系在进行阶段性调整，县乡两级政府的关系也在发生变化。在本书的讨论中，进行乡镇一级行政管理体制改革、提高乡镇书记的行政级别就是例子。这些也是发展型国家理论没有关注到的。高沟镇案例中，镇党委书记的行政级别较高，并且进行了相应的行政管理体制改革，赋予镇一级政府更大的行政权力。行政级别高是经济发展的结果、产业实力雄厚的证明，

---

① 鲁敏：《弹性化控制：中国转型期纵向政府关系调适》，《内蒙古大学学报（哲学社会科学版）》2012 年第 1 期，第 37 – 38 页。

这种高配有助于将决策者的注意力、项目资源、优惠政策投到高沟镇。

高沟镇的发展历程表明，一个传统农业镇可以选择继续发展农业，也可以选择走上一条艰辛的但是前景不错的工业化之路。乡镇工业发展初期因为规模较小，还没有引起政府的高度关注，发展初期的路径选择和发展思路决定了日后乡镇工业的规模和类型。以发展农业为定位还是以发展工业为定位带来了截然不同的结局。

如果将视野聚焦于成熟的市场经济体系，那么就会忽略这样一个现实：社会因素与市场有着深度契合的一面，这些社会因素包括亲缘和地缘关系网络。① 高沟镇20世纪90年代初存在"同乡同业"形态的小本经营的企业，并不严格依循现代企业制度。若从现代企业内部治理角度来看，未免简化了中国工业乡镇中小作坊、小企业发展的逻辑，这些小企业更关注"生产要素成本"。在中国乡村的工业实践中，在研究"同乡同业"形态的小本经营活动时，还应关注生产要素成本，以及如何有效降低"生产要素成本"，这决定了企业是否能盈利。这些企业以非现代企业组织形式存在，却在中国乡镇地区获得了快速的发展，成为适应"乡土中国"环境的一种企业组织形式。相互模仿与政府行为、市场行为的共同作用，使小企业走向现代企业，使小集群走向大集群。

从总体上来看，对于大部分发展中国家或转型经济体而言，转型过程中完全依靠市场力量是不切实际的，原因在于经济基础和制度基础普遍发育不足。此外，转型过程中需要社会主体间达成共识，并在市场化进程中整合彼此的力量。② 在高沟镇工业发展历程中，市场力量与政府力量的结合，既是历史事实，也是必然的战略选择。

通过高沟镇的案例可以看到，在地方经济管理中，基层政府运作地方经济的活动包括扶持企业、招商引资、土地整理、产业规划、项目匹配等。鉴于不同地区的发展路径不同，出现了基层群众选择产业、地方政府

---

① 吴重庆：《"界外"：中国乡村"空心化"的反向运动》，《开放时代》2014年第1期。

② 马勇、陈雨露：《金融发展中的政府与市场关系："国家禀赋"与有效边界》，《财贸经济》2014年第3期，第57页。

打造产业的路径，这也是当代中国地方政府塑造典型作用和形象的一个体现。地方政府对产业有能动性。通过本案例可知，政府干预是推动产业发展和转型的基础。通过金融体系创造的发展动力，土地产权、财政资源，以及"市场＋政府规划"的资源分配方式，地方政府促进了经济的发展。产业发展的过程其实是政策努力的结果之一。

# 招商引资与人为市场化：
# 汉川市新河镇乡镇工业发展

李小云

2018 年 4 月 20 日中午，笔者来到了汉川市经济开发区。出了汉川高铁站，到汉川经济开发区还有 30 千米的路，地图显示新河镇与汉川经济开发区位于同一地点。

汉川经济开发区是副处级单位，而汉川市市长及市委书记是正处级行政级别，汉川经济开发区的园区管理委员会主任兼任镇长，工业园区党工委书记兼任新河镇党委书记，一套班子，两块牌子。汉川经济开发区是湖北省级开发区。不过现在对外宣传时，更多使用汉川经济开发区，而不是新河镇这个名字。

## 一、新区化生长：新河镇工业发展

通过梳理调研资料和其他文字材料，本文将新河镇的发展分为以下两个阶段。

### （一）1990~2008 年：工农业并重发展时期

2008 年 4 月之前，汉川经济开发区在汉川市区办公，考虑到经济开发区要进一步承接武汉以及全国其他地方的产业转移，为进一步增强大武汉经济发展圈的实力，湖北省经过通盘考虑，将汉川经济开发区并到新河镇，新河镇交通相对便利，土地储备较多，这么做使招商引资有了土地保障。

汉川市的乡镇当中有农业镇，也有工业镇，在汉川经济开发区没有并入新河镇之前，新河镇是传统的蔬菜种植大镇，是武汉市主要蔬菜供应基地之一，真正让新河镇成为 2016 年全国综合实力千强乡镇的重要原因是汉川经济开发区并入新河镇。汉川经济开发区有一个工业园区，但是这个工业园区并没有严格的地理范围，在离新河镇政府不远的周边是大量的企业集聚区，离镇政府比较远的地区也有一些企业，不过那里的企业集聚程度较小。因此，整个新河镇的地理空间都可以被称为汉川经济开发区。

**（二）2008 年至今：新区化发展阶段**

2008 年 4 月初，汉川市委、市政府对开发区和新河镇的行政管理体制作了重大调整，将原新河镇（包括民乐片区）整体与开发区合并，形成汉川经济开发区现有区划，实行一套班子、两块牌子，即市开发区和市招商办。① 合并后的开发区机关内设三局一办，即招商局、经济发展局、社会发展局和党政办公室。

汉川经济开发区属省级开发区，成立于 1992 年，位于汉川市东郊（与武汉市东西湖区、蔡甸区接壤），辖 1 个街道居委会、43 个行政村，规划面积 80.4 平方千米，已经开发 23.15 平方千米。沪蓉高速、京港澳高速、武汉环城高速、汉宜高速及 107 国道、316 国道、318 国道穿境而过，经汉蔡快线到武汉主城区只需 15 分钟。开发区内形成了食品加工、金属制品、纺织服装、印刷包装、电力能源和新材料六大主导产业，成为汉川率先发展的高新技术产业区、循环经济示范区。

新河镇在前期自我发展和自我积累的基础上进行招商引资，坚持以市场为导向，以产业为依托，让那些市场前景好的优秀企业落户新河镇。当地政府以筑巢引凤方式，吸引武汉市汉正街服装城整体落户新河工业园区。这项工作在新河镇成为汉川开发区之前就已经启动。至 2006 年，新河工业园落户工业企业 286 家，形成了食品、建筑材料、服装鞋帽、塑料

---

① 汉川是湖北省最早经国务院批准的对外开放县市，先后被评为"全国最具投资潜力中小城市百强""中国产业百强县"。近年来，汉川市工业经济快速增长，被评为"全省县域经济工作成绩突出单位""孝感市目标考核先进县市"。同时汉川是湖北省首批 20 个扩权县市之一。

化工、产品包装五大支柱产业，2006 年实现工业总产值 13 亿元。① 其中已开工建设的新河汉正服装工业园，年生产规模破亿元，将成为华中服装加工第一城。②

新河的发展受益于武汉汉正街的产业转移。以往武汉硚口区汉正街服装产业集生产、生活、仓储于一体，工人工作环境和生活环境比较恶劣。2005 年底，汉正街一场大火，有 4 人在火灾中丧生，之后汉正街 6600 多家小作坊被勒令搬迁，其中绝大部分小作坊转移至武汉硚口区长丰街。几年后，长丰街一带"三合一"服装作坊在数量上再一次急剧扩张，成了湖北省最大的消防"火药桶"。这使得产业转移的可能性在逐渐产生。2005年 10 月，湖北省川东投资控股集团董事长李志祥向汉川市政府提出："能不能批 200 亩地，搞个服装加工园区，将汉正街的服装生产引过来？"汉川市领导当即决定："200 亩少了，增加到 2300 亩，往后还要扩大。"2006 年，汉正服装工业城在汉川新河镇建成。这为后来承接武汉服装产业奠定了扎实的基础。

2011 年，在武汉火灾隐患整治行动的影响下，长丰地区服装小作坊一律停产整顿。自此长丰村开始了"城中村"拆迁改造工作，村中服装小作坊被迫另寻新的发展空间，因安全隐患而被迫迁移的服装作坊，成为各地区争抢的资源。黄陂、蔡甸、江夏、汉川等地分别着手建设工业园，面向汉正街进行产业招商。其中，汉川市抢得先机。2012 年春节过后，超过 3000 家服装企业迁入汉正服装工业城及周边，8 万多务工人员涌入新河镇，成为进入新河镇规模最大的产业转移。汉川经济开发区的招商工作坚持招大引大，抓大放小，坚持以商招商，点对点招商，产业链招商，重点招引食品加工、包装印刷、高科技和新能源项目。2015 年共引进投资过亿项目 50 个。③ 经过几年发展，汉川经济开发区经济社会迅速发

---

① 汉川年鉴编纂委员会、李祥斌：《汉川年鉴（1997－2006）》，乡镇场办事处，2008 年 5 月，第 392－393 页。

② 汉川年鉴编纂委员会、李祥斌：《汉川年鉴（1997－2006）》，工业·农业，2008 年 5 月，第 293－294 页。

③ 汉川市地方志编纂委员会办公室：《汉川年鉴》，长江出版社 2016 年版，第 115－116 页。

展（见表 4 - 14），对于汉川市的经济贡献率和引领带动作用日益明显，规模以上工业总产值、税收收入、固定资产投资等主要经济指标均超过汉川市总量的 50%。[①]

从 2012 年到 2017 年，汉川开发区的公共财政收入总体上呈现递增趋势，工业企业单位数也在逐步增长，与此同时，公共财政支出也在不断增加，见表 4 - 14。

表 4 - 14　　　　开发区各年度乡（镇）社会经济基本情况

| 指标名称 | 计量单位 | 2012 年 | 2013 年 | 2014 年 | 2015 年 | 2016 年 | 2017 年 | 2017 年比 2016 年增幅（%） |
|---|---|---|---|---|---|---|---|---|
| 公共财政收入 | 万元 | 28257 | 43060 | 45486 | 47595 | 43526 | 46957 | 7.31 |
| 公共财政支出 | 万元 | 11253 | 15135 | 17207 | 15563 | 44037 | 46016 | 4.3 |
| 企业数 | 家 | — | — | — | — | 1404 | 1564 | 10.23 |
| 企业从业人员数 | 人 | — | — | — | — | 39527 | 41967 | 5.81 |
| 企业实缴税金 | 万元 | | | 136946 | 170326 | 186279 | 198762 | 6.28 |
| 工业企业单位数 | 家 | 255 | 429 | 507 | 605 | 718 | 821 | 12.55 |
| 其中：规模以上工业 | 家 | 80 | 111 | 126 | 134 | 136 | 145 | 6.21 |
| 工业总产值 | 万元 | 2473017 | 3089532 | 3614752 | 3812649 | 4369295 | 4796872 | 8.91 |
| 其中：规模以上工业 | 万元 | 1803833 | 2521747 | 2763314 | 2992876 | 3393767 | 3359929.6 | 12.39 |

资料来源：新河镇统计局。

2016 年，汉川开发区 138 家规模以上企业实现产值 341 亿元，工业增加值 133 亿元，完成税收 18.87 亿元，其中本级税收 5.2 亿元，完成固定资产投资 148 亿元，综合考核位居湖北省 120 家开发区第九位。[②] 开发区通过招商引资形成了六大主导产业，成为武汉城市圈崛起的工业重镇。2016 年、2017 年湖北新河镇连续两年被评为综合实力千强镇。2019 年

---

① 汉川市地方志编纂委员会办公室：《汉川年鉴》，长江出版社 2016 年版，第 115 - 116 页。
② 资料来源：新河镇党政办《汉川经济开发区简介》。

《人民日报》发布的 2019 年度全国综合实力千强镇榜单上，新河镇排名第 177 位。

从 2016 年到 2017 年，新河镇企业的个数、企业从业人员数、工业企业单位数以及工业总产值都呈现了递增趋势，见表 4 – 15。

表 4 – 15　　　　　2017 年度乡（镇）社会经济基本情况

| 指标名称 | 计量单位 | 2016 年 | 2017 年 | 2017 年比 2016 年 ± % |
|---|---|---|---|---|
| 企业数 | 个 | 1404 | 1564 | 10. 23 |
| 企业从业人员数 | 人 | 39257 | 41962 | 6. 45 |
| 工业企业单位数 | 个 | 718 | 821 | 12. 55 |
| 其中：规模以上工业 | 个 | 136 | 145 | 6. 21 |
| 工业总产值 | 万元 | 4369295 | 4796872 | 8. 91 |
| 其中：规模以上工业 | 万元 | 2943767. 20 | 3359930 | 12. 39 |

资料来源：新河镇统计局（发布时间：2018 年 4 月 24 日）。

新河镇在本地产业选择上着力打造本乡镇的主导产业。作为后期建设的产业园区，新河镇从工农业并重发展的逻辑走向偏重工业发展的道路，服装产业在新河镇的各项产业中地位突出，经济总量大，带动就业人数多，在当地与其他产业相比具有较强区分度。这种产业是新河镇的主导产业，是新河镇在原先的服装产业基础上进一步招商和产业转移而形成的，较好地凸显了该镇的特色。

汉川的崛起是更高一级政府放权的结果，也是县乡两级政府协同发展的结果。从这个意义上来看，这种经营具有更高一级政府的授权和政策红利。这种政策红利是新河镇经济主体对于体制资源的一种依赖，也代表着政府对于经济的干预，这种干预体现在"规制型干预"上：政府有权选择经营哪些产业。

## 二、政府招商引资

汉川经济开发区的产业招商强调关联招商。产业的上下游企业会跟着核心企业来到汉川投资，如好莱客到汉川投资后，上下游好几家企业都来到汉川进行投资。如果没有产业上下游企业的配套，那么好莱客的运营成本就会较高。在招商引资的过程中，政府会进行的资源匹配发挥了重要作用。

汉川开发区的招商工作体现了规制型发展的特点，为了地方经济实现更好的发展，地方政府为企业发展创造条件，培育主导产业，引导企业转型，实现良性互动。为了更好地实现规制型发展，地方政府不仅通过提供公共服务，还实现一定的经济规制，对招商引资、产业发展进行选择性的吸纳和引导。除此之外，汉川开发区金融机构网点数连年增加（见表4-16），满足了汉川当地主导产业内企业的融资需求。

表4-16                         汉川开发区金融机构网点数

| 指标名称 | 计量单位 | 2012 年 | 2013 年 | 2014 年 | 2015 年 | 2016 年 | 2017 年 |
|---|---|---|---|---|---|---|---|
| 金融机构网点数 | 个 | 4 | 4 | 7 | 9 | 9 | 10 |

数据来源：汉川开发区统计局。

产业关联招商对汉川当地的本土企业产生了积极的效果。川东集团作为汉川的一家本土企业，在宏观政策利好的基础之上，退二进三（通常是指在产业结构调整中，缩小第二产业，发展第三产业）。川东集团发展之初，园区运营困难。武汉长丰街火灾之后，武汉产业加快了向汉川的转移，这为后来川东集团所建的园区盘活奠定了基础。

汉川服装产业集群只有工厂，缺乏福建那样的服装龙头企业和品牌企业，如安踏等。汉川的服装产业更多是在当地提供就业岗位，服装产业发展面临制约因素。首先，其用地量较大。当土地指标紧缺时，使得未来发展新兴产业面临着较大的土地指标压力。其次，汉川服装产业所贡献的税收较少，税收贡献率不大。最后，汉川吸引了较多的人前来从事服装产业，人口的增加，使得汉川的安全防卫工作压力较大。这些产业工人多来自湖北天门市、仙桃市和潜江市。

服装产业融资渠道单一，主要是产权抵押等。虽然政府也出台了相关的政策，通过产业发展引导资金去扶持一些企业发展，但是只是对税收达到一定额度以后的企业给予扶持，有一定的门槛。

新河镇规模工业产值大、主导产业明确并且有特色，为了让当地的主要产业形成较为完备的上下游产业分工和配套，当地政府以经营产业的定位去谋划布局。在实际操作中，新河镇以龙头企业带动、整合产业链，把特色转化为优势。[①] 为了避免服装产业继续扩大带来的不利影响，新河镇政府把握趋势，突破眼前利益和局部利益困扰，破除经济的发展路径依赖，对未来的产业格局进行了新的规划。

## 三、项目谋划与实施

汉川开发区得天独厚的区位优势和一流的服务水平，以及便宜的地价、低廉的用工成本，吸引武汉企业纷纷向新河转移，众多外地企业落户新河镇。阿里研究院正式发布 2019 年淘宝村、淘宝镇名单，湖北 15 镇 22 村入选，汉川市新河镇榜上有名。[②]

在招商过程中，开发区着力培育和发展招商引资中介机构，积极开展以商招商、以外引外活动，动员已到开发区投资的外来企业家积极联络其配套厂家和合作伙伴来开发区投资兴业，形成"滚雪球"效应和"葡萄串"效应。新河镇的招商引资与地方政府拥有发展地方经济的激励有关，汉川制定了相应的优惠政策，包括优惠的税收和用地等政策（见表 4 - 17），这些地方经济政策从总体上降低企业的成本，增加企业的收益。

表 4 - 17　　　　汉川围绕主导产业实施的激励政策或项目

| 时间 | 政策或项目内容 |
| --- | --- |
| 2009 ~ 2013 年 | 汉川连续 5 年组织开展了"项目建设年"活动，陆续出台《汉川市招商引资管理办法》《汉川市争取国家项目管理规定》等文件，对引进项目、准入条件、出让土地、税收奖励、审批程序等 9 个方面作出明确规定。对于落地项目，指派专人全程跟踪，确保项目按期建成投产 |

---

① 徐文强：《中国县域经济百强县（市）聚集分布特征、典型类型与启示》，《商业经济》2014 年第 10 期。

② 阿里研究院对"淘宝镇"的认定标准主要包括：一个乡镇或街道的淘宝村大于或等于 3 个；或者在阿里平台，一个乡镇一年电商销售额超过 3000 万元、活跃网店超过 300 个，不局限于是否有淘宝村。

续表

| 时间 | 政策或项目内容 |
|---|---|
| 2011 年 | 汉川市建立企业老板直接对口项目服务专班人员热线,设立市直行政执法部门与园区企业、村及村民与企业的"两条隔离带",建立行政服务中心、经济发展环境投诉中心、综合招标投标交易中心、国库集中收付中心"四大中心",全方位、多角度、深层次服务市场主体 |
| 2012 年 | 通过技能扩能、兼并联合、招商引资的方式,加快形成一批具有自主品牌和核心竞争力、对汉川市经济发展起支撑作用、在湖北省有影响的大企业。在园区逐渐形成金属制品、纺织服装、食品加工、生物医药、包装印刷、童车童具、电力能源七大产业集群 |
| 2012 年 | 汉川市从培育壮大主导产业入手,分领域多层次大上项目、上大项目。建设了 20 个过 10 亿元、30 个过亿元和一批投资过千万元项目。2012 年,汉川市共引进各类重点项目 182 个,引进资金 137 亿元,同比增长 88.1% |
| 2013 年 | 汉川共有 16 个项目被列入全省 2013 年重点建设计划,为项目申报提供全方位服务。对项目运行情况实行全程紧密跟踪,及时掌握审批动态,同时要求项目规范化运行,力求早审批早建设 |
| 2013 年前后 | 汉川市相继出台了《汉川市关于促进高新技术产业发展的意见》《汉川市经济社会发展特别贡献奖考核办法》《汉川市本级科技研究与开发资金使用和管理办法(试行)》等一系列促进科技进步的政策、措施,促进了科技创新能力的提升 |
| 2013 年 | 在汉川市范围内广泛开展调查摸底,立足土地利用总体规划、村镇建设规划和新农村建设规划,建立增减挂钩项目库,对纳入项目库的区域实施严控严管。根据上级下达的增减挂钩指标,从项目库中初步筛选拟申报地块并进行全面评估,经市增减挂钩工作领导小组审核后,将任务分配到相关乡镇积极组织申报 |
| 2014 年 | 2014 年,汉川积极开展"项目建设年"活动,确定了 100 个打基础、管长远的重大项目,并全力推进。同时转变招商理念,充分依托区位、产业、配套、服务等方面的优势招大引强,抢抓机遇,超前谋划了一批大项目、好项目。为强化项目建设要素保障,汉川全力以赴破解用地难题,加强项目监管,发挥财政资金杠杆作用,组织开展政银企合作,完善中小企业融资担保抵押体系,引导信贷资金向实体经济、小微企业倾斜,支持企业开展直接、间接融资 |
| 2015 年 | 汉川创新办法,破解土地、资金等项目建设中的瓶颈问题。实施城乡土地增减挂钩等七大土地增容措施,争取 6000 多亩用地指标 |
| 2015 年 | 汉川市财政注入 7000 万元重组市中小企业信用担保公司,将财政性存款与商业银行贷款挂钩,让财政资金产生 10 倍的融资杠杆作用,为经济发展注入活力 |

续表

| 时间 | 政策或项目内容 |
|------|----------------|
| 2016 年 | 为了引进科技大项目，汉川连续出台促进高新技术产业发展的意见、科技研究与开发经费管理办法等政策措施，对符合条件、当年新认定为高新技术企业的奖励 10 万元；对获得省级重大科技成果的企业奖励 5 万元；对获得省级以上科技进步奖、省科技型中小企业创新奖，以及获评省级科技平台的企业，分别给予重奖 |
| 2016 年 | 通过政府牵线，汉川市已有 30 多家重点骨干企业，与武汉大学、华中科技大学等知名高校建立良好的合作关系 |
| 2016 年 | 2016 年 1 月至 9 月共盘活存量土地 5 宗共 1490 亩，为招商引资拓展发展空间 |
| 2016 年 | 2016 年 1 月至 9 月共兑现落实产业发展扶持资金近 7 亿元 |
| 2017 年 | 截至 2017 年，汉川市各企业累计投入技改资金近百亿元，有力推动了产业扩规上档 |
| 2017 年 | 《汉川市促进招商引资项目落户和支持企业发展的意见（试行）》：市政府设立产业发展扶持资金，主要用于促进招商引进的实体项目落户，支持企业发展。设立县域经济发展调度资金以及财政"过桥资金"，解决企业流动资金困难 |
| 2018 年 | 汉川市促进实体经济高质量发展暨科技创新大会上，汉川市一批在科技创新、质量提升、品牌创建等方面作出突出贡献的企业和项目获得奖励，总奖励资金近 500 万元 |
| 2018 年 | 严格落实"六度"要求（投资强度、税收额度、科技高度、链条长度、环保程度、能耗限度），注重引进科技含量高、发展前景好、土地利用率高、税收贡献大的项目 |
| 2021 年 | 湖北省 2021 年重点建设项目名单由省发改委发布，其中汉川浙商产业园二期中国汉派服饰网红直播基地位列其中，依法依规实行差异化重点保障服务 |
| 2021 年 | 汉川市大力实施"工业经济倍增计划"，强化"5＋5"产业链链长责任，围绕产业链、供应链、创新链、资金链、人才链抓招商 |

资料来源：汉川市人民政府网站。

产业发展壮大的过程，也是当地政府通过项目和相应发展战略作用于产业的过程。汉川开发区在谋划项目的过程中，项目与产业或企业有以下结合方式：政府项目（产业配套项目及服务、传统技改扩能项目）+企业项目（定向招商、活动招商、产业招商、以商招商）；新河镇的招商不是树立典型或者追求个别企业的示范带动，而是围绕产业链、供应链、创新链、资金链、人才链抓招商，注重引进产业带动力强的项目，如新河镇引进建华建材集团，有助于打造新型建材产业这一重大产业集群，发挥行业龙头企业引领和带动作用，不断加粗加长新型建材产业链，形成产业聚集效应。如汉川食品加工与印刷包装两大产业集群，从无到有，发展壮大，主要得益于招商。良好的产业配套是最好的发展环境。汉川强化产业招商，重视形成完整产业链，鼓励乡镇招商项目在基础设施完善的市级开发区落户，实行税收分成，激励了乡镇一级政府在招商引资上的积极性。总之，汉川开发区的项目更多是在产业招商（引进）和企业落地后的改造项目，而不是提供基础设施项目，即先有主导产业，项目再介入。

政府与企业的联结方式是：成立专班＋项目实施全过程服务，汉川对重点企业进行专班专题研究、专项支持，通过上门服务，协调解决项目建设发展中遇到的困难和问题，为项目落地开花提供最优良的环境。在汉川，这种联结方式被称为"企业包保责任制"，市级主要负责人服务生产项目、协调在建项目、跟踪意向项目工作清单。政府通过减免税收、奖励企业的技术改造行为，鼓励企业主动进行技术改造。此外，政府还为企业项目协调金融机构提供资金支持，为企业设立产业发展扶持资金，促进招商引资项目落户，支持企业发展。

项目的市场化水平高低不同，新河镇的主导产业发展，在招商的基础上，采取了资金（技改资金、产业发展扶持资金、奖励资金）＋项目（政府项目＋企业项目）＋政策三轮驱动的方式。项目实施后遇到的问题也各有不同，这在一定程度上也反映了各地经济发展水平的差异，是重视项目资金大于项目市场化运营还是营造环境重于集聚要素，在不同地区各有侧重。

## 四、"区镇合一"运行模式

"区镇合一"体制指在经济园区和乡镇之间突破以往行政区域的限制，整合政府职能、促进区域融合，进而实现功能互补、统筹发展的一种新的行政管理模式。[①] 江苏省是中国"区镇合一"建制最多和改革绩效较为突出的地区之一，在全国产生了较好的反响。

2008年4月初，汉川市委、市政府从加快开发区更好更快发展的全局出发，对开发区和新河镇的行政管理体制作了重大调整，将原新河镇（包括民乐片区）整体与开发区合并，形成开发区现有区划。实行一套班子、两块牌子，即市开发区和市招商办，保留新河镇牌子。汉川经济开发区作为一个"区镇合一"运行模式，开发区党工委、管委会为市委、市政府派出机构，与新河镇党委、政府合署办公，级别为正科级，但党工委书记是副处级。合并后的开发区机关有副处级干部1人，正科级干部7人，副科级干部19人，见表4-18。

表4-18　　　　　汉川开发区"区镇合一"的行政设置[②]

| 五局 | 国税局，地税局，财政局，工商局，国土分局（土管） |
|---|---|
| 四所 | 食品所，食品药监所，城东/小河派出所，司法所 |
| 两中心 | 人社服务中心，农业中心（负责技术方面的工作），城管环卫（比较有特色） |
| 两站 | 农技站，水利站 |
| 其他机构 | 信用社，计生办 |

资料来源：汉川党政办公室。

其中，领导职数如下。

党工委副书记：四人，其中一个副处级、三个正科级；正科级的开发区党工委副书记兼任新河镇党委副书记；

管委会主任，正科级，兼任新河镇镇长。

汉川经济开发区在运行"区镇合一"过程中，统筹考虑区划调整人员分流和开发区建设人员需求，平衡干部和工作人员供需关系，探索性推进了干部人事制度改革，实现两个突破：一方面，管委会领导与镇党委、人大、政府、政协领导职务实现兼职任免，避免多头管理；另一方面，机关

---

[①] 《苏州吴江区实施"区镇合一"的实践》，载于《学习时报》2014年8月1日。
[②] 新河镇在类型上属于非重点镇，在乡镇属性上与县级政府驻地属于连片区域。

和事业单位工作人员统一使用，分类管理，有效缓解了办、局、中心工作人员不足的问题。

汉川的行政机构和中国其他开发区的管理机构在性质上基本一样。开发区属于一种派出机构。在 2008 年之前，新河镇开发区发展并不是很好，当时有一个汉川电厂，还有其他六大产业，包括金属制品、食品加工业，但都是不成规模，经济总量不大。1992～2008 年，开发区有了一定的产业基础，金属制品行业有了一个上市公司。汉川经济开发区派出到新河镇以后，招商引资力度较大，并得到湖北省重视，开发区的经济总量得到了较大的提升。

开发区的建制与普通的乡镇建制不一样，作为一个副县级单位，体现了上级政府对其的重视。开发区对招商工作和工业比较重视。中国的乡镇建制，一般来说更加侧重于农业和农村工作。开发区的成立，对于招商引资所需要的土地征收有一定的便利。对有闲置、低效用地趋势的企业，提请开发区管委会对其负责人进行约谈，破解土地瓶颈，为企业顺利开工建设解除后顾之忧。行政层级的提高往往也是体制资源的进一步下沉或倾斜。

新河镇实行"区镇合一"的管理体制，这是从政治制度的角度对资源配置作了新的探索，将以往的乡镇建制的行政优势进一步挖掘，实现经济优势和行政优势双重叠加。在实际行政运作中，用"一套班子、两块牌子"运行方式，管理体制更加灵活，还能从上级政府获得更大的管理权限，这对工业化的推动无疑是具有积极作用的。管理权限的扩大，既是基层对体制资源的依赖，也是政府作用于经济的体现，可以借此新的行政建制制定高点定位，进行科学规划布局。在这样一种行政管理体制下，可以更好实现"市场＋规划"的资源配置方式。新河镇的"区镇合一"的管理体制正好可以较好地融入武汉经济圈的区位，统筹优化四大产业片区布局，在开发区经营主导产业的过程中，可以为破解城乡二元结构、构建城乡一体化发展新格局探索新路。

自新河镇成为汉川开发区后，开发区内的产业主要来自政府招商引资，政府对于产业的准入有很大的权力，直接决定了当地发展什么产业。在这种发展路径中，由于政府的强干预，市场机制的作用减弱；在政企关系方面，政府十分看重引进产业链中的龙头企业，通过企业家之间的游说（依靠地缘等渠道游说招商），和这些企业建立了联系。通过行业中龙头企业引进，带动产业链内上下游企业前往新河镇投资。

作为规制型干预的典型案例，新河镇在工业发展进入一定阶段后，将其所在工业区升级为省级产业园区，成立汉川开发区。汉川开发区在招商引资的过程中，对于选择哪些行业有一定的自主性，进而开启新型工业化的历史进程。在察觉到开发区引进的纺织业带来一定的污染，并对当地劳动力的占有和缴纳较少的税费后，汉川开发区决定引进其他的高新技术企业。这体现了对产业格局的一种规制性准入。

## 五、相关思考

新区化生长是在摆脱路径依赖的基础上发展而来。市场化有双重性：人为市场化与自发市场化。[①] 人为力量推动的市场化称为人为市场化，[②] 具体来讲，导致市场内部因素变化的市场外部因素的变化被称为"人为市场化"（artificial marketization）。1979 年是中国人为市场化加速的时期，国务院颁布《关于扩大国营工业企业经营管理自主权的若干规定》。企业自主经营权的扩大首先从国企开始，之后扩展到民营企业。汉川的市场化具有自发市场化和人为市场化的双重特征。汉川的招商引资体现了产业政策的市场准入，面向部分产业招商，以此做大产业集聚。通过政府招商引资引进企业，实施一系列项目，在项目实施过程中实现市场化。

新河镇的工业奇迹之所以出现，也与新河镇所处的历史时期和发展阶段有关，新河镇在 1996 年以前就有较好的乡镇工业发展基础，后来这些乡镇企业实力不断壮大，在前期积累的基础上，迎来了发展的新阶段。地

---

①②　王冰、陈燕和：《人为市场化、自发市场化及其应用》，《学术研究》2007 年第 11 期，第 45、46 − 47 页。

方政府有针对性地招商引资，壮大了产业集群。开发区的设立，给了新河镇更大的发展决策权。新河镇作为一个新兴工业镇，尽管工业起步较晚，但是其可供利用的资源相对丰富。新河镇政府在经营主导产业时，市（汉川）镇两级政府的协同性为工业发展提供了更多的支持和统筹协调。

# 附录　访谈问卷

**访谈内容**

1. 您所在的乡镇有什么主要特征？（地形地貌、交通条件、区位优势）

2. 本地 5 年前和现在的主导产业一样吗？（如果不一样）发生变化的原因是什么？

3. 您所在乡镇选择主导产业的依据是什么？出于什么考虑？

4. 近几年实施的项目与主导产业的关系紧密吗？

5. 为了提高申请项目的成功率，镇上都作了哪些尝试和努力？

6. 能否讲述一个成功申请的案例？

7. 上级政府（或领导）分配项目和资金时候考虑的因素和条件有哪些？

8. 哪些因素更容易影响项目分配？

9. 从产业发展的规划布局来看，其前后衔接性如何？

10. 项目实施中需要注意哪些事项？

11. 项目实施后监督存在哪些问题？比如，项目如果不合理，是否有退出机制？项目制实施的各个环节中，权责关系如何？

12. 你认为在项目制下政府如何体现市场经济的精神？[①] 项目制从前期谋划到后期落地哪些环节还不够市场化？

13. 为何要坚持通过项目制的方式让政府主导经济而不是用市场化方法达到发展目的？

14. 政府主导建立的产业基础设施，后续的市场化经营如何避免项目

---

① 党的二十大报告指出：市场经济本质上就是市场决定资源配置的经济。

失败？（如一些地方采取"公司＋村集体＋合作社"的模式运营以工代赈资金建设的设施农业温棚）有什么建议和经验？

15. 在项目实施过程中，村两委和合作社应该起到何种作用？在实际工作中，有什么问题？

16. 村民在项目选择或落地的过程中，是否有不同意见，如何协调、动员村民？

# 第五部分

# 项目制与经济发展访谈

"对经济学家来说，他们很容易埋头于研究和发展之中，对自己的成果孤芳自赏，而与政策没有任何联系。"[①] 本部分从参与式观察和访谈视角，结合项目政策制定和执行的过程，总结出政府在谋划储备项目时立足的原则、项目实施的成效、基层干部谋发展的能力，最大程度将理论与中国经济实践结合，深入讨论项目制在中国经济实践中的意义、作用，归纳出地方政府在产业发展中体现的战略性、引领性、参谋性角色。

---

① ［英］阿列克·凯恩克劳斯：《经济学与经济政策》，李琮 译，商务印书馆 1990 年 7 月版。

# 中国地方政府项目谋划、储备与管理

李小云　马彦军

有学者曾言，"作为政策研究人员，应该认识到这些模型和工具也有许多局限性。模型和工具的使用，如果能与对实际工作者的访谈、对历史经验的研究、对现实现象的剖析结合起来，就非常有助于政策评估。"[①]对一些经济理论的研究，尤其是政府与市场关系、国家推动经济增长（投资需求保持合理增长）这样的经典领域，需要结合中国的现实情况进行调查研究。

在项目制的制度环境下，地方政府对于经济增长的考虑，主要通过各类项目的实施完成，如中央预算内各类投资项目、地方政府主导的投资促进角度进行研究。然而，对于项目制对经济增长产生的影响，学术界尚缺乏从中国基层实践的深度研究，尤其缺乏从政府制度运行、政策执行角度的研究。

## 一、有效投资与经济增长

从中国各地的经济实践来看，当前地方政府对固定资产投资热情高，尤其是把通过项目拉动有效投资的思路奉为圭臬。各地积极争取中央预算内投资，以项目的形式在各地落地，各省、自治区和直辖市又统筹安排资金用于当地的项目落地。从学术研究的角度来看，项目体制是中国近年来经济发展动力的核心要素，其成效不亚于市场化改革，显著地促进了地区

---

① 张文魁：《经济学与经济政策》，中信出版社 2018 年版，第 100 页。

经济增长。① 固定资产投资对于经济增长具有正效应，通过需求效应的释放刺激经济增长，通过供给效应形成产能发挥促进产出水平提高的功能，但投资具体落实在各区域经济增长的分析中，要因地制宜、因时制宜辩证探讨其发挥的投资效应。② 有学者研究了三个不同阶段中国政府对经济增长的影响效果，发现政府作用与市场作用对实际经济增长的影响力之比约为 1∶1，市场作用略大。总体来看，市场作用的影响力高于 50%，体现了市场机制在资源配置中的重要作用。③

项目制在促进固定资产投资的同时，也会带来一些问题。郑世林、应珊珊研究认为，项目制对地区经济增长的促进作用主要是通过扩大固定资产投资来发挥的，但也会带来地方财政支出缺口增加、城乡收入差距拉大的负面影响。④ 冀云阳、付文林基于反映中央和地方关系的动态博弈模型，认为项目制激励了地方政府的公共投资，同时专项补助会带来地方预算软约束，进而扩大了地方政府的债务规模。⑤

此处的有效投资概念的内涵区别于凯恩斯《就业、利息和货币通论》中的投资。有效需求有两种，一种叫消费需求，另一种叫投资需求。社会的投资需求由资本边际效率和利息率这两个对比关系所决定。⑥ 作为中国政府文件或报道中的重要概念，有效投资是指经济体系中的投资资源能够得到合理的配置，投资所产生的产出能满足社会的需要而不是形成新增存货和积压。例如，"十三五"规划确定的重大工程项目普遍落地见效，其衡量标准在于，投资规模实现恢复性增长，对拉动经济增长、推动新旧动

---

① 郑世林：《中国政府经济治理的项目体制研究》，《中国软科学》2016 年第 2 期。

② 赵新宇、李宁男：《固定资产投资经济增长效应再检验》，《山东社会科学》2021 年第 11 期。

③ 宗良、时圆、赵廷辰：《现代经济增长理论的新思维——基于传统模型的扩展与中国实践》，载于《国际金融研究》2022 年第 8 期，第 15 - 23 页。

④ 郑世林、应珊珊：《项目制治理模式与中国地区经济发展》，《中国工业经济》2017 年第 2 期，第 24 - 42 页。

⑤ 冀云阳、付文林：《项目制治理模式与地方政府债务扩张》，《财经研究》2018 年第 10 期，第 38 - 52 页。

⑥ ［英］约翰·梅纳德·凯恩斯，高鸿业 译：《就业、利息和货币通论》，商务印书馆 1999 年 4 月版。

能转换、增进民生福祉发挥了重要作用。"十三五"期间，基础设施、房地产等重要领域已过投资高峰期，投资、消费、出口三大需求明显不足。那么，重大工程项目的落地，就有助于拉动投资。

投资与经济发展息息相关，是现代经济增长的重要驱动力之一。有效投资是产业结构调整优化升级的重要方法，尤其是固定资产投资结构的调整优化，与产业结构优化升级、经济结构调整转型紧密联系。作为有效投资的一种，固定资产投资数据真实、客观反映经济发展状况，是中国市县（区）国民经济总量的重要支撑。

在当前中国各地的经济工作中，固定资产投资统计有形象进度法和财务支出法两种，以此准确计算投资额。对各乡、各县申报的谋划项目可行性、土地性质、建设内容、资金概算、群众参与情况、绩效目标等内容进行审核论证，论证项目实施的科学性、合理性。项目的实施意味着固定资产投资的落地。县一级政府对具备入库条件的投资项目，组织并协助企业按照市县（区）统计局的要求，收集、整理立项文件、工程合同、施工许可、现场照片等申报入库资料；统计局实行动态跟踪管理，确保按时完成固定资产投资统计任务。

固定资产投资是拉动经济的关键，调整经济结构和地区生产力的分布，增强经济实力。在中国的宏观经济结构中，投资占比一直居高不下。

图 5-1 中，全社会固定资产投资、全国财政支出和 GDP 基本保持了同步增长，尤其是从 2009 年到 2018 年，全社会固定资产投资呈现持续增长态势，且全社会固定资产投资在 2016 年对 GDP 的占比达到了81.2%。

表 5-1 中，中国的投资率一直处于较高水平，呈现逐年稳步增长态势，2003 年之后投资对经济增长的贡献率一直都超过 40%，2016 年达到了81.2%。

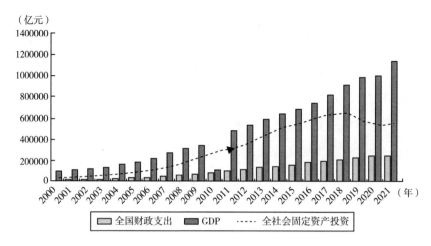

**图 5-1　历年全社会固定资产投资、全国财政支出和 GDP**

数据来源：国家统计局历年国民经济和社会发展统计公报。

表 5-1　　　　　　中国历年全社会固定资产投资对 GDP 的占比

| 年份 | 全社会固定资产投资（亿元）/GDP（亿元） |
| --- | --- |
| 2000 | 0.325278894 |
| 2001 | 0.332824898 |
| 2002 | 0.354936928 |
| **2003** | **0.401085707** |
| 2004 | 0.432976479 |
| 2005 | 0.473011533 |
| 2006 | 0.500686981 |
| 2007 | 0.508118891 |
| 2008 | 0.539683365 |
| 2009 | 0.645149443 |
| 2010 | 0.674901661 |
| 2011 | 0.637418274 |
| 2012 | 0.695673809 |
| 2013 | 0.753965845 |
| 2014 | 0.796753263 |
| 2015 | 0.800730833 |
| **2016** | **0.81252677** |
| 2017 | 0.770685496 |
| 2018 | 0.702369493 |

| 年份 | 全社会固定资产投资（亿元）/GDP（亿元） |
|------|----------------------------------------|
| 2019 | 0. 568540657 |
| 2020 | 0. 52021228 |
| 2021 | 0. 483429787 |

数据来源：国家统计局历年国民经济和社会发展统计公报。

从项目实施的政府层级来分类，可以分为中央项目和地方项目；根据项目实施的资金来源分类，可以分为政府项目和企业项目。此外，各地在具体实践中还有一些项目分类方式，如陕西汉中市根据重点产业发展方向，分为重大应急攻关类项目、关键技术攻关类项目、重大成果转化类项目三类。汉中市建立"揭榜挂帅"项目库，对重大应急攻关难题、关键技术攻关难题、重大成果转化类项目可给予一定的财政补助。① 各级政府致力于谋划项目，自上而下激励地方发展经济，安排潜在投资计划。这是中国地方经济结构、经济增速的重要影响因素，这些项目构成了中国固定资产投资的重要来源。

作为项目制下的有效投资，需要思考"投什么""怎么投"的问题。项目谋划是解决"投什么"的问题。以西部一省为例，2021 年对现有的化工、电力、冶金、有色等工业产业建链、强链、延链、补链，引进一批技术含量高、环境污染少、带动能力强的好项目，提高产业聚集力和产品竞争力。这些项目，既有来自招商引资的企业投资项目，也有政府支持的投资项目。

为此，要回答"谁来投资、为什么投、投资什么、怎么投"的问题。

谁来投资？从投资主体看，大的分为两类，一是政府投资，二是社会投资。引进一个具有引领性作用的大项目、好项目，往往会集聚一批优质配套中小企业，形成一条完整的产业链。当前西部地区民营经济力量薄弱，乡镇农业项目的投资来源主要是政府投资及项目带动，靠招商引资来的企业较少。西部地区在乡村振兴时期实施养殖基础设施项目、以工代赈项目等，改善了产业面临的"短、小、弱"局面。项目对产业发展来说是

---

① 《汉中市人民政府办公室关于印发汉中市科技项目"揭榜挂帅"实施办法（试行）的通知》，2022 年 6 月 13 日。

一种赋能，是减轻农民和村集体经济组织投资负担的重要举措。

为什么投？充分认识投资特别是有效投资在经济社会发展中的地位和作用。从拉动经济增长的"三驾马车"看，有效投资是关键，具有增加即期需求和保证未来供给的双重作用，是推动经济转型、增强发展后劲、实现充分就业、改善保障民生，都需要投资的有力支撑。此外，西部地区乡镇产业大都处于发展初级阶段，产品附加值比较低，产业链供应链横向延伸、纵向延伸的程度不够，产业呈现出粗放式发展的特征，产业链呈现出"短"的特征。产业项目（产业加工项目、产业融合项目、产业配套项目）承担了改变此种局面的重任，项目谋划和实施契合当地的主导产业，降低农民的产业发展投入和生产成本，实现村集体经济收入和群众务工收入双增收。

投什么？政府投资要向基础设施（包括产业基础设施）、公共事业、社会事业领域倾斜；建设重点要向中心镇、中心村倾斜，尤其要在本书重点提及的工业镇向产业转型升级的方向投资；将要素配置和工作精力向重大产业项目倾斜。西部地区农业乡镇要从较低的起点运用项目发展乡村特色产业，对重点产业给予项目支持，使产业获得更高的经济效益，实现产业转型升级。

当前，中国国土空间、资源要素、生态环境等条件倒逼着我们必须抛弃传统路径依赖，突出质量和效益。对产业大项目，既要提供优惠政策，又要坚持好中选优，把好准入关口，综合考虑项目的环境容量、资源耗度、投资密度、产出效度等因素，特别是要强化节约集约、优地优用导向，推进要素市场化配置综合改革，抓紧开展效益评价体系试点。项目制成为改变发展模式、调整经济结构、实现产业转型的重要途径。

怎么投？对市场充分竞争的领域，坚持以政府为主导，以市场为主体；对急需补齐产业链条的领域，可以采用"以市场换项目"的投资方式。而深化行政审批制度改革，营造一流环境，强化项目协调推进机制，突破瓶颈制约，成为解决"怎么投"的关键。

## 二、项目谋划

项目谋划可以从分期谋划、分级谋划、分类谋划着手进行分析。

分期谋划储备一般指各地各行业部门按照近期、中期、长期三类项目进行谋划。分级谋划储备是指各地各行业部门作为项目储备的主体单位，按照国家要求，结合本地区、本行业发展做好重大项目储备工作，梳理提出项目储备清单，按照项目单位隶属关系形成各级、各行业项目储备，实现项目储备工作常态化。建立区市县三级联动的项目库，实时更新项目储备进展并进行月度调度。基层政府为了更好地申请项目，每年都会广泛征集、集思广益，优化未来一年的项目内容和资金投向。如2021年开始谋划2022年有效投资项目。分类谋划储备是指围绕中央预算内投资支持的领域做好项目储备，依托重大建设项目库，将相关项目纳入三年滚动投资计划，条件成熟的项目应当及时纳入年度投资计划，推动形成连续不断、滚动实施的储备机制。

2021年各省的政府工作报告，是对第十三个五年规划（2016～2020年）主要目标任务完成情况的一次回顾和总结。图5-2中的词频展示了青海、宁夏、甘肃三个省份的工作共性和侧重点，"项目"与"增长"是三个省份工作报告中的高频词。

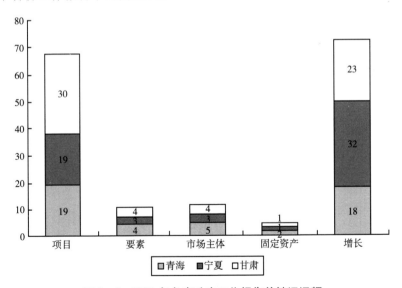

图5-2 2021年各省政府工作报告关键词词频

## （一）产业发展与项目谋划

乡镇的产业发展及选择是在县（区）这一级政府的政治经济环境中进

行的，并且受县区政府的发展思路、政策影响。本文选取了西夏区、昆山市这两个地区的案例，对两地历年的政府工作报告进行关键词分析，从关键词的频次和政府工作报告的主要内容进行分析，比较两地经济发展、产业选择的共同之处和不同之处。

### 1. 西夏区与昆山市

近几年，固定资产投资成为地方政府最受欢迎的投资项目。通过项目制的实施，让我国的基础设施、工业经济得到快速发展。项目的实施是不同层级政府之间、政府与企业、政府与社会之间的一种经济协调，这种经济协调的类型主要是以政府主导为核心。项目制的实施，与政策的制定也密切相关。这里的政策既包含财政政策，也包含项目实施所需要的土地政策等，这些政策体现出了一种"政策模式"，这种模式具有项目化、目标化和选择性的特征。

西夏区在政府工作报告中强调，坚持经济工作项目化。从 2016 年到 2021 年的政府工作报告中可以看出，"项目"始终是高频词，在 2016 年和 2021 年达到 57 次（见图 5-3）。与"项目"一词相关联的是"固定资产"，项目的实施涉及固定资产投资，这也成为拉动地方经济增长的途径。

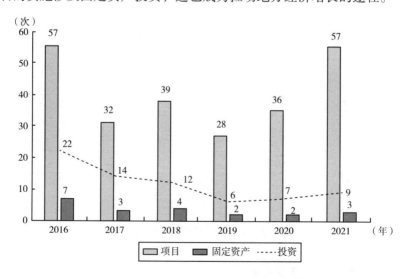

**图 5-3 西夏区历年政府工作报告关键词**

西夏区谋划的项目中，致力于培育都市型现代农业，如围绕葡萄、有机枸杞等特色产业，培育发展绿色休闲观光农业。此外，还有一些基础设施项目，如旧城改造项目，道路改造提升、水利工程等重点项目。这些项目意在优化投资结构、拉动固定资产投资，逐步改善西夏区项目接续不足、缺乏集聚带动力强的大项目好项目的局面。而西夏区的项目谋划又是在特定的环境下进行，即紧盯中央政策导向、专项资金投向，力促西夏区的好项目、大项目进入到国家、自治区重大项目计划和银川市固定资产投资项目库。

以2017年为例，西夏区的目标是重点项目投资占全社会固定资产投资比重达70%，这些项目的实施，其主要目标在于实施新型工业提质增效行动、实施特色农业提速发展行动、实施文旅产业提档升级行动。项目的实施，是为了扩大有效投资，并把结构调整落实到项目上，把经济发展主战场聚焦到项目上，为全年经济增长提供有力支撑。这表明，政府主导的经济发展，带有政府自身的发展意向和发展意志，有着明确的方向。

西夏区的政府工作报告中，"项目"与"民生"两个词也具有一定的关联性，一些项目的实施是为了改善民生（见图5-4）。

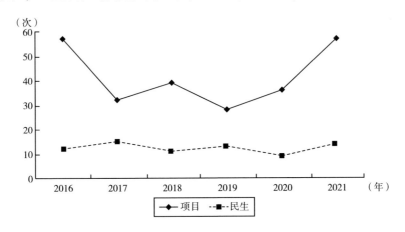

**图5-4 西夏区历年政府工作报告关键词**

西夏区作为西部欠发达地区的县级区，坚持经济工作项目化，这与沿海经济发达的县级市——昆山市有所不同。昆山市看重重大产业项目投资，其发展的动力在于成功引进威马机电等一批百亿级项目，一些引领性项目、外资项目、新签约院士项目的落户，对当地经济发展带动作用大。当然昆山市也有和西夏区一样的项目谋划思路，比如老旧工业小区改造。不过昆山市经济更具活力的原因在于，民营经济活力强，招商引资成效显著，仅新增院士项目20个、产学研合作项目1200个，创新驱动大大增加了发展的活力。此外，还设立运作产业发展投资母基金、台商发展基金、天使投资基金①，这些基金的设立也是市本级财政实力雄厚能放水养鱼的体现，如，昆山的天使投资基金旨在增强全市金融支撑能力，加大项目引育力度，原则上每个项目投资金额不超过500万元。

在项目谋划的方向上，两地都致力于基础设施投资、高技术制造业投资、生产性服务业投资水平的提升。在项目管理上，两地具有一定的共同性。西夏区坚持经济工作项目化，昆山市坚持项目为王（见图5-5）。两地都着力破解项目建设用地、融资、审批等难题。

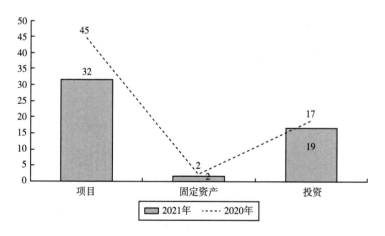

图5-5 昆山市政府工作报告关键词

2. 安吉县

浙江省安吉县坚持项目为王，主要选择生态农业、生态工业、生态旅游项目。安吉县还曾获批国家发改委分解下达的项目——城乡冷链和国家物流枢纽建设。安吉乡村振兴科技好项目主要集中在农业和生态领域。此

---

① 遵循"政府引导、规范管理、鼓励创新、市场运作"原则运行。

外，还有一些招商引资项目、民营企业投资项目，这些投资主体被称为项目企业主。当地政府千方百计帮助企业推进项目，早投产、早见效益。村、镇、部门、企业四方合力下推进项目。政府协调落实项目外部配套条件，提高工作效率。以 2011 年 22 项重点项目为例，企业投资的有 15 个，其中有政府背景的企业投资了 6 个，政府及相关部门投资了 5 个。

安吉县主动建立与浙江省发改委的项目对接长效工作机制，争取浙江省财政厅对美丽乡村建设为期 5 年的专项补助。2010 年安吉仅上报中央扩大内需投资储备项目就获得总投资数亿元之多。

安吉的经验是积极引导工商资本投向"三农"，以项目的落实来调动农民和社会各界的积极性，既拓宽了建设资金来源，又达到了共建共赢共享的目的。安吉先后开发了一批规模大、档次高的休闲旅游项目。2010 年安吉建成的 24 个现代农业园区项目中，有 15 个为工商资本投入。2011 年建成的 24 个现代农业园区项目中，有 14 个为工商资本投入。这较好地解决了"谁来投资"的问题。

项目的实施和财政政策紧密相连，可以有效发挥财政资金"四两拨千斤"的撬动作用，带动、扩大有效投资。没有财政资金的支持和配套，项目则将无法实施。安吉通过"以奖代补"的政策，激励各乡镇以及各村也制定了相应的配套补助激励措施。配套补助激励政策发挥了财政资金的杠杆作用，为美丽乡村事业争取了更多建设资金。

财政资金专项化，深刻改变了央地关系，逐渐形成一种中国特色治理模式，即"项目制"。项目制体现了央地关系治理的"条条主义"，强化了"条条系统"自上而下治理的作用。有研究从理论上比较了财政资源按照传统科层制与项目制配置对激励地方政府促进经济发展的作用。[①] 而财政政策更具国家干预色彩，体现了中国各级政府使用财政资金的要求、方向，以及发展产业的政府意志。财政制度很显然对投资战略产生了非常明

---

① 郑世林、应珊珊：《项目制治理模式与中国地区经济发展》，《中国工业经济》2017 年第 2 期，第 24 - 42 页。

显的影响。中国与西方国家不同的是，国家和产业之间不是一种"保持距离型"的关系，而后者是 20 世纪 70 年代英国的经济特征。①

**（二）项目谋划的规律**

基于对各地实践经验的总结，地方政府在谋划项目时要充分考虑以下因素。

一是要充分考虑一省的资源禀赋、发展战略，聚焦地方的资源禀赋或资源承载力等来谋划项目，如依据"以水定产"原则，确定工业可节水量、可利用的非常规水量等，通过节水改造、关闭搬迁、价格机制、产业转型升级、限制高耗水工业项目落地园区等。聚焦地方政府一个时期的发展重点，如黄河高质量发展、先行区建设、"四权"改革，建立脱贫地区产业发展项目库、在资源型地区转型发展中谋划一批产业转型升级示范区和重点园区建设项目。此外，还要重视重大产业和重点项目，增强地方产业核心竞争力。

二是要充分结合各项经济条件谋划项目，如负债率，不能因为项目的实施产生新的隐性债务。

三是充分考虑决策层的意见建议，被否决过的项目再想申请就比较困难。确立未来几年的发展规划和发展重点，事关县乡未来几年的发展走向，对项目谋划具有一定影响。

四是充分考虑项目可能存在的风险与后果。项目的落地会带来一些意想不到的结果，对于其存在的风险及其后果要提前考虑。

五是充分考虑国内外宏观经济环境的要求及发展趋势。聚焦国家发改委的战略、政策、《产业结构调整指导目录》范围内谋划项目。

六是根据国家重要发展战略或方针政策谋划项目，如数字经济发展、全国一体化算力网络国家枢纽节点建设、推进全国易地搬迁移民致富提升示范区建设、国家乡村振兴重点帮扶县等发展机遇。

---

① ［美］彼得·霍尔著：《驾驭经济：英国与法国国家干预的政治学》，刘骥、刘娟凤、叶静 译，江苏人民出版社 2008 年 8 月版，第 109 页。

七是重视重大项目对经济增长的支撑作用。持续发挥重点项目和中央预算内项目投资支撑和拉动作用。围绕国家、省重大决策部署编制投资计划。根据地方政府尤其是市、县两级政府的全面目标任务，紧盯重大项目、中央预算内投资项目、省预算内统筹投资项目。

八是聚焦社会领域公共服务补短板、强弱项、提质量工作，积极做好项目谋划。例如根据特定历史原因需要申报的项目，为了实现改善民生福祉、增加群众收入等多重目标而在西部地区乡镇实施人居环境整治、基础设施提升改造等方面的项目。

九是聚焦战略性新兴产业发展，启动规划编制工作。及时研究政策导向、投资方向、产业指向，结合地方发展需要，因地制宜谋划一批开放项目，提升储备项目质量，谋划研究持续迭代升级的省级开放发展项目库，提出地方在"十五五"时期开放发展的标志性工程和重大支撑性项目。

十是谋划项目时注重生成速度快、产业链条长、带动效益高的重大项目，能推动产业链纵向延伸、产业间横向耦合、园区间协调联动。

总体来看，项目谋划反映了各地经济发展的阶段性、地区性、层次性，在阶段性和地区性上，各地工业经济及农业经济所处的阶段不同，发展水平不同，西部地区较东部地区欠发达，西部地区在项目谋划上产业项目相对较少，基础设施和社会事业项目多，诸多产业才处于谋划或起步阶段，政府投资偏多。中东部地区产业发展相对成熟，政府谋划的项目更看重引导引领（如技术改造）；在产业层次上，是追求产业集群中产业竞争力及产业链完善，还是追求示范带动效应，在中西部地区有明显区别。

### （三）项目谋划中的问题

通过对西部地区乡镇各村在项目谋划、产业发展思路等方面的调研，发现了以下几个方面的问题。

一是产业谋划缺乏乡镇内统筹，资源发掘利用能力弱。一方面，部分村庄在谋划项目时，对产业发展阶段所遇到的挑战、困难诊断不够精准。谋划产业项目时，对本村产业在产业链的位置不清楚。例如，村庄建设汇报会上至少有两三个村都想建饲料加工厂，显示出从全乡统筹角度统一规划、降低重复建设的力度不够，产业同质化的村在共同谋划、整体布局、联动协调和抱团发展上鼓励不够，以几个村为整体区域进行项目谋划的局面还未形成。另一方面，每个村都有撂荒的土地、闲置的晾晒场、闲置的养殖园区以及空置的宅基地，对现有资源和园区潜力挖掘不深入，在资源闲置或利用不足的情况下盲目扩大园区建设规模，不利于提高资源利用效率和产业发展质量。

二是过于强调"一县一业"和"一村一品"等，宣传声势大于产业实际效益。有些村发展产业不是从市场需求本身出发，而是在政策引导下片面追求产业发展的差异化，发展并不适宜的产业，后续很可能会由于市场因素而影响农民可持续增收。各村都强调在产业链上如何谋划项目，但对全省不同地区发展产业和产业链的短板没有进行分析。部分农村的产业规划和项目储备没有重点，追求全面和数量，缺乏质量。部分项目由财政出资，资金使用效率低下。

三是基层政府部门开展政策自评估的频次不够，无法有效指导农村两委干部更好经营本村项目或资产，进而在筹划和申报项目时不能吸取之前的经验教训。基层政府项目绩效考评的优势在于充分掌握政策实施的相关信息和关键数据，评估人员对政策各项环节较为熟悉，有助于评估工作的高效、快速推进，避免出现对政策误读而导致的南辕北辙的评估结果。

四是三次产业融合发展的程度不深，三次产业融合发展没有找到好的切入点或抓手，产业提质增效谋划不够。各村三次产业发展不均衡，要么第一产业强、第三产业弱，要么第一产业弱、第三产业更弱，融合发展提升空间很大。

## 三、项目储备

项目制突出了具有分级特征的制度设计，即中央一级和省一级对项目资金和相应政策的设计。进而，这促使中国地方政府形成了分级项目储备机制。储备项目指的是已具备办理前期手续的条件，需尽快开展前期工作的项目。谋划储备项目是争取资金、对接政策的基础，也是扩大有效投资的先决条件。目前中国不少地区都建立了三级项目储备机制，从乡镇、县区到地级市，每年都在积极谋划项目，动态调整更新项目储备，不断提高项目谋划质量。作为经济工作的"主抓手"，地方高质量发展的"主引擎"，很多县区按照"统一储备、分级管理、梯次推进"的原则，建立了储备库、规划库、建设库三大项目库，切实提高项目储备质量。每年各个乡镇沿袭上一年的思路，结合新的一年当地产业发展的短板、侧重点、主要目标，谋划储备一批项目，之后再将这些项目与当地的相关部门（发展改革局、农业农村局、乡村振兴局、自然资源局等）沟通交流，考察项目在选址上的可行性、资金用途的合规性、项目分布的经济社会效益。当前，各省发展改革系统的工作思路尤其是项目谋划上基本类似。每年年初都会形成国民经济计划执行草案，省级发展和改革委员会加强重大工程项目谋划储备和动态调整，形成"开工一批、投产一批、储备一批"的循环。从重大项目谋划实施，实现扩大有效投资的目标，增强投资后劲。

各地将项目的落实投向基层，尤其是产业发展水平不高的农业乡。在镇村两级，项目储备主要依靠镇级的统筹，以巩固脱贫攻坚与乡村振兴有效衔接项目库为例，镇村两级的项目库建立更多是为达到规定要求，储备库中会存在一些无效或重复的项目，镇级经过统筹，筛选出一部分具有可操作性、有发展可能的项目纳入储备库，其中多数乡镇会保留"通用类"项目——车间厂房建设，这类项目通常是在产业发展处于谋划阶段或者发展初期，可以视为"探索类"产业，具备发展产业的多种可能性，以此提高资金项目建设的容错率。当前中国西部不少省份通过建立本领域项目储备库，确保全面掌握本行业、本领域的整体项目谋划储备情况，形成"储备一批、在建一批、达效一批"的项目梯次推进格局。这种通过项目为地区经济发展提供有力支撑的思路，充分体现了当地政府对于经济发展路径的思考、产业选择的思考、项目市场化的尝试。总体而言，镇村两级的项目储备库行业部门的参与度不够，项目库质量不高，动态管理不足，使用频次较低。到了争取资金分配的阶段，镇级为保证最大概率获得资金分配，由于主导产业发展水平普遍不高，一部分乡镇会倾向于选择主导产业相关的重点项目或者与政府意志相契合的特色项目作为争取项目资金的抓手，另一部分尚无优势主导产业的乡镇则会选择比较保守的车间厂房建设类项目。

对于工业镇而言，由于本地已形成具有比较优势的主导产业，即在前言中提到的成熟型产业，这种类型的产业发展水平较高、产业体系相对成熟。当地政府一般是对传统产业谋求转型升级，又根据新的发展形势和外部环境要求，谋划打造新的经济增长点，以招商引资的方式引进新产业，谋划与传统产业转型升级和新兴产业发展相关的项目。工业镇项目储备通常围绕本地主导产业进行，项目库的多样性一定程度上受限，争取的资金项目主要关于优化产业格局、促进产业升级等方面。工业镇的项目更多不是直接补贴到企业，而是引导企业进行重新选址、技术改进、节能改造等。政府充分发挥协调作用，为工业企业选址、园区建设、园区配套的公共产品上投入资金。工业镇项目储备库的质量通常较高，操作性较强，尤其是当地政府在项目市场化上不像那些拥有探索性产业或成长期产业的农业乡镇需要花费很多精力，而这些精力的花费不一定就能使项目市场化运营取得良好效果。对于重点工业乡镇，还会出现行政级别高配、上级部门重视关注产业发展的情况，部分工业镇主导产业还是市里或省里的特色产业集群，省级经济部门（如省发改委）还会专门进行调研并给予项目支持，本级政府的想法和期待更容易实现。因此，工业乡镇对项目储备库的使用比较频繁，能够根据现实需要动态调整。

## 四、项目管理机制

在项目谋划结束后，基层政府争取到项目后，就进入实施环节。这一环节省级发改部门主要有以下方面的管理机制。

自上而下指导。各地、各部门从上到下有的放矢谋划项目，精准有效拉动投资。以高质量项目牵引有效投资，以有效投资助推经济高质量发展。

高度重视项目进度。如项目年度计划投资完成率、入统率（即录入统计库的项目占比）。每月深入项目现场，及时掌握每个项目进展情况，督促进度，针对遇到的各种问题，第一时间与省直有关部门对接联系，共同研究解决问题。

清单化调度。建立重点项目管理任务清单、责任清单和问题清单，以"月、季、半年"为节点开展调度，加强投资运行预测和预警分析，印发重点项目进展情况简报。

协同化推进。依托对口包抓工作机制，协调发改委各相关业务处室共同解决重点项目难点堵点问题，确保项目顺利推进，尤其是协调不同层级政府共同助力项目实施推进。

常态化督导。对2021年省重点建设项目进展情况，每月通报项目投资、进度完成情况。对完成2021年上半年扩大有效投资绩效考核，兑现奖励资金。

强化金融机构对接。对一些国家重大项目清单，地方政府加强同农业发展银行、国家开发银行等金融机构对接，梳理全省建设项目融资需求，并积极向金融机构推介。

加快审批办理。实施"并联审批"①，加快"区域评"成果转化应用，推行项目审批代办制、联办制，减少审批环节，缩短审批时间，提高审批效率。

项目落地后的评估既包含项目实施当局的自我考察，对政策机制执行效果等进行评估评价，又得到了来自基层的反馈，使项目制具备了一定的灵活性、适应性和可变性，建立了政策动态调整机制，尤其是在不同产业发展的特定阶段，展现出一定的应变潜力。

## 五、总结

从本文的研究来看，中国各地政府在谋划储备项目时，立足如下方面的因素：资源禀赋、区位优势、现有产业基础、国家产业政策、国内产业

---

① 改变以前行政审批单位按序逐家进行行政审批的模式，对涉及两个以上部门共同审批办理的事项，实行由一个中心（部门或窗口）协调、组织各责任部门同步审批办理的行政审批模式，做到"一窗受理、并联审批、统一收费、限时办结"。

转移趋势、周边区域协同发展、县域短板等。此外，各地方还十分关注招商引资，这是因为在当前的大环境下，企业供应链和上下游产业链的协同、国内头部企业①扩张转产迁移成为趋势。从第二、第四部分的乡镇项目谋划情况来看，体现了当地政府把握区位优势（新河镇）、国家产业政策（庞口镇）、招商引资（新河镇）、产业转移（新河镇）、县域短板（云州乡、高阳镇）、区域协同发展（高沟镇）、企业上下游产业链协同（石门桥镇、新河镇）。地方政府在谋划项目助力产业发展时体现了一定的自主性。工业镇的项目是主动适应产业，是项目在产业上的一种嫁接、匹配，以实现政府的某种目标。农业乡的项目已经暗含着先选择产业再立项的意思，如以工代赈项目，村集体申请以工代赈项目时，已经考虑好发展什么产业或者从事哪个行业，如发展设施农业种植番茄。仅从项目储备、项目谋划来看，能形成这样的洞见：中国各地地方政府在发展经济、改善民生的过程中，充分体现出战略性、引领性、参谋性的角色和作用。正如"竞争－分配"式双向配置分析逻辑指出的，地方政府谋划储备项目时，既要深入研究国家政策及政策导向，谋划顺应国家政策导向、符合各省战略部署的项目，抢抓政策机遇窗口期，这是各地竞争项目的必然结果，因为中央项目资金总量是有限的，各地需要提高项目谋划的针对性和时效性。这表明，除了中央政府的政策导向和项目分配外，地方政府还根据中央政策和项目分配导向谋划本地经济，发挥了参谋性和战略性的作用，主动开展前瞻性思考，提高政府对当地经济发展的调控水平。

---

① 此处指行业中的龙头企业。

# 关于项目制基层实践的调查研究

李小云　马彦军　朱永胜

项目制作为一种基层治理模式，是重要的财政转移支付手段之一，也是各级政府部门常见公共治理手段，对于满足基层公共服务需求和增进国家公共利益有着重要的现实意义，在巩固拓展脱贫攻坚成果同乡村振兴有效衔接中发挥了重要作用。

《乡村振兴战略规划（2018－2022 年)》指出，脱贫攻坚资金和脱贫攻坚项目，有利于扶助深度贫困地区发展。项目制在实践中遵循"以县为主"的模式，县级成为项目资金争取和项目实施的关键中转站，是项目资金分配的最后场域，处在最终的分配环节，而镇村则是项目申报的初始地和落实的最终点，是项目体现人民群众公共利益的落脚点。本次访谈立足于乡村振兴战略背景，在安徽省、甘肃省、宁夏、河北省等乡村振兴系统、发展改革系统，开展针对负责工程类项目建设相关县乡领导干部的访谈。

## 一、访谈基本情况

近年来，乡村振兴工程项目的实施主体以县域为主，在项目具体实施过程中存在的普遍性问题主要在镇村两级发生。访谈中，项目制的积极作用受到了广泛认可，受访者表示，项目是带动投资增长、促进经济发展的重要载体，是优化产业结构、提升产业层次的重要力量，产业项目能带动经济增长、拉动固定资产投资，但是也存在以下问题。

（1）城镇建设用地资源较少。中西部地区多农业县，建设用地资源普遍匮乏。西部一些传统农业大县，耕地面积广阔，耕地红线广布，工程类项目需要的建设用地是稀缺资源。出于贯彻保护基本农田这一基本国策的要求，土地性质变更成为县、乡、村三级共同的难题，需要与自然资源、规划等部门统筹协调，难度较大，并且土地性质变更的报批程序复杂，变更周期较长，是影响项目申报的重要制约因素。

（2）镇村两级的项目谋划能力不足。项目制能够集中力量和资源解决公共服务产品供给的问题，带来规模效益，但也必须承认精准谋划不等于精准实施和高效获益，所以项目执行效率和项目实际效益存在非一致性。产业谋划的前期调研和项目论证主要包含销路、人工、环保、成本。一个项目的实施效益提升，需要在论证阶段就应该充分考虑、论证，避免先实施后谈效益。镇村两级是项目申报的主体，大型产业项目往往是镇级主导，村级参与，以村为单位，将到村产业项目汇总至镇级，由镇级统筹谋划后向县级申请项目资金。在谋划立项的过程中，镇村两级通常缺乏系统规划产业的能力，谋划的产业项目趋同，具有立项质量不高、内容不具体、设计不合理、特色不鲜明、发展不持续、效益不明显等共性问题，具体体现为前期变更频繁、进度慢、耗时多，招标环节甄别遴选手段单一，监理环节薄弱，监管、审计、验收有待加强，在项目评审和分配中常常面对"矮子里面挑将军"的局面。一些地方项目前期谋划不扎实，往往在实施过程中出现较大变更。当被问及"如何完善项目制及相关的政策"，受访者大都表示前期调研和项目论证储备非常重要，而且需要兼顾周期性和时效性。

（3）绩效考核机制限制县级项目分配。由于县域层级在行政科层体系中的特殊位置，县级政府拥有很强的资源支配和主导能力，对于政策的落实和项目制的效果负有直接责任。"三争"工作有考核，即争政策、争资金、争项目。在当前的绩效考核要求下，县级需要在当年度完成所有分配资金的使用，并对所有项目完成检测、验收、审计等工作，如果项目完成进度缓慢，导致竣工验收已近年底，此时形成的结余资金的进一步使用会增加额外工作压力，影响绩效评价工作，于是县级在项目分配环节会优先保证项目实施能力较强的乡镇获得项目资金。在项目资源下乡过程中存在着多个利益主体，在这些环节中，不同利益主体之间的行为选择不同程度影响着项目最终的效果。如在申报审批环节，决策信息的失真、领导决策的偏好、上级政府选择性平衡策略等。[①]

（4）可能导致地方债务扩张。随着中央项目资金在配比上逐渐下调，地方配套资金占比要求越来越高，地方财政薄弱的西部县区处于两难境地，一方面经济社会发展方方面面需要中央项目的支持，另一方面地方落实配套资金困难重重，所以"批大建小"等现象越发普遍。还有一些项目前期费用难以解决。西部地区不少县项目全靠省直机关投资支持，这些资金只用于项目工程费用，不少部门前期费用比项目工程款欠账还多。由于项目大都有配套资金和自筹资金的要求，一些压力型项目的推进以及对项目风险的预判不足可能直接导致镇村负债增加。具体来讲，负债是由于基层政府没有办法完成项目自筹或配套资金，而涉农的项目以奖代补或者先建后补的财政支付方式，也会加剧地方的资金配套压力。甚至部分基层干部说"项目经费好要不好花"，出现了项目激励本身和地方行为条件不匹配，有的地方还出现配套资金的任务纵向摊派转嫁。例如 D 村申请项目资金用于发展蜂蜜产业，这是以壮大村集体经济为目的的农业产业化项目，然而在发展过程中，由于气候变化影响，蜜蜂大量死亡，未死亡的蜂蜜也由于气候变化导致的花期过短而产蜜有限。但当这一风险发生时，作为风险潜在承担者，村集体几乎不具备相应的抗风险能力，从而导致了债务的出现。总体来讲，地方政府确实存在预算软约束，这也导致了地方政府过度举债，大致沿着"项目实施变更—预算扩张—债务形成—隐形债务"的路径。自上而下确定要实施的项目、基层为了打造新的观摩示范点而前期自主实施的项目，诸如此类项目在基层乡镇还有很多。

（5）项目实施过程中的监管机制不完善。项目实施过程中的监管（各部门职责要进一步明确）和建成后的评估应该进一步完善。当前项目制运行模式下，资金项目推进速度快，效率高，但是项目质量和产业收益

---

① 许汉泽、李小云：《精准扶贫视角下扶贫项目的运作困境及其解释——以华北 W 县的竞争性项目为例》，《中国农业大学学报（社会科学版）》2016 年第 4 期，第 49－56 页。

不高。基层（主要是乡镇一级）政府与施工单位的"捆绑责任"阻碍产业项目高质量实施，在现行的高标准绩效考核要求下，乡村振兴衔接资金要求不论项目规模大小，当年申请的资金项目必须当年度完工并完成资金拨付。如此高压的序时进度要求很容易导致工程项目出现问题时，此时，面对上级部门的问责，乡镇政府是责任承担主体，施工单位则是落实整改主体，二者被迫站在同一条战线共同与上级部门展开博弈，在对施工方、监理方、质检方等对象的监管手段匮乏的情况下，乡镇政府往往不能一追到底，而选择"睁一只眼闭一只眼"，项目工作的重心移向应对上级部门考核上来而非提高产业项目的质量效益。

（6）项目的运维管护能力弱。项目重建设轻养护，各级项目资金主要支持项目建设，缺乏维护管理等经费，影响项目效益发挥和使用年限。尤其在镇村两级，普遍存在"重建轻管"的现象，部分依托项目建设形成的固定资产因管护不到位而导致收益降低甚至产业发展失败。如蔬菜大棚建设项目，该类项目的设计初衷是通过政府投资促进乡镇农业产业发展，但是建成的蔬菜大棚成本远高于农民自建的成本，间接提高了经营和管护成本，导致项目收益较低，承租方经营积极性减弱，村级在蔬菜大棚租赁空档期普遍存在管护不到位的问题，并且修缮成本高，导致全县此类蔬菜大棚几近损毁。

（7）产业项目运营机制还不完善。近年来，西部省份的乡镇在乡村振兴衔接资金的支持下，谋划实施了一大批"出户入园"、日光温室等产业项目，项目实施的成效体现在农村人居环境、产业基础设施条件等都得到了很大提升，但是存在部分项目缺乏对运营主体和机制的考量，项目建成后不能发挥最大效益。此外，还存在资金拨付慢、合同执行不够严格、产业发展质量低、发展劲头不足的问题。

表5-2中的乡镇产业项目代表了大多数中西部乡镇产业发展项目的现状，尤其是没有典型主导产业或者产业发展水平不高的县乡。这些地区尚处在选择主导产业的探索阶段，或者主导产业的培育阶段，因此发展产业项目多以产业车间、厂房建设为主，依托车间吸引企业，走先实施项目再发展产

业，先建设车间再引进"龙头"的"筑巢引凤"之路。在区位不占优势且差别不大的背景下，县域内各乡镇都在筑一样的"巢"，引未知的"凤"，各乡镇产业项目追求小而全，部分乡镇产业项目雷同或重复建设，产业车间利用率不高，不少扶贫车间或产业车间处于低收益或者闲置状态，项目运营对产业发展的支撑作用十分有限。产业车间建起来要发展什么产业，怎样发展产业，县乡对此少有后续的系统规划。项目市场化运营还存在一定的不足，县级在"引凤"环节对乡镇的指导和把关也不够，车间建设项目往往是一建了之，一租了之，收益低、作用小成为常态。

表 5-2　　　　　　　受访谈县区乡镇近年来产业发展项目　　　　　单位：万元

| 时间 | 项目名称及内容 | 总投资 |
|---|---|---|
| 2018 年 | 泾源县建设扶贫车间 19 个（扶贫车间）。按照"一村一品、订单生产"的思路和就地就近原则，建设文化旅游、有机肥加工、手工编织、产品加工、农机制造等扶贫车间 | — |
| 2022 年 | 怀远县双桥集镇乡村振兴产业车间建设项目 | 2017.9 |
| 2022 年 | 怀远县万福镇产业车间建设项目 | 929.0 |
| 2022 年 | 怀远县魏庄镇产业发展项目（产业车间建设） | 2020.0 |
| 2022 年 | 怀远县陈集镇产业发展项目（产业车间建设） | 1200.0 |
| 2022 年 | 怀远县褚集镇产业发展项目（产业车间建设） | 1350.0 |

来源：根据访谈资料整理。

（8）项目分配的问题。同类项目重复落地一个乡镇，有些地方甚至"村村冒烟"，追求各村应有尽有，奉行局部思维而不是整体思维。一些"政治高地"成了资金、项目、资源集中流向的地方，项目存在分配不均的问题。从整体来看，实施效果打了折扣，造成资金浪费。

## 二、项目申请及分配的契合

### （一）项目的申请、分配与实施

1. 基层政府申请项目的考量

项目申请时，沿海经济发达地区是项目等资金，内地欠发达地区是资金等项目，这表明，项目实施的成效有着显著的地区差异。这又回到经济增长的动力和源泉问题。对于西部省份的县区,拉动经济的"三驾马车"中投资是主要力量,而项目就是拉动投资的主要支撑。无论是项目纵向争取还是横向争取,资源总量的有限性与大力发展的期望存在着客观矛盾,各镇村之间面临着竞争,在申请项目时侧重点也有所不同。在项目申请时,申请者会通过考量预判效果、预估责任风险来确定是否争取项目或者提高竞争力。在增加项目成功的可能性方面,一位受访者表示,在项目前期设计时,就多次召开座谈会,选择有一定经济基础或者项目实施基础,能够承担该项目的自然村,广泛征求群众意见。有的乡镇政府在申请项目时将注意力更多放在乡村建设的实际需要层面,而有的乡镇则将注意力更多分配在符合上级整体发展需要层面,因而产生了不同的项目建设结果。同时,不遗余力地完成县级、市级命令是某些基层政府预估和避开责任风险的主要手段。因此,另一位乡村振兴局负责人说道:"实事求是,因地制宜,尊重规律,科学论证对于项目申请来讲非常重要,超预算和预算不足都是要避免出现的问题,不仅会形成债务问题,也会造成浪费。"

基层项目申请应关注省级层面申请的具体情况。省级层面项目申请主要包含中央预算内和省级预算内统筹资金两项资金,其中中央预算内资金是"带帽下达",符合条件的县区才能申请,经审核后上报中央,而省级预算内统筹需要考虑地区和业务等方面的平衡,针对企业也会有专项,这也是影响项目申请的因素。此外,有些行业部门会依据最新的"十四五"规划和具体业务制定各相关行业规划,经发展改革部门审核后公开发布,以规划为引领,带动项目发展。

当问及"项目能带动经济增长、拉动固定资产投资有什么看法",不少受访者表示,积极作用是肯定的,但项目实施效益有高有低。项目分配中能否和地方实际契合、能否落地至关重要。在西部地区的小县城项目拉动固定资产投资有积极因素,不过对长期经济增长影响较小。大多数项目为民生类,解决就业和产业发展力度小。中央考虑完善西部基础设施,让更多企业投资西部,但是物流成本、材料成本、营销困难、人工紧缺,都是项目落地面临的大问题。

### 2. 县级分配项目、资金的考量

项目在分配中一般按照实施单位的职能、财力、人力和上期相关工作业务量、工作实施情况、资金管理和财务管理情况分配。对于县级政府来讲，其行为逻辑也会侧重于治理体量和全县域整体均衡性的考量，尤其是对于一些普惠性的项目更是如此。为了平衡普惠性项目的分配，很多县级政府倾向于"只分配一次"，即如果去年某乡镇拿到了普惠性项目，则今年不再分配该类型项目。对于乡镇来讲，限于乡镇这一层级的体量和规模，乡镇政府在行为逻辑上更注重的是"做出成绩"，这意味着项目分配要实现资源要素投入后的产出效益的最大化。此外，根据实际发展需求和项目成熟情况分配也是常见的现象。在基层产业项目的具体实施中，基层政府主要依靠"争资跑项"获得更多的资金支持和进步空间。

### 3. 项目实施的体制机制问题

项目争取成功后，在实施过程中依然有很大压力，必须与各方进行协调沟通。受多种因素的影响，如项目制运作机制、乡村治理结构、基层干部和群众的策略选择等。有些企业或者合作社虽然吸收了项目资金，却并没有尽到其应该承担的社会责任和分红义务，甚至还会占用基层本身的资源。村干部的主观因素和站位也在一定程度上影响了涉农项目的分配。村干部现在更多的是乡镇在村一级的代言人，村"两委"干部日益行政化，他们在村委会坐班和打卡，吃财政工资，享受政府津贴，他们在项目下乡中的角色平衡越来越难，代理失衡就出现了。项目在分配过程中是否契合本村发展的实际，在项目统筹规划和部署的大环境下，村干部的主观影响还是存在，这让项目是否契合本村实际打上了一个问号。

项目不是孤立运作，而是和产业紧密结合。产业项目要避免实践中的失败，就要注意体量和类别。有受访者认为，产业雷同、体量小、没有特色其实影响不大，可以不用考虑一村一品，体量大才是首要考虑因素，当然前提是销路。

### 4. 项目资金的分类配比与债务扩张

乡村振兴衔接资金按分类主要有本级预算、盘活存量、债务资金等不同类型资金构成。根据项目制下的资金分配政策，县本级财政预算资金需要跟随上级拨付资金增加而逐年增加，从而加大县级财政压力。对于县级财政本不宽裕的地区来说，实施项目时本级匹配资金量的要求是一种巨大的压力。财力弱的地方政府配套资金一般都难以落实，影响项目建设质量。衔接资金中，不同来源和类型的资金其管理办法和使用要求不尽相同，其中盘活存量资金更宽松，使用标准较低，债务资金主要用于能够形成经营性资产的工程类项目，中央衔接资金则要求用于产业发展的比例不低于55%，且不低于上个年度。调研中发现，怀远县中央衔接资金用于产业发展项目的比例已达到72%，预计在2025年达到75%，这意味着用于"双基建设"的资金比例将被压缩，这一定程度上不利于怀远县继续发展尚不完善的乡村公共基础设施建设。同时，过高占比的产业项目资金对于产业发展水平不高的传统农业大县来说任务十分艰巨，对县级政府的项目资金统筹能力、产业发展能力建设、营商环境能力建设提出了挑战。

怀远县的项目实践受限于资源禀赋、区位优势、发展水平，与预期目标存在差距，如收益率不高、覆盖范围不大等，但是从自身发展的历程来看，其发展道路和方向是正确的，在增加就业岗位、壮大村集体经济、建设生态宜居乡村等方面取得了一定成绩。近几年，怀远县部分乡镇依托项目资金还建成了相当规模的乡村振兴产业园，为政府招商引资、农民返乡创业、重点乡镇打造城市副中心奠定基础。

是否引起地方债务扩张也是衡量项目分配是否契合的重要因素。专项的项目往往都有配套资金的条件，项目申请和配套资金支出的增加有可能加重基层政府的财政压力，从而增加其债务融资需求。由此，项目制产生了一条以项目为承载，专项资金为导引，基层政府资金配套，银行贷款等其他资金模式普遍参与的资本链条。

就项目制这一模式和可能增加地方政府债务的关系来讲，由于地方政府加大公共投资的需求，前者既引发了地方政府的融资需求，又提供了债务融资的便利。为拉动经济增长，地方政府会积极申请项目，再把申请的专项项目分成各式各样的投资建设子项目，例如进行城市建设、土地开发和产业培育等。所以，获批的项目越多就说明地方政府经营性投资越多，最终导致政府公共投资及债务规模一起上升。根据配套资金的要求，项目申请可能增加财力基础薄弱地区的财政压力。对于自身财政状况较差的县区，自上而下分配的项目对于县本级的财政负担不大，一般来说，中央或者省市主导推进并涉及地方的项目需要地方配套的资金比例较少，县本级感受到的压力较小。对于自下而上申请且需要本级财政支持的大型项目，县级大多不愿意争取，一方面由于本级财政负担很重，另一方面考虑到"投资"风险较大，对自身产业发展能力不够自信。

具体来讲，项目制促进地方政府债务扩张的影响因素很多，项目本身稳健程度越高，当地经济发展水平越高，产业结构越完整，则债务风险越低，在财力较为薄弱的地区，项目制对地方债务的负面影响比较显著，还对政企关系有影响，地方政府财政困难，资金统筹后支付率不达标，导致企业周转资金不足。

### （二）双向配置逻辑的两对范畴

基于"竞争－分配"式双向配置逻辑，市场机制的引入使得项目制逐渐成为市场机制与行政体制渗透交融的产物，项目制的分配和竞争环节存在强调效益和公利的公共性导向，也存在注重自利和效率的市场行为导向，是不完全的"技术理性"。因此，我们不能不关注项目制基层实践中的两对重要范畴，即"效率和效益""公利性和自利性"。

#### 1. 效率和效益

在自上而下的纵向配置中，项目资金的分配依据和考虑要素包括行政区的地位、区域发展规划、领导的行政级别、项目运营和产业发展能力等。对于经济社会发展水平一般或没有特色主导产业的县乡来说，项目的绩效评价在项目资金分配环节中的重要性可见一斑，上级部门在项目资金分配中会重点评估下级政府的项目治理和产业发展能力，重点考虑产业项目执行"成绩"优异、能力出众的主体。由于项目治理的基层实践主体是县乡两级，因此我们重点讨论县乡两级的项目资源配置行为。自上而下的纵向配置赋予上级部门在资源配置过程中较高的自主性，不同的政策执行要求体现为不同的分配标准和习惯，行政体制压力传导下，下级部门会根据上级部门的绩效指标关注倾向决定本层级的申报行为导向。

现行绩效指标体系主要包括三重评价标准：产出指标（数量指标、质量指标等）、效益指标（社会效益、经济效益）、满意度指标（服务对象满意度）。这里首先对"效益和效率"这一对范畴进行操作性定义，此处的"效率"是指项目执行效率，包括项目形象进度、工程施工质量、资金拨付进度；"效益"是指项目实际效益，包括带动就业能力、扩大村集体经济、增加财政税收等社会和经济效益指标以及服务对象满意度这一感性指标等。按照效率和效益两个维度对现行指标体系进行简易分类，可以得出代表效率的绩效指标为产出指标，代表效益的指标为效益指标和满意度指标。在项目绩效评价的指标体系中，效益和满意度指标评价结果具有滞后性，解释空间大，需要长期跟踪动态评价。相较于此，具有"一次性评价"特征的效率指标可视化程度高，更容易被监测。对于以年度为单位并且强调执行时效性的项目治理模式来说，关注"效率"成为县级政府衡量乡镇项目治理能力的主要方式。在产业项目发展中，由于产业项目实施效果具有不确定性，对产业发展能力有一定要求，项目效益指标设定一般不高且存在浮动空间，上级部门对下级政府进行绩效评价时对效益指标的硬性要求也不高，为下级政府留出了足够的容错和试错空间。于是"效率"达标普遍成为项目执行的首要任务，效益显著则默认成为产业项目绩效评价的附加题和加分项。

上级部门在项目治理中，既要对下级政府的项目执行效果进行评价，也要接受上级部门对本级政府的评价，出于效率评价优先的习惯，在下级政府产业发展能力差别不大的情况下，项目资金资源分配更倾向于项目执行效率较高的主体，尽可能不影响上级部门向上争取下年度的配置指标供给。政府迫于行政层级和绩效评价要完成效率任务，同时也需要关注产业项目的效益问题，判断能够为增加税收、带动就业、提升人民幸福感带来多大助益。项目制基层实践在上下级政府对效率和效益的平衡中形成两种不同类型的产业项目分配行为导向：行政层级压力下的项目执行效率导向、公共服务目的下的项目实际效益导向。

2. 公利性和自利性

在自下而上的纵向争取和横向竞争中，出于项目制集中资源的特性，项目资金的配置不可避免地无法同时覆盖全部基层主体，而是在配置中有所侧重，申报争取和比选竞争成为项目制模式运行不可或缺的环节。

政府是公共利益的代表，公利性是其天然属性，政府申请项目的出发点应然是增进公共利益、满足公共需求、完善公共服务。项目申报和争取是基层同级政府之间的竞争焦点，同级政府在服从上级部门指令、遵守政策法规的前提下，会根据自身当前发展水平、产业发展条件和能力决定申报项目的行动偏好。政府出于公利考量的行动目标导向有优化产业项目存量资源、完善产业发展体系、增加产业支持举措、带动群众就业创业等。政府结合自身产业发展实际和公共服务发展规划，谋划符合本地现实情况的产业项目，申报和争取相应的项目资金，通过项目制的治理模式实现产业发展目标，在带动就业、增加税收等方面落实为民服务举措。

在现代政府管理理论中，政府不仅是公共利益的代表，内在地具有公利性的典型特征，而且是自身利益的使者，从而必然地具有自利性的利益驱动。[1] 政府的主要负责人和项目负责人对于项目申报享有话语权，任何形式的政府都必然具有自利性的需求和冲动，政府并非由抽象的个体组成，而是由有着生存、发展和享受需要的具体个人组成。[2] 个人意志的满足和目的偏好也会体现在项目申报和争取的过程中，使项目申报和争取呈现一定自利性，影响项目申报争取结果及项目实际效益。出于私利考量的行动目标导向有两种情况，一是维护政绩的责任规避。选择建设难度小、管理容易的产业项目，扩大资源积累优势，较少考虑效益问题。二是强化庇护结构的权力寻租。在单纯追求增量资源、打造亮点工程（缺少实效）

---

[1] 陈国权、李院林：《政府自利性：问题与对策》，《浙江大学学报》（人文社会科学版）2004 年第 1 期。

[2] 李祖佩：《项目制基层实践困境及其解释——国家自主性的视角》，《政治学研究》2015 年第 5 期。

的过程中为可能存在的牟利、搭桥等腐败行为创造条件。

公利性和私利性的导向问题本质上是基层政府的公共性问题，即能否和人民群众形成紧密联结，重视人民的主体性，为人民群众的意愿上传和期望实现创造条件并落实行动，在项目制基层实践上表现为两种不同的产业项目申报行为导向：为民服务的公利性导向、强调"政绩"的私利性导向。

在自上而下的分配以及自下而上的纵向争取和同级之间的横向竞争中，项目制基层实践的两对范畴相互影响并交错结合，形成四种不同导向的项目资源分配和争取类型：效率—自利（完全"政绩"型）、效益—自利（不完全为民型）、效率—公利（不完全"政绩"型）、效益—公利（完全为民型）。

此处的"政绩"指基层政府通过具有"形象工程""创新工作"等特点的项目获得的荣誉，包括且主要是未达到预期效益的产业项目，或者基层政府选择通过提高项目实施的速度和政治任务的完成度获得上级认可。"为民"指项目能够直接或间接为群众创造就业机会、增加收入的程度。

不完全"政绩"型：倾向于选择易于实施，能够保证工程完成项目进度任务，同时有利于增进公共利益。

完全"政绩"型：以项目是否容易实施和是否有利于满足政府自身利益需求为主要标准。

不完全为民型：申报项目时，优先关注产业项目实际效益和是否对政府自身有益。

完全为民型：坚持产业项目的实际效益和增进公共利益并重。

## 三、关于项目制的意见建议

通过本文的研究，可以发现，中国各地的项目实施体现了基层探索与顶层设计、短期政策与长远目标的相互激励和协同配合的局面。项目是平衡发达地区与欠发达地区差距的"定向调节"或"定向干预"的思路。项目是落实经济政策的有效途径，实现以投资促消费的传导效应，加快释放政策效应。项目投资解决了当地闲置劳动力的务工收入，如实施重点工程项目"以工代赈"，就是要通过特殊政策保障一些暂时面临困难的群众有就业、有钱花，蕴含了鼓励劳动增收的政策导向。项目制是提升产业结构和技术结构的有效途径。项目制是在基层的村财乡管制度下实施的，更是在分税制和分级财政体制下实施的。

项目是当下乡村振兴和产业发展的一种重要手段和常见形式。关于如何完善项目制及相关政策，乡村振兴系统和发展改革系统的县乡干部给出了中肯的意见建议。综合全文的研究及政策思考，提出以下四个方面的思考。

一是制度建设方面。关于乡村振兴衔接资金的使用管理办法（脱贫攻坚时也有项目管理办法）已随着脱贫攻坚的全面胜利而更改，但是一定程度上不适合当前形势的"项目管理办法"迟迟未更新，"项目管理办法"的滞后会影响项目建设效率和质量提升。应强化项目管理、完善项目管理制度，纾解基层政府与施工单位的"捆绑责任"，在项目管理中秉持大型产业项目县乡共同负责，落实县乡两级的共同监管责任，贯彻项目实施全过程跟进，避免项目管理简单化、交易化。要丰富对施工、监理等"五大人员"的监管手段，量化责任标准，定期集中调度。健全项目绩效评价制度，对于特殊的大型产业项目适当降低对序时进度指标要求，推动评价更多以质量和效益为重，避免以"质量空间"置换"进度时间"。中央、省级在项目、资金安排和分配过程中要考虑管护费用。群众和企业要参与评价，建成就着手评价的时间节点要调整，考核的指标体系要进一步优化。

二是资金使用方面。乡镇申报资金项目规模需要结合自身财政状况确定，对待上级专项资金保持科学审慎的态度，做到对上级资金依靠而不依赖，既不盲目申报也不畏难不报。在自身债务负担较重时，可以选择优化固有产业存量，合理利用不同来源类型的专项资金提升产业发展效能。上级部门对资金使用的产业占比要求应该因地制宜适度放宽标准，在统筹总体匹配资金量的基础上向"双基建设"适当倾斜，改善当前农村公共服务设施相对落后的现状，同时给予县乡主体提高产业发展能力的成长空间。

三是产业发展方面。当前项目谋划主要是分层分责谋划。省级层面要结合全省实际，对于各市县精准定位，避免过度同质化，形成产业互补和区域产业链的良性竞争环境，在上位规划上更精准更具指导性。为了提升县乡产业发展水平，在项目谋划实施方面秉持"术业专攻"的原则，主动接受市场经济洗礼，以质量和效益为导向，提高项目前期工作质量，改变当前项目实施效率低、镇村主体作用小的不利局面。因此，产业谋划的前期调研关键在于产业规模、产业上下游的销路、产业技术和用工问题、当地群众参与意愿。乡镇层级提升"筑巢引凤"质量任重道远，需要对如何提高产业承接能力投入精力认真思考，在引进优质企业和完整产业链上谋篇布局。政府对生存艰难的乡镇小微企业需要给予更多的政策和资金扶持，激发乡镇企业的发展动力，增强吸纳就业能力。要切实根据地方资源禀赋发展产业，同时注重龙头引领和群众参与，避免出现"先有项目再有产业""先有项目再引龙头""先有项目再建机制"等问题。政府投资产业项目要实现精准投资，并激发社会投资活力，若社会投资没有活力，政府投资就无法实现预期目标。

四是营商环境方面。项目的基层实践不仅要聚焦产业项目本身，外部环境同样重要，项目资金的批复只是产业发展的开始，创造良好的项目实施环境也是项目基层实践的关键。当前县级招投标市场的企业主体良莠不齐，各种"空壳"公司、低效企业鱼龙混杂，县级部门要完善市场淘汰机制，优化竞争产业项目的企业主体质量，充分发挥市场配置资源的优势，让能够承接产业项目的优质企业获得良性竞争的市场环境。

# 民族地区村干部群体特征
# 及发展经济能力研究

## ——基于甘南藏族自治州新城镇、王旗镇、洮滨镇
## 和流顺镇 170 位村干部的调研

马彦军

村干部是农村基层组织的骨干力量，在乡村振兴中扮演着重要角色。笔者所驻的临潭县兼有民族地区和脱贫地区的双重特性，巩固拓展脱贫攻坚成果和实施乡村振兴战略任务较重，对村干部队伍建设的要求也更为急迫。笔者以新城镇、王旗镇、洮滨镇和流顺镇 170 位村干部为研究对象，基于人口统计学信息、六维度履职能力调查和三维度工作绩效调查对村干部履职能力、群体特征及在项目制基层实践中发展经济能力进行了调研分析。

## 一、问卷数据的描述性统计

《基层村干部履职能力调查》为匿名问卷，总共有 15 个问题，分为能力评价和绩效评价。履职能力调查的六维度包括引导与执行力（包括诚信公正、依法行政、律己务实等）、管理创新能力（包括关系平衡能力、组织管理创新、突发事件处理能力等）、公共服务能力（包括协调沟通能力、服务意识、群众工作能力等）、资源整合能力（包括政策整合力、资源调动能力等）、知识与技能拓展力（包括专业文化素养、学习与吸收能力、制度适应能力等）、信息分享提升力（包括计算机操作能力、信息整合能力、网络互动能力等）；工作绩效调查的三维度包括政治绩效、经济绩效、

社会绩效。政治绩效主要涵盖了政策的上传下达、村务公开与决策监督、村民的意见采纳与诉求表达等方面；经济绩效主要衡量贫困村脱贫情况、经济收益提升情况、家庭负担减轻情况、集体经济发展情况等村干部发展经济的能力也可算作是经济绩效的体现之一；社会绩效则主要包括村容村貌改善、村民受教育水平提升、道路硬化率与亮化率达标、生态环境保障、娱乐文化发展等村庄社会文明程度指标的变化状况。

**（一）参与者的人口统计学信息分布**

履职能力调查的六维度调研结果如表5-3所示。基层村干部群体中男性居多，35岁以下的年轻干部占半数以上，本次调查样本中的基层村干部中只有25%取得了本科及以上学历，有20%的基层村干部是少数民族。

表5-3　　　　　　　　　　　　履职能力调查

| 指标 | | 引导力与执行力 | 管理创新能力 | 公共服务能力 | 整合资源能力 | 知识与技能拓展能力 | 信息分享与提升能力 |
|---|---|---|---|---|---|---|---|
| 个案数 | 有效 | 158 | 158 | 158 | 158 | 158 | 158 |
| | 缺失 | 0 | 0 | 0 | 0 | 0 | 0 |
| 平均值 | | 4.2839 | 3.8246 | 4.2139 | 3.9035 | 4.1973 | 4.0316 |
| 中位数 | | 4.2857 | 3.8571 | 4.0000 | 4.0000 | 4.1667 | 4.0000 |
| 标准差 | | 0.50758 | 0.45316 | 0.52120 | 0.59304 | 0.52057 | 0.46428 |

从图5-6和图5-7可以明显看到年龄、学历和岗位对村干部履职能力有明显影响，村干部年龄总体上呈现出年轻化趋势，素质明显提升，普遍具有较高的知识文化修养和政治素养，驻村干部和选派干部整体呈现高学历、年轻化、专业化等特点。

比较年龄和基层村干部履职能力的关系，通过图5-7可以看到，从年轻到年长能力变化是锯齿状的曲线，除了"引导与执行力"以外，其他五条曲线的峰值在31~35岁时最大，在36~40岁时出现较低值，而最低值则在50岁以上的区间，这也与现实情况相匹配。刚到村任职的年轻人往往因为缺乏经验和岗位历练，所以履职能力不够强，经过在岗位上的锻炼后，逐渐胜任，并能够不断学习和进步，而年长的村干部则往往接受新鲜事物的能力较弱，履职能力也不够强，尤其在管理创新能力方面尤为明

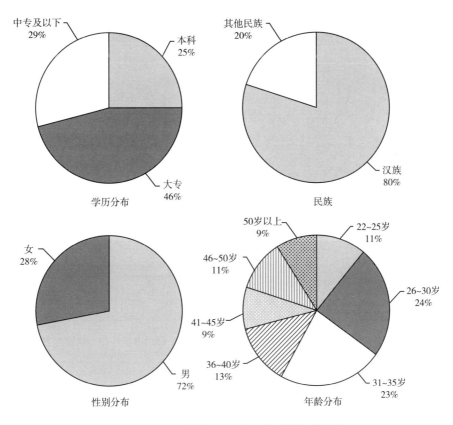

**图5-6　村干部学历、民族、性别及年龄分布**

显。学历和履职能力是比较明显的正相关，学历越高，往往履职能力越强。此外，从驻村帮扶工作队的平均履职能力来看，也要优于村两委干部，这是由于驻村工作队往往都是"科班"干部，而村两委基本都是本村的村民，尽管村情熟悉度以及处理老百姓的家务事方面优于帮扶工作队，但村两委履职能力相对就要欠缺一些。

从图5-8中可以看到，基层村干部在引导与执行力方面表现更加突出，而管理创新能力、整合资源能力、信息分享提升力是干部履职能力较为薄弱的部分。村干部对于乡村振兴战略的实施具有重要的参与推动作用，他们作为农村群众中可信赖、可共事的同志，对于人民群众的思想意识和行动实践具有重要的统一职能。基层村干部的政治绩效与社会绩效要优于经济绩效，但是乡村产业兴旺主要依赖有干事创业能力的村干部，他

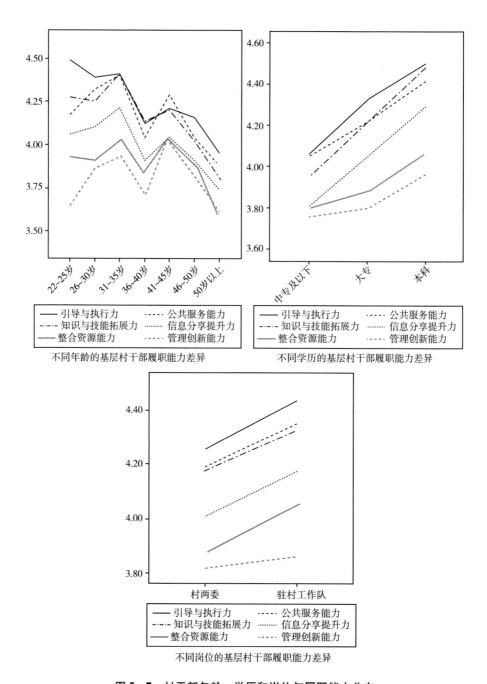

不同年龄的基层村干部履职能力差异

不同学历的基层村干部履职能力差异

不同岗位的基层村干部履职能力差异

**图5-7　村干部年龄、学历和岗位与履职能力分布**

们是农村经济发展的中坚力量，是基层政府的掌舵人和农户利益的维护者，发展经济的工作能力仍有提升的空间。

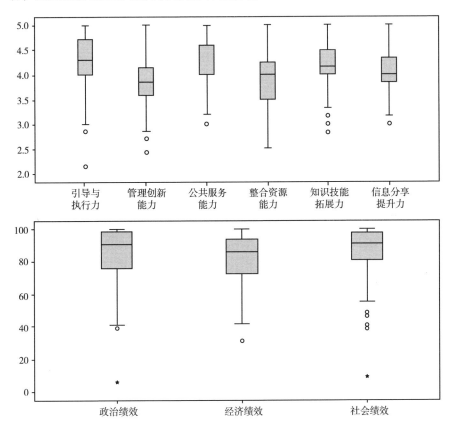

**图 5 - 8　村干部六维度履职能力和三维度工作绩效相关性分析**

### （二）履职能力与工作绩效的关系

图 5 - 9 和图 5 - 10 为基层村干部的履职能力分维度与三类绩效的相关关系，图中数字为标准化相关系数，只有标"＊"的数字效应显著（＊表示在 0.1 的水平上显著，＊＊表示在 0.05 的水平上显著，＊＊＊表示在 0.01 的水平上显著）。从图中可以看到，村干部的管理创新能力正向影响其政治绩效，该效应在 0.05 的水平上显著。多地把创新管理机制作为提高村干部履职尽责能力的主要手段，这是由于村干部是服务"三农"工作的重要一环，其面临的问题和挑战错综复杂，针对这些问题体现出的管

理创新能力关系着"三农"问题解决的稳步推进。

根据访谈，在乡村治理中，村干部的行动自觉受其所具有的思想觉醒、利益保障和价值内嵌影响，当意识到乡村振兴和基层治理是村干部和村民自己的事情，则在乡村治理中村干部既实现了个人利益，也实现了自身的价值追求。

基层干部的引导与执行力、知识技能拓展力、管理创新能力对于他们在基层组织中的工作有较为显著的影响，图5-9是按照以上三个维度评分高低进行的分组比较，从图中可以明显看出，引导与执行力、知识技能

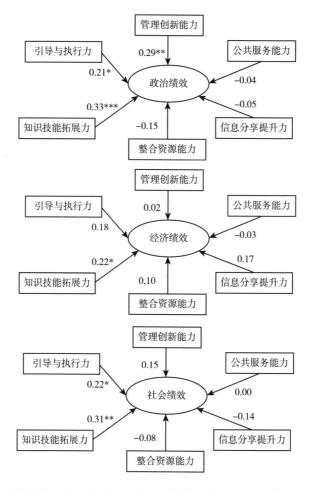

**图5-9 村干部六维度履职能力与三类绩效的相关关系**

拓展力、管理创新能力高的基层干部在工作绩效中的政治、经济、社会这三方面的评分都更高，这启示我们要更加关注基层村干部这三种能力的提高。基层干部，尤其是村干部具有创业精神和经济发展能力，带领农民共同参与创业和发展经济，是乡村振兴乃至产业兴旺的必然要求。

**（三）发展经济能力分析**

从经济发展的角度看，每个地方谋划发展的时候，必须依据自身的要素禀赋，将其比较优势转变为竞争优势。任何经济社会活动都是在一定的时间和地域内开展，地理位置、气候条件、发展阶段及周围联动因素都对项目实施有非常重要的影响。

整体来讲，甘南民族地区的乡镇主要以发展农业产业为主。被调研的四个乡镇农业产业发展情况比较相似，境内蕴藏着野生汉藏药材，种类丰富，大多生长在海拔 2200 米以上的环境中。强照射、高海拔和黑土层的优势，为优质道地藏中药材生长提供了得天独厚的天然环境，藏中药材种质资源品种多、分布范围广、产品质量好，大黄、当归、柴胡已成为四个乡镇的主要经济作物。笔者初到王旗镇，就看到合作社里十几名工人忙着挑选、切片、打包、装车，淡淡药香随风飘散。

同时，养殖业在甘南地区的发展有着悠久的历史，由于这些地方生态环境良好，草畜资源得天独厚，在乡村振兴中具有独特的优势。养殖业的主要特点是养殖时间短、利润高、对养殖户文化水平要求低等特点。在临潭县，畜牧业以牛羊养殖为主，品种较单一且竞争力弱。近年来，由于粗放的生产经营模式和草场退化、草畜失衡，使得牦牛的养殖条件出现恶化趋势。受调研的四个乡镇的基层干部主要聚焦于牛羊规模化养殖，但是在扩大饲料作物的种植进而促进畜种结构调整方面关注过低，从而无法扩大经济效益较好的草食型品种的牛羊养殖，没有提升品种质量、强化良种繁育，在加强疫病防治体系建设方面也是技术力量不足，在保持畜牧业稳定发展方面力量欠缺。

王旗镇、新城镇的基层干部在宣传中药材产业时突出"绿色有机"，抢抓创建国家级道地中药材优势特色产业集群有利机遇，按照"南归北参川芪"绿色道地中药材种植格局，推进道地中药材绿色化发展。流顺镇和洮滨镇的基础干部在挖掘特色农业时利用当地地理优势大力发展"高原夏菜"，尽管只有娃娃菜、西蓝花和青笋三个品种，但质量上乘，规模较大，也积极争取了配套产业项目，吸引兰州市西正开公司在当地建立种植基地，同时与两镇的农户合作进行订单种植，扩大种植规模，带动农户致富，取得了很好的效果。与此同时，新城镇的基层干部为了拓展产业类型，引进种植了一批茶树，但是受制于当地高寒气候，该茶树种植项目并没有得到预期效果，尤其在 2021 年 5 月突发的大雪天气和冰雹霜冻让大部分茶树凋零，再加上培育技术人才的缺乏，该项目宣告失败。

政府对产业的扶持也必须依据历史发展状况、资源禀赋和其他约束条件等科学选择和培育。在当下数字经济时代，市场思维并非简单地对商品交易层面的关注，而是要善于利用信息与数据，从信息与数据中解读出新的发展机会、预判可能出现的风险，及时规避风险，提升引导与执行力和资源整合能力。从调研的四个镇看，当地干部对本地资源挖掘有待提升，对市场经济的理解还局限在商品经济上。

经济绩效和村干部的经济发展能力建设尤其需要村干部要有着丰富的科技知识储备，使村干部了解科技和市场，尤其要在农村经济发展中推广和应用先进的农业科学知识，运用市场手段带动村民发展经济。如果没有知识结构的改善和科技水平的提高，村干部就很难形成较强的经济发展能力（见图 5 – 10）。

民族地区的乡镇主要以发展农业产业为主。农业的社会效益、生态效益远远大于经济效益，这决定了产业振兴必须依靠政府，产业振兴必须依靠项目。对于项目的依赖是民族地区乡镇发展产业的重要特点。对于欠发达地区基层乡镇来讲，最首要的任务是强化基础设施建设，乡镇政府主要依靠传统的基础建设项目投资带动经济，这就要求政府要注意避免盲目的低水平项目和重复建设项目。而以市场力量为主体的民间投资与政府的基建"投资热"大相径庭，这种市场内生投资动力不足的问题也体现在当下

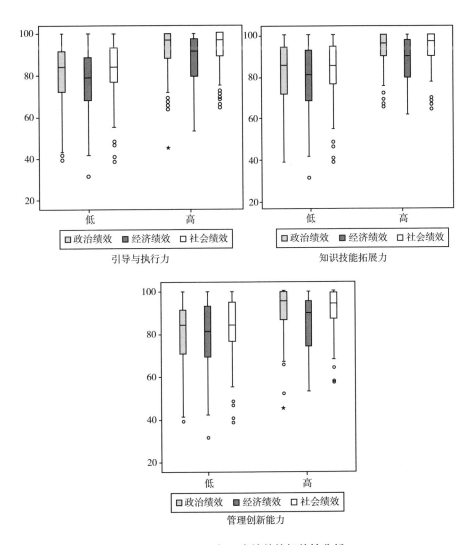

**图 5 - 10　村干部三类绩效的相关性分析**

民族乡镇产业发展的过程中。尽管基建项目和产业发展项目带来不少资金，但依然存在着中央预算内的财政投资带动民间资本的作用不足的问题。一般认为，参与基层乡镇项目中的市场力量主要包括涉农企业、农民合作社和金融机构，在民族地区，涉农企业和农民合作社的力量比较薄弱，甚至很多合作社主要依靠政府补贴或者帮扶资金维持生存，而金融部门本身的趋利性和对项目不负有主体责任的现状使得它很难为项目提供充分的经济支持，以致资金短缺，融资渠道匮乏，成为民族地区乡镇产业发展的重要制约因素。很多企业容易出现资金周转困难的情况，极容易出现项目被迫停滞、企业或者合作社举步维艰的情况。再加上经营规模小、技术水平低、特色不够突出，很难获得专业金融机构的融资支持。为此，基层干部应从政策角度提高乡镇企业和合作社的运营能力，加大招商引资力度，鼓励社会资本参与三产融合和乡镇基础设施建设，吸引民间资本和返乡的专业技术人才携手广大农民群众参与乡村振兴建设，进而反哺项目建设，发展市场主体。

## 二、存在的问题和困境

村干部的能力水平与乡村振兴战略的实施紧密联系在一起。调研看到，绝大多数村干部为农村各项工作的开展作出了贡献，发挥了重要实践引领作用。但仍然存在以下问题。

一是部分村干部联系群众不积极、对群众诉求的反应滞后。村干部是农民群众诉求反馈的主要渠道，承担着贯彻落实战略方针、政策的最基础任务。很多村"两委"干部并非专职从事村务管理工作，是具有自己工作或者主业，兼职从事村庄管理，在工作的积极性、主动性和时效性上存在不足。

二是驻村干部"输血式"帮扶工作多，"造血式"帮扶工作少。从实践来看，一些驻村干部并没有改变"帮扶就是帮钱帮物"的传统观念，缺乏"造血"功能和扶志、扶智，导致村民对外部资源的进一步依赖。

三是民族地区乡镇产业结构升级和发展大都依赖自然资源、交通区位等要素优势，这与中部发达省份乡镇工业和现代服务的发展模式差异较大。对于民族地区乡镇而言，产业基础薄弱、精细化社会分工尚不成熟，支撑产业结构迭代升级的要素稀少，尤其技术创新要素紧缺，很难转化为生产力，导致市场配置经济资源的高效率无法彰显，由此也没有形成合理的产业分工协作体系。

四是村干部大都缺乏项目思维和市场思维。在推进乡村全面振兴时期，村干部应当拥有科学的项目思维和发展经济能力，不能固守"教条"，应该使政策在实施过程中有一定的灵活性以适应具体情境，能够针对本村的资源禀赋或者特色，谋划村庄治理和产业发展项目，并以项目为着力点，推进农业农村现代化进程。然而在调研中，能够具备这样能力的村干部较少。对各部门发布的经济政策学习领会不够，使项目、政策结合村情不够。

五是重基础设施项目谋划，轻产业谋划。农村的产业发展多以项目建设为载体，如农产品加工需要配套的产业车间或者加工设备。基层干部关于产业发展思路大多从基础设施建设的角度出发；对项目如何更好地服务于产业发展的认识不足；对提升产业层次的项目谋划较少；在引入大项目、带动大产业、促进大发展方面缺乏重视；对项目实施的轻重缓急程度和项目预算可行性缺乏通盘考虑，上报的项目要么预算不够精准，要么把重要的、具有长远意义的产业谋划没有提上日程。

## 三、发展建议

一是增强激励措施的针对性。要根据驻村干部的特点，采取不同的激励措施。通过有效激励机制，充分调动村干部的主动性，在规范行为的同时充分发挥其积极性和创造性，确立村级治理的主体性，充分发挥行政村的自治功能。构建以自治为根本、德治为基础、法治为保障的"三治融合"的乡村治理体系。

二是提升村干部的身份认同感。脱贫攻坚和乡村振兴战略的实施让战斗在一线的村干部受到了党和政府前所未有的重视，得到了全社会的高度关注和认同，这从根本上提高了村干部的政治待遇和社会地位，其身份认同感仍需加强，培育一支忠诚、干净、担当的村干部群体。

三是针对不同类型村党支部书记提升政治领导能力、发展集体经济能力、项目谋划与申报能力、基层治理能力的不同需求，重点提高参训层次，优化培训方式，实行"必修＋选修"，变"大水漫灌"为"精准滴灌"。

四是村干部要根据国家和地方乡村振兴政策和每年的"一号文件"选

择和储备项目，积极争取上级部门的政策、财政和技术的支持；尤其要从村民的产业发展需求出发，聚焦于产业发展的短板，筛选和找寻合理可行的项目。村干部应普遍拥有项目思维和项目意识，这也是从维系型干部发展为成长进步型干部的重要条件，对于新时代农村治理具有重要意义。

五是必须提高村干部的发展经济能力。这就需要培育和坚持正确的政绩观，鼓励村干部学习和了解新技术新领域的发展现状，不仅是对新技术的学习和掌握，还有保持对市场的敏感（如市场供需分析、新营销平台建设），积极地去适应和满足群众新期待新需求，不断提升工作方法，努力成为农村经济高质量发展的专业人员。

# 附录　访谈问卷

**访谈内容**

1. 项目实施中存在哪些问题?

2. 从财政预算、债务角度看项目制,有哪些负面影响?

3. 中央的项目,需要地方资金配套,实施中有哪些难度?

4. 当前向上申请项目是否有考核?

5. 您对项目能带动经济增长、拉动固定资产投资有什么看法?

6. 这几年当地的一些项目实施的效果明显吗?

7. 如何完善项目制及相关的政策?

8. 根据您的观察,项目的分配有什么规律吗?

9. 项目制是否有助于中央政府实现区域均衡发展的目标?

10. 在面临土地资源紧缺、"三区三线"① 划定、环境保护严格的背景下,如何谋划产业项目?

11. 产业项目要避免实践中的失败,要注意什么?

12. 产业谋划的前期调研和项目论证主要包含什么内容?

13. 如何避免项目"重建轻管"?

14. 项目的绩效考核机制如何完善?

15. 项目的实施效益如何提升?

16. 为了完善项目制,您有什么建议。

---

① "三区"是指城镇空间、农业空间、生态空间三种类型的国土空间。"三线"分别对应在城镇空间、农业空间、生态空间划定的城镇开发边界、永久基本农田、生态保护红线三条控制线。

# 第六部分

# "竞争–分配"式双向配置与经营产业型治理

亚历山大·格申克龙在《经济落后的历史透视》中写道：社会科学总渴望发现一套"放之四海而皆准"的方法和规律，但这种心态需要成熟起来。不要低估经济现实的复杂性，也不要高估科学工具的质量。[①] 对于中国经济发展的理论叙事，要从乡镇一级切入，对县乡政府行为逻辑进行研究，从中体悟中国地方政府管理经济的思路、规律。通过对本书案例的总结归纳提炼出经营产业型治理模式，来更好地认识围绕项目制形成的政策模式、治理模式。本部分试图避免把舶来的理论转化成判断，而是从现实出发，进行提炼总结后再与主流理论进行比较，并进行跨国经验比较。

---

① ［美］亚历山大·格申克龙：《经济落后的历史透视》，张凤林 译，商务印书馆 2018 年 3 月版。

# "竞争－分配" 式双向配置与中国经济增长

李小云　马彦军

项目制是在社会主义市场经济体制下兴起的，前后经历了几个阶段的变迁。作为一种国家治理的重要方式，也是目前中国发展模式中的重点现象，其对中国经济增长产生了深远影响。在这种治理方式中，规划、产业政策或者中央事务最终都会转成项目，项目把民营企业和社会的方方面面纳入整个治理体系。通过财政部、发改委、科技部、工信部等部委，中国形成了严格的职能治理和条块项目的发包。部委的项目发包，最终又通过专项资金或者配套资金下达到地方政府，市县政府和企业再通过纵向和横向争取项目，通过这种竞争可以实现 GDP 更快的发展。这些项目在基础设施、产业发展等方面发挥了重要作用。

## 一、项目制的由来

当前，学术界关于项目制的研究成果较多，这些研究成果有以下特征。一是以案例研究居多，宏观层面的研究成果较少。二是早期研究成果相对较少（见图 6－1），在中国知网上找到的较早的在公共管理中讨论项目制的文章仅有戴雪梅《项目制：国外公共事务管理的有益经验》一文。[①] 三是关于项目与产业选择相结合（环节与方式）的研究较少，对中国各地区乡镇项目市场化运营研究较少。四是关于中国地方政府项目谋

---

① 戴雪梅：《项目制：国外公共事务管理的有益经验》，《法制与经济》2009 年第 24 期，第 111－113 页。

划、项目储备的研究少，缺乏对中国各工业镇、农业乡项目制运作的梳理总结（见图6-2）。五是没有把中国项目制的实践和西方发达国家和东亚模式①进行比较研究，未能从国别角度对以项目制为代表的政府干预模式进行比较分析。

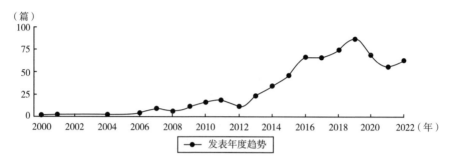

图 6-1　发文数量

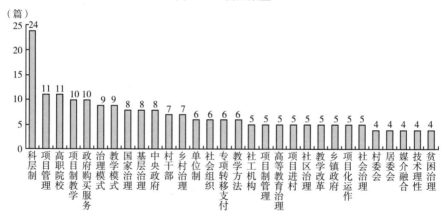

图 6-2　主题分布

关于项目制在中国的起源及演变历程，曹龙虎在《国家政权建设与项目制的形成及演变》一文中进行了详细的介绍（见表6-1）。分税制改革以后，中央与地方关系、政府与企业关系发生了变化，项目制的形成是这项改革措施的一个重要结果。②财政部印发《过渡期财政转移支付办法

①　在《发展型国家》一书中对东亚模式有相关的论述。
②　曹龙虎：《国家政权建设与项目制的形成及演变》，《江汉论坛》2022年第5期，第51-59页。

（1999）》的通知，对转移支付进行了细致的规定，其中，"税收返还"出现了 4 次，"转移支付"出现了 53 次，"补助"出现了 34 次。这标志着中国初步建立了分税制改革的相关配套机制，完善了转移支付制度。

表 6 - 1　　　　　　　　　　　项目制的由来

| 时间 | 文件 | 主要内容 |
|---|---|---|
| 2013 年 | 国务院颁布了《关于创新机制扎实推进农村扶贫开发工作的意见》 | 拉开了从源头推动涉农资金整合的序幕，建立了财政扶贫项目的审批责任、权力、资金、任务"四到县"制度 |
| 2016 年 | 国务院印发了《关于支持贫困县开展统筹整合使用财政涉农资金试点的意见》 | 通过"资金项目审批权限完全下放到贫困县"，地方政府的自主权进一步提升 |
| 2017 年 | 国务院颁布《关于探索建立涉农资金统筹整合长效机制的意见》 | 提出实行财政涉农项目"大专项 + 任务清单"管理方式，保障涉农项目的顺利推行 |
| 2022 年 | 国务院办公厅发布《关于进一步推进省以下财政体制改革工作的指导意见》 | 进一步理顺省以下政府间财政关系，建立健全权责配置更为合理、收入划分更加规范、财力分布相对均衡、基层保障更加有力的省以下财政体制，加快建设全国统一大市场 |

专项资金是中央政府为了实施其宏观政策目标以及对地方政府代行一些中央政府职能进行补偿而设立的，它在加强中央政府调控地方政府行为、优化地方财政预算支出结构，引导地方财政资金投向国家重点支持和发展的事业方面，具有一般性转移支付无法替代的作用。[1] 专项资金本身就是一个小型的财政体系。

专项资金的管理和拨付体制非常复杂，按照拨付渠道来分，大致可以分为以下三类：第一类是财政系统预算部门的专项拨款；第二类是由中央各部门向其下属部门系统下达的专项资金，也有人称之为"部门资金"。第三类是财政部向一些拥有一定预算分配权的部门拨付的专项资金。这些部门包括发改委、工信部、科技部等。[2]

关于项目制的作用和意义，有研究指出，中央以项目的方式自上而下进

---

① 张弘力、林桂凤、夏先德：《论中央对地方专项拨款》，《财政研究》2000 年第 5 期。
② 周飞舟：《财政资金的专项化及其问题兼论"项目治国"》，《社会》2012 年第 1 期。

行"专项"补助性财政支出以实现资源配置均衡的制度安排。① 周飞舟通过对财政领域的研究发现，项目分配体制下大量的资源确实倾斜到了农村、西部等落后地区。② 项目制是在中央向地方转移支付规模扩大的基础上产生的，从原来的财政领域的分配逐步演变为超越财政分配的一种自上而下进行工作部署、任务实施的国家治理机制。项目制重构了中央政府、地方政府、基层政府、基层党组织和普通公民之间的权责链接形态和互动机制，并成为地方政府尤其是基层政府实现善治的重要机制。③ 项目制在进入后税费时代后，已经溢出财政领域成为具有体制特征的国家治理工具。④

从项目制的角度分析和研究中国工业镇和农业镇产业发展，是试图理解中国经济现实的尝试。对项目制的研究，不能满足于"项目制是否有效果"这样的笼统发问，也不能是单纯的个案呈现。本章回应导论部分，尝试回答：为什么可以通过项目制能更好地理解中国经济运行机制，理解政治经济化与经济政治化，理解中国经济增长的制度逻辑。通过本书的案例研究，如何选取一个分析逻辑，对中国经济增长的现象进行刻画，抽象出中国经济增长的理论图景。当然这种分析逻辑的提出是建立在各个乡镇经济实践的基础上的，更是建立在项目实际运作实践的经验事实上的，是对经验现象的一种概括和提炼，从中找到经济增长的深层次逻辑，更好地理清项目制的根本逻辑、适用边界及项目与产业的互动。

## 二、经济增长研究的相关理论

何为中国经济增长的制度基础？长期以来，政治经济学研究形成了关于中国经济增长之谜的多重解释机制，诸如"地方财政联邦主义""行政

---

① 折晓叶、陈婴婴：《项目制的分级运作机制和治理逻辑——对"项目进村"案例的社会学分析》，《中国社会科学》2011 年第 4 期，第 126－148 页。

② 周飞舟：《以利为利：财政关系与地方政府行为》，上海三联书店 2012 年版。

③ 关晓铭：《项目制：国家治理现代化的技术选择——技术政治学的视角》，《甘肃行政学院学报》2020 年第 5 期。

④ 周雪光：《项目制：一个"控制权"理论视角》，《开放时代》2015 年第 2 期，第 82－102 页。

发包制""政治锦标赛"等。归纳起来，主要有制度作用论、政府作用论、官员作用论三种解释。

"地方财政联邦主义"相关文献认为，在 1994 年分税制改革后，地方政府通过发展经济可以获得更多的税收。[①] 在政治集权和经济分权背景下，地方政府的经济绩效（GDP 增长率）和官员的晋升是正相关的，因此官员会为了晋升而努力发展经济。[②] "地方官员晋升锦标赛理论"不能为转型不同阶段中国经济出现的各种丰富动态提供洞见。中性政府理论认为改革初期较为平等的社会结构产生的中性的中央政府能够采取有利于长期经济增长的制度和政策。而将官员的寻租收益作为官员推动经济增长的动力，可以在更广泛的意义上解释各类普通官员推动经济增长的行为。[③] 官员作用论认为，官员行为选择及其经济绩效、官员特征对经济增长的影响，如周雪光提出的中国官僚体系内的层级分流模型。[④]

也有学者提出了不同观点。朱林的研究解释了一个让人困惑的现象：尽管一些地方党政一把手流动非常频繁，中国地方经济的长期增长却并没有受到非常大的影响。任何政策的有效制定、实行和维护都仰赖对当地情况极为了解的地方政治精英。[⑤] 这些研究重点阐述了政治稳定与经济发展

---

① Qian Y, Weingast B. China's Transition to Markets: Market-Preserving Federalism, Chinese Style. Journal of Policy Reform, 1996, 1: 149–185.

② Bo Z. Chinese Provincial Leaders: Economic Performance and Political Mobility since 1949. Armonk, NY: M. E. Sharpe, 2002; Li H, Zhou L. Political Turnover and Economic Performance: The Incentive Role of Personnel Control in China. Journal of Public Economics, 2005, 89: 1743–1762；周黎安：《中国地方官员的晋升锦标赛模式研究》，《经济研究》2007 年第 7 期，第 36–50 页。

③ 贺大兴、姚洋：《社会平等、中性政府与中国经济增长》，《经济研究》2011 年第 1 期，第 4–17 页。姚洋：《中性政府：对转型期中国经济成功的一个解释》，《经济评论》2009 年第 3 期，第 5–13 页。

④ 周雪光：《从"官吏分途"到"层级分流"：帝国逻辑下的中国官僚人事制度》，《社会》2016 年第 1 期，第 1–33 页。

⑤ 朱林提出，"稳定的地方政治精英"是一个相对的概念，而其相对性体现在空间流动性和政治权力两个方面。在空间流动性上，这些政治精英虽然空间流动性也比较高（和一般政府工作人员相比），但远远低于党政一把手，因此对地方事务了解程度较高，与地方发展的利益也更为相关。参见：Zhu L. How does the Chinese bureaucracy sustain economic growth without stable local political leaders? Stratified spatial mobility and the role of stable political elites in local governments. Journal of Asian Public Policy, 2021, 16（3）: 288–311.

的微妙平衡，以及官僚体系的人事制度和流动模式下的其他特征。然而，这个观点忽略了一些已经制定的省级文件意见（如产业发展方面的指导意见）和围绕发展战略形成的省一级项目。当我们要理解中国经济增长的制度基础（institutional basis）时，我们必须关注地方上较为稳定的政治精英的作用，探究政治精英在既有的制度架构下怎样影响产业发展？以往文献在讨论发展经济的动力和原因时候，忽视了这样一个极其重要并客观存在的事实：各地方出现并形成产业（以及产业集群）的路径。

张五常的《中国的经济制度》一书曾引起巨大反响，提出"县域竞争"的观点，"因为县的集中，工业类聚的集中发展非常显著"。[①] 张五常的论证逻辑是：

政策——"引进投资者"或"增加产品增值税"；

合约结构——"促成县域竞争"、"县对有号召力的投资者提供不少优惠"。

"县域竞争"将地方产业的形成主要归因于竞争，这与我国产业集群形成的历史事实不完全符合。张五常笔下"县有相当大的决策自主权"[②] 这个观点在一定程度上忽略了中国自上而下的投资准入与门槛和各地区基于自身资源禀赋形成的产业。"县域竞争"更多是对国内产业转移大环境的理论概括，其对一省乃至全国面临的产业发展环境做了高度且简约的概括，然而对这种转移的社会背景和原因的分析不够。

一省内哪个地方适合发展什么产业，通常有明确的定位。张五常从横向竞争角度讨论了一县经济增长之动力，但这只是特定时期中国经济结构的一个横截面。更重要的是中国经济结构中这么多产业门类从何而来、县域竞争必然能导致出现产业集群吗？

产业集群要么是市场行为的结果，要么是政府培育的结果。而县域产业集群中的竞争并不是普遍的行为，通过自筹资金发展、利用当地资源就

---

① 张五常：《中国的经济制度》，中信出版社 2012 年版，第 168 页。

② 张五常：《中国的经济制度》，中信出版社 2012 年版，第 166 页。

地工业化是中国经济发展中的重要现象。此外，一省内围绕同一产业出现了多个集群，不仅是竞争的结果，还是当地自主发展的结果。

基于上述理论研讨，笔者发现，以往研究中国经济增长制度基础的成果各有侧重，忽略了政府间的互动对产业形成及经济增长的关系，忽略了制度基础对项目分配和项目类型的影响。项目对地方产业结构变迁、产业转型，以及围绕主导产业形成的项目落地等经济现象产生的影响，以往理论无法提供较好的解释。

## 三、分析逻辑

各乡镇的案例如何体现"竞争－分配"式双向配置逻辑？这就需要考察项目与产业的结合方式以及围绕项目形成的一整套政治经济运行机制。"竞争－分配"式双向配置试图回答投资来源、投资意向、投资目的，并将讨论政府与市场关系、府际关系，这意味着本节要从制度内容、经济运行制度构成上剖析中国市场经济。①

府际关系。由于项目制的原因，不同层级政府之间的关系可以视作一种内部勾连，中央政府出于全局考虑、整体利益而制定的规划、政策，体现出对一些发展的方向、趋势和制度的激励，突出地区特色产业的优势，如国家发改委发布《西部地区鼓励类产业目录》。这个目录有诸多民营企业投资的领域和行业，如摩托车整车及重要零部件制造，相当于在市场经济规则下，又设定了一些原则或建议，对资本的投资给出了国家的意愿、倾向。

政府与市场关系。之所以要研究项目和产业的结合，是因为地方政府谋划产业项目，是一种"筑巢引凤"，为社会投资减轻负担，为一些产业发展奠定基础。政府介入产业项目后，如何处理好与市场的关系？从这个角度说，基层政府可以依靠的主要是项目，基层政府可以视作市场的主体，政府与市场运作勾连起来了。

所谓"双向配置"，体现了政府的经济治理结构，具有横纵竞争的交

---

① 常见的法规为《企业投资项目核准和备案管理条例》。

叉性、自上而下与自下而上推行的交替性。从竞争角度来讲，即在项目制的实际运行中，有来自同一级地方政府的横向项目竞争（如县内各乡镇互相竞争，追求辖区内的经济发展），也有来自不同层级地方政府向中央政府的纵向项目竞争（同一时不同省的市县之间的竞争）。前者指省级以下的县乡政府竞争省内、市内、县内项目，如各乡镇比拼自身项目的收益、竞争力等，争取的是既有的省（自治区、直辖市）预算内资金的项目，属于一种分配行为。后者指各省的市县级政府向国家部委争取资金、项目的行为。项目制使竞争成为一种普遍现象。从分配角度来讲，核心任务就是项目要精准匹配产业领域。在农业乡镇项目主要有三种类型：乡村建设类项目、创业就业类项目、产业类项目（生产项目、加工流通项目、产业服务支撑项目、产业配套设施项目、产业融合发展项目）。其中，产业类项目着眼于在第一产业的基础设施上补短板，配套实施相关基础设施，以及为了发展产业进行财政奖励实施的到户项目。在工业镇，项目分配主要围绕当地主导产业实施技术改造、环保治理、产业园区建设、平台建设等进行。各省（自治区、直辖市）年初预算会安排省级预算内基本建设资金，并分配落实到具体建设项目中。这种以下拨为主要分配方式可以刺激"块块"的能动性。此外，中央分配给地方的那些需要地方配套资金的项目，地方激励趋于弱化，因为这意味着地方政府需要从自身的资金盘子中让渡一部分来履行上级分配的任务，分配方式渗入项目制治理。"竞争－分配"式双向配置分析逻辑下，项目形成了分级运作机制，在这种逻辑下，项目制既有政治激励，又有经济激励。这说明，项目制有利于中央部委自上而下激励地方政府致力于经济发展，为这一时期中国经济高速增长提供了制度解释。总体来看，基于"竞争－分配"双向配置分析逻辑，可以了解项目制中资源配置的分配和竞争是一体两面，既表现为自上而下的分配，又表现为自下而上的纵向争取和同级之间的横向竞争，见图6－3和图6－4。

在图6－3中，项目申报是自下而上的过程，市县一级的项目需要经过省级发改委的审核，并提出初步审查核准意见。省级发改委还要根据本省各个县区上报的项目情况，统筹考虑后汇总上报国家发改委。国家发改委要对各省上报的投资项目通盘考虑，有针对性地批准各省（自治区、直辖市）的项目投资计划。之后给各省（自治区、直辖市）下达投资计划，并跟踪投资计划完成情况，产生固定资产投资项目入库纳统，简称入统。

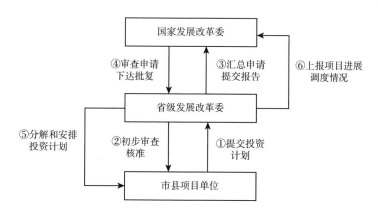

**图6-3　中央预算内投资补助和贴息项目管理流程**

图6-4所示的农业产业融合发展示范园建设项目申报流程和图6-3基本一致。在图6-3和图6-4的①环节，是处于同一行政级别的各个县区的竞争环节，这一环节是本省内的竞争，而在③环节则是各个省份之间的竞争。图6-3和图6-4的④环节则体现了中央对各省（自治区、直辖市）的项目分配。至此，图6-3和图6-4直观地展示了中国项目制的"竞争－分配"式双向配置逻辑的内涵。

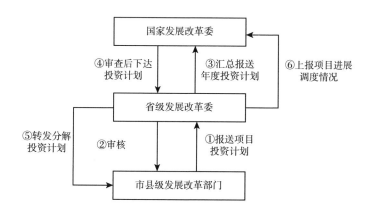

**图6-4　农村产业融合发展示范园建设中央预算内投资管理流程**

## 四、围绕项目形成的市场体制

在"竞争－分配"式双向配置分析逻辑下，"竞争"二字如何理解，是否与市场体制有关？

项目制出现的大环境，正是中国从单位制到项目制"转型"的大背景，也伴随着大规模的市场化、私营企业的兴起，尤其是中国经济体制从"指令性"的计划经济到引导性的"规划"经济的转型。项目制的制度设计糅合了计划体制机制与市场体制机制的双重特征，这为"类市场化"治理模式的顺利运行提供了制度基础与便利条件。采用项目制等一系列超越行政科层制的方式，以便在集权模式下让"自下而上"的市场化竞争机制配合"自上而下"的分权原则，形成一种新的国家治理结构。[①] 作为一种包含市场化竞争机制的治理方式，在"竞争－分配"双向配置分析逻辑下，围绕项目产生了横向和纵向的竞争，这两种竞争也是一种市场化竞争，如企业向上竞争产业投资补贴项目，企业争取获得本级政府的招标项目，这种竞争成为中国经济增长的主要动力之一，也是刻画地方政府经济行为的一种角度，还为地方政府对当地产业结构调整、补齐基础设施短板、克服市场失灵提供了政策工具。正如有研究指出，项目制为市场体制的有效运作提供了便利条件，项目制的制度设计为市场体制的有效运作提供了"制度漏洞"，项目制既能增强地方政府宏观调控的能力，又能赋予地方项目建设的主动权。[②]

分税制之后的项目制，则从体制内部扩展出了项目形式的增量，以控制市场的过度扩张。项目制意义上的双轨制与前一种双轨制的最大区别在于，它要从体制内挖掘一种增量的逻辑，既不因循单位制或科层制的逻辑，也不能被市场所裹挟。[③] 在当前各地"以项目为王"的发展导向中，地方政府借助项目的固定资产投资和带来的潜在增长率来提升当地竞争

---

① 折晓叶、陈婴婴：《项目制的分级运作机制和治理逻辑——对项目进村案例的社会学分析》，《中国社会科学》2011 年第 4 期，第 126－148 页。

② 张浩正：《项目制："类市场化治理"模式实施的重要工具》，《高教探索》2020 年第 1 期。

③ 渠敬东：《项目制：一种新的国家治理体制》，《中国社会科学》2012 年第 8 期。

力，体现自身的政绩，将项目尽可能转化为完成经济增长指标的有利条件。总之，地方政府既要通过项目指导来强化自身行政指令的作用，又要借项目名义来充分调动市场机制，引入社会资本，从而充分把握项目输入的契机，将自己的"产业"做大做强。

项目制本身的财政资金专项化，深刻改变了央地关系，逐渐形成一种中国特色治理模式。项目制体现了央地关系治理的"条条主义"，强化了"条条系统"自上而下的治理作用。关于项目制是否会有助于中央政府实现区域均衡发展的目标，有研究从理论上比较了财政资源按照传统科层制与项目制配置对激励地方政府促进经济发展的作用，发现项目制有利于中央部委自上而下激励地方政府致力于经济发展，为这一时期中国经济高速增长提供了制度解释。

当前中国经济体制改革已经进入攻坚期和深水区，社会主义市场经济体系不断完善，构建全国统一大市场，深化要素市场化改革，建设高标准市场体系是未来的重要任务。在这样的市场经济大环境下，项目制作为市场经济环境中的一种国家治理方式，围绕项目形成了特定的市场体制。项目制下的市场机制体现为：项目资源的分配主要采取公开招投标方式，强调公开化、程序化、规范化、技术化和标准化，以此形成目标约束，体现出上级对下级的竞争性授权，使项目制的落实具有自下而上进行市场竞争的含义。[1] 有研究指出，政府与企业是"委托－代理"的关系。[2] 围绕"使市场在资源配置中起决定性作用"，项目制推动有效市场和有为政府更好结合。[3] 项目的实施已经基本被市场化了，企业与政府间的关系并非上下级的科层化关系，而是平等主体间的市场关系。[4] 财政部发布《关于进

---

[1]　苗大雷、王修晓：《项目制替代单位制了吗？——当代中国国家治理体制的比较研究》，《社会学评论》2021 年第 4 期。

[2]　李开欢：《项目制资源下乡：利益主体、风险与规避》，《北京农业职业学院学报》2021年第 1 期，第 52 页。

[3]　市场机制运行主要体现在 4 方面：要素自由流动，价格反映供求，市场竞争公平有序，市场能够优胜劣汰。

[4]　尹利民：《也论项目制的运作与效果——兼与黄宗智等先生商榷》，《开放时代》2015 年第 2 期。

一步加大政府采购支持中小企业力度的通知》，自 2022 年 7 月 1 日起执行。400 万元以下的工程采购项目适宜由中小企业提供的，采购人应当专门面向中小企业采购。在具体的实践中，乡镇一级政府自下而上进行谋划和申请项目，上一级政府再进行审批、分配和验收，这是科层化的特性，在规定项目实施的主要内容和方向的同时，又赋予基层一定的灵活性。

那么，项目制是否是纯粹的市场化治理方式呢？周雪光认为，作为一种治理体制，项目制既非一种纯粹的科层化治理，也不是一种纯粹的市场化治理，而是介于两者之间的一种治理体制。[①]

项目制的激励措施为市场体制的有效运作提供了直接驱动力，如图 6-5 所示，企业投资项目需要中央政府或地方政府的核准或备案。不过，项目制的这种竞争会导致县内资源配置的分化效应，这一点与"单位制"下资源配置的市场分化效应有相似之处。

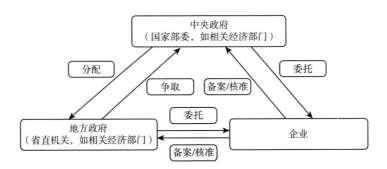

**图 6-5　围绕项目形成的市场体制**

在图 6-5 中，企业的资金来源主要有企业自有资金和企业使用政府资金（主要是政府的投资补助）两种，对使用政府投资的资金，需要投资主管部门和行业管理部门进行核准。地方政府尤其是相关经济部门更关注有限的资金如何实现经济效益和社会效益最大化，而作为代理方的企业则更希望以最低成本来实现利益最大化。

项目制下，项目资源属于公开信息。在上述分析逻辑下，有些项目是来

---

① 周雪光：《从"黄宗羲定律"到帝国的逻辑：中国国家治理逻辑的历史线索》，《开放时代》2014 年第 4 期。

自中央财政分配的资金，这就出现了财政专项资金下发后的横向、纵向竞争。来自"双向竞争"的项目有基础建设类项目、村集体类（产业类）项目。这些类型的项目和产业的结合方式有直接和间接之分，直接结合的例子如，部分地区的乡镇以工代赈项目的温棚建设，用于发展小番茄产业；间接结合的例子如，为了发展某种产业，对该产业涉及的排水系统、保温系统给予支撑。地方政府通过自身的财政收入再推出一些支持产业类的项目，如产业发展引导类项目，这是独立于中央财政资金之外的一种配套资金。招商引资类项目则是企业投资类的项目，政府也会配套相应的项目和政策，比如河北辛集市、新河镇。配套项目和政策属于竞争手段。基础建设类项目全靠政府投入，一旦缺乏后续财力跟进，则难以为继，会造成公共资源闲置。

## 五、政府机构与项目制

从项目执行的外部性（跨区域、跨行业）的角度来考虑项目实施中遇到的各类问题，需要中央、省一级来协调，这也是展示中国经济运行体制机制特征的一个必要环节。从中央政府到各级地方政府都深入地参与经济发展改革的方方面面。政府既是转型期推动制度变迁的主体，也是市场资源的重要支配者，还是社会文化变革的引领者，更是经济增长的直接促进者。[①] 在"竞争－分配"式双向配置分析逻辑下，各级政府的政治地位高低与拥有的经济资源的多寡成正比。先要了解权力和资源在政府体系中的分布规则，如在省一级有常设的专职党委来领导经济工作，省级发改委负责发展改革的日常工作，大多数地方部门都要同时接受"条条"和"块块"的双重领导。

发改委作为宏观经济综合部门、投资主管部门、重大事项重大政策协调部门，具有四大职能，分析趋势、谋划政策、推动项目、加强协调。发改委不仅负责国家级战略的制定，还负责地方战略的研究规划以及资源分配和项目审批。从国家发改委到地方发改委均有五年规划的起草任务。国

---

① 陈晓东：《从域观经济学范式认识中国奇迹》，《中国社会科学评价》2021 年第 4 期。

家发改委作为强大的国家级规划机构，还承担制定优先战略、政策及制度的使命，对于一些行业或者产业的发展具有重要的影响力。国家优先战略和这种战略产生的经济协调类型，如专项工作领导小组、工作专班，都是为了保障项目的顺利实施。在本书的案例中，各乡镇也建立了相应的小组或专班。从部门协调来看，强有力的政府领导，自上而下、有令必达的组织体系保障了项目政策实施的效率。发改委的政策支持是增强自主发展能力的重要手段，体制变革与机制创新则是重要的制度性保障。

图6-6中，省级发改委与国家发改委的关系中，仅列出了政策资金项目争取和国家发改委对各地增长要求压力传导两项，具体可以通过西部某省发改委固定资产投资处工作汇报中看出地方发改委与国家发改委的关系。在与同级省直机关的关系上主要是项目协调推进，如发改委将国民经济年度计划执行情况下发各省直机关，计划执行的任务涉及一系列项目的推进，并对计划执行情况保持密切跟踪。此外，在一些重大项目上，发改委与其他省直机关保持协调推进，如落实好"十四五"时期经济社会发展重点工作，进一步扩大投资。省级发改委与地方政府（市、县、区）的关系，主要体现为督促各地扩大有效投资，各地则储备项目、申报项目、争取项目。本书第三、第五部分的乡镇项目得到了省级发改委的关注和支持。

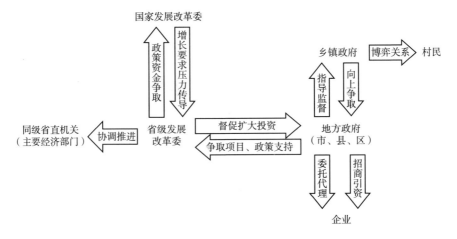

**图6-6 发改委与其他政府机构和省直机关的协调及项目制实施的全流程**

国家发改委对各地方政府有一定的经济增长要求。国家发改委国民经济综合司每月对各省的固定资产投资都进行跟踪关注，并分析各地区固定资产投资率不高的原因，在某些方面给予政策支持。这种对增长的要求被各地方省委、省政府进一步重视，作为经济社会发展的重要目标，最终变成了国家发改委对地方发改委的一种纵向压力传导机制，国家紧盯地方实施项目，地方协调项目实施中遇到的困难。多层级政府系统（区市县、省直机关之间）压力传导及协同治理为中国利用和发挥纵向传导机制提供了制度上的可能性和实践上的可行性。这种机制体现了中国作为发展型体制的特点，也是一种政治制度安排。具体来看，是职责同构制度格局下由上而下的职能对应（见图6－7）。而发改委这个机构以及在此平台基础上的机制，为项目制这种国家干预提供了制度基础。这是本书分析逻辑中"配置"这种自上而下的压力传导的体现，也是国家对地方项目的一种分配行为。只有对分配行为进行平衡，才能较好地促进各地区的经济增长。

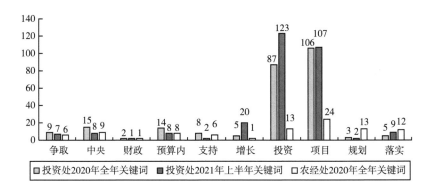

**图6－7　省发改委固定资产投资处、农经处工作汇报中关键词的出现频率**

2021年固定资产投资处工作汇报共5430字，2020年3980字，上述关键词出现的频次及出现总量可见一斑。其中，投资、项目出现的频率最多，值得注意的是，2020年和2021年的工作汇报中还出现了增长，即满足经济增长的要求。这些资金主要为中央预算内资金，分配到各省用于支持地方发展。

中国实施有目的的经济协调战略，项目制是实现这种战略的重要工具。发改委还要设定经济增长目标，在考虑到以往基数的基础上，有利于稳定和引导今后的预期，增强发展信心。在供给侧结构性改革与党的十八大之前，关于稳投资、稳增长，表现出一定的共同性。发改委作为经济协调和战略规划机构，其主要优势在于，紧密关注、推动并跟踪固定资产、基础设施投资，使得全国乃至各省的投资率维持在一定水平，对经济增长产生促进作用。工业和固定资产投资首先是一种政治目标，在这一点上，国家与工业的紧密度十分明显。在经济协调模式方面，发改委作为经济领域的总协调机构，协调各部委、各部门合作，满足工业调整的规模和步伐。

中国地方经济增长的机制是什么，为什么会取得增长奇迹？当前政府施加直接与间接的主导，在制度框架内决定了市场经济演化和经济增长的方向。主导或者接受主导，使中国市场具有带有被调控性、不平衡修复性、产能过剩清理性，以此完成增长要求等特征。当前的制度设计，有利于引导各方面把精力集中到国家重大战略上来，如深化供给侧结构性改革、推动高质量发展。发改委尽可能要避免经济增速大起大落，关键时候要进行逆周期调控。

总体来看，发改委作为牵头的地方经济部门的作用如下：第一，推动工作进度，加强工作量；第二，定期监测经济数据，报送项目进展；第三，政府在市场调节之外进行行政调控；第四，政府投资撬动社会投资，对于投资率和新上项目十分重视；第五，通过上下半年国民经济执行计划情况和五年规划这种方式调控地方经济。前述五条作用体现了增长型政府的角色，在促投资、稳增长方面的作用。项目往往与产业结合，"谋项目"与"抓产业"有机结合，构成经济增长引擎。

发改委以及地方政府对于项目投资、固定资产投资十分看重，争取中央预算内投资和发改委预算投资。在制度建设方面，有重大项目包抓机制、地方主抓机制，并建立了相应的协调机制，一个领导一个项目，一个班子一抓到底。此外，发改委作为政府组成部门，强化项目建设要素保障，提前谋划规划储备项目，完善政府投资管理机制，重点看统筹协调作用的发挥程度，以及重大项目的进展程度。

回顾近20年以来甚至更长一段历史时期，国家发改委发挥的作用体现了中国经济增长的制度逻辑。[①] 在中国的经济实践当中，中央政府要求增长和地方政府追求增长。后者更是以 GDP 增长论英雄体现出了普遍性。这种要求增长还有一定的层级性，从中央层面到地方政府层面，如省、市、县、乡层级传达经济增长的要求和压力。本书案例中各项目的落地，既完成固定资产投资率，体现了经济增长的要求，又体现了从上至下的规划性与自下而上的自主性。

本文从理论上比较了财政资源按照传统科层制与项目制配置对激励地方政府促进经济发展的作用（见图6－8）。本文的分析逻辑具有普遍性，同样能够在其他项目中得到检验，具体体现在三个方面。一是地方政府的能动性，对平衡各地财政资源分配起到的积极作用；二是各地方的竞争性，使得经济发达省份愈加能吸引招商引资，愈加形成经济增长的吸引力，使得中西部之间的差距越大；三是中央的统筹全局性，有助于分配财政资源，缩小各地区的差距。这说明项目制有利于中央自上而下激励地方政府致力于经济发展，为这一时期中国经济高速增长提供了制度解释。然而，项目制也存在明显的负面效应，不仅增加了地方政府财政支出缺口，还拉大了城乡及地区之间的差距。它所引致的带有附加条件的地方项目竞争，使得地方政府背上了一定的财政负担，并形成了"强者越强、弱者越弱"的区域经济发展格局。[②]

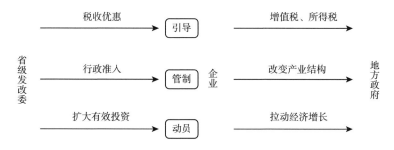

**图6－8　发改委与企业和地方政府的投资激励放大效应**

---

① 比如做好"六稳"工作、全面落实"六保"任务，"六稳"即稳就业、稳金融、稳外贸、稳外资、稳投资、稳预期。

② 郑世林、应珊珊：《项目制治理模式与中国地区经济发展》，《中国工业经济》2017 年第 2 期，第 24 － 42 页。

从本文可以看出，项目制的治理机制可以概括为：纵向约束压力机制，横向协调机制，集中治理与分散协调治理相结合。从纵向约束压力机制看，一是各级各部门协调联动机制，区市县三级对口包抓机制，如一个单位包抓一个县。集中政府部门注意力，紧盯重大项目进度，服务企业，优化营商环境。聚焦重点，扩大有效投资，如重点跟进投资完成率低于50%的项目。解决项目存在的难点、堵点，使固定资产投资回升。二是各省政府工作报告任务分工落实情况。从横向协调机制来看，按照"投产达标一批、开工建设一批、储备报批一批"的要求，与"十三五"规划和各类专项规划充分衔接、统筹考虑，加快推进项目前期工作，提前做好明年及今后年度项目储备。

在本书中，市场是自治与项目引导相结合的产物。在基层发展经济的一大驱动是项目驱动，这是中国经济一个显著的特点。无论是近几年脱贫攻坚还是乡村振兴，抑或部分省份产业转型升级，项目驱动不仅是县一级，更是乡镇和农村一级的主要发展动力。这表现在基层经济发展对上争取项目，这是自主投资加诱发投资，其中，自主投资由本地企业或外地企业完成，或者由招商引资完成。从2020年以前国家832个国家贫困县来看大体如此。国家承担了市场经济自发运行中做不好的事情：需求创造和基础设施打造。

有研究认为不应该过分地强调在东亚的经济发展里面到底是市场重要还是政府的产业政策重要，这是非常狭隘的看法。如果东亚发展成功有什么秘诀的话，这个秘诀就是决策者在用持续不断的政策改革和一个有弹性的体制来应对不同发展阶段所产生的不同要求。[1] 项目具有的地方性、灵活性、精准性正好可以应对不同地区不同发展阶段的需求。周雪光把这种关系称为"政治与市场的互动演化"，即市场转型包含政府与市场持续不

---

① Gustav Ranis. Another Look at the East Asian Miracle. The World Bank Economic Review. 1995. 509 – 534.

断的互动和适应。① 从本书的内容来看，乡镇产业发展有了项目的匹配和助力后，体现出乡镇政府以及更高一级的政府更倾向于利用行政力量，而不仅仅是依赖市场力量加速产业发展、配置产业化所需的资源。政府力量和市场力量共同作用和配合，决定了乡镇产业的发展绩效。

总之，项目制为西部地区市场经济发展奠定了基础，为中东部地区市场经济发展锦上添花，使中国特色社会主义经济基础更加雄厚、内涵更为丰富，这形成了显著的政治经济化和经济政治化特征。同时，以项目制为政策工具的国家治理方式为中国市场经济完善带来一定的挑战，完善项目制也推进了政治制度的完善，以此优化经济资源配置，优化政治资源的配置。

从本书的案例来看，中国乡镇一级政府虽然没有县级政府或省级政府权力大，但是无疑具有影响地方经济发展的能力，乡镇政府更加了解当地产业发展的情况和面临的问题，具有管理经济的地缘优势、信息优势、资源优势。地方政府这种参谋作用具体现在县乡两级政府，两级政府在项目谋划上的努力也体现在产业发展过程中的引导与规范。乡镇产业发展是以县级政府甚至省一级政府的权力赋予作为支撑和保障的。从这一点来说，中国乡镇产业发展的领导机构和组织保障与发展型国家理论预设的不同，后者大力推崇日本通产省和韩国经济企划院这种国家层次的领航机构，而中国的地方各层级政府也具有这种参谋部的职能。这也是本书从"竞争－分配"式双向配置这种政治经济角度去写作中国政治经济实践的原因。

① Zhou X. Economic Transformation and Income Inequality in Urban China: Evidence from Panel Data. American Journal of Sociology. 2000, 105（4）：1135－1174.

# 经营产业型治理及跨国经验比较

李小云

## 一、项目与产业结合的类型学

没有研究揭示乡镇企业投资突然扩张的资金到底是从哪里来的。裴小林通过对林毅夫比较优势战略的批判性分析，认为林毅夫的相关理论不够尊重历史，让历史服从他们的逻辑和先有结论的新古典主义争辩方法是不恰当的，即他们对真实的历史并不关心，而是要宣传他们偏好的因果观：只要国家让市场来配置资源，"比较优势战略"和经济增长就会出现。①这种研究中国经验问题的成果，其得出的因果观无法经得起重要历史节点事件的检验，而是先验地让历史事实服从于自己的理论观点。从裴小林和林毅夫两位学者的研究中可以发现，量化研究中国问题是有难度的，而且中国经验所包含的实践十分复杂，对于因果关系的辨认也是相当有难度的。对经济史的简化可能带来麻烦，或者造成因果观的错误，因而理论对现实的揭示有限有可能误导人们对于现实的认识。结合前文不同乡镇发展路径的类型，一来能概括中国乡镇产业发展这一领域经验研究的区域性、阶段性、复杂性、演化性，二来可以进行跨历史时期的分析，而不会因为坚持与个别理论对话而对现实材料做人为的取舍。在本文中，笔者进行了跨历史时期的内容记述，讲了产业从起步到繁荣的历程，回答了"谁来投、投什么、怎么投"的问题，并将产业与项目结合的方式进行类型学分

---

① 裴小林：《中国经济转轨的真实起源》，《中国乡村研究》2014 年第十一辑。

析，从政府运营项目的强度和项目市场化运营程度进行分析。

（一）类型学

从研究成果分布来看，类型学主要应用于乡村聚落空间、乡村类型划分、工业强镇发展路径演化的类型学等领域。总结以往的学术文献，可见研究进路主要有二：一是通过类型学分析，试图展示中国乡镇产业发展的复杂性、差异性与阶段性；二是将各乡镇产业发展与项目结合，分析各地方政府管理经济、发展产业的规律，总结当前一段时期的经济发展经验，探讨项目市场化运营究竟如何实施，才能避免项目实施后面临失败。

项目制本质上是政府对资源配置的干预。政府通过项目引导企业技术改造和向新兴领域转型，将专项资金真正落实到推动产业结构升级上，项目制能显著促进产业结构升级。[①] 从全国范围内的乡镇产业选择及发展的规律中，探索项目制对这些乡镇产业发展的影响，以及政府在发展历程中展现出来的管理经济的方法、战略。

从全书案例所呈现的经验来看，中国西部、中部等省份的乡镇基本形成了"乡有骨干产业、村有特色产业"的产业发展格局，并且在各乡镇发展历程中，伴有一定的规划设计，其中包括产业规划和村庄规划，这种规划又和差异化的产业落地方式相结合。各乡镇的产业发展又与项目制的实施紧密相关，项目的实施对产业发展及选择产生了重要影响。总体来看，各级政府通过项目、产业、规划等，体现了政府干预经济的意志和方向。

农业乡和工业镇对主导产业的探索历程、定位标准不一样，项目介入产业的方式和环节也不一样。农业乡的产业多变，尤其有些产业发展周期较短，可能经历产业变更，项目主要用于补齐农业发展的基础设施短板，能实现可持续发展的产业少。工业镇则不同，其主导产业一旦确定，发展周期相对较长，变更的难度较大，产业发展格局保持了一定的路径依赖，政府围绕主导产业只能进行规划、引导和转型升级。工业镇主导产业相比

---

[①] 郭南芸、夏江月：《项目制对中国产业结构升级的影响研究》，《对外经贸》2022 年第 4 期。

农业乡主导产业，产业之间转型或变换的难度较大，新任政府官员通常会延续原有产业，在一段时间内集中打造一项产业。

通过前文的内容可以发现，工业镇和农业乡，要么是先有产业，再有政府干预，如庞口镇；要么是先有政府项目，再有产业，如新庄集乡。将各个项目与产业结合叙事，对这些结合方式进行类型学分析，分别以政府运营项目的强度、项目市场化运营程度为纵轴和横轴，主要的考虑是：政府运营项目的强度在一定程度上代表着政府干预和介入项目程度的强弱，项目市场化运营程度代表着项目落地后以市场化方式运营的高低，由此自然而然引申出中国中西部地区市场经济发育是否健全的内容。根据对全书内容的归纳总结，共分为四种类型，分别为：基础建设类项目、村集体类/产业类项目、产业发展引导类项目、招商引资类项目，分别对应着直接型干预、筛选型干预、引领型干预、匹配型干预四种政府干预方式（见图6-9）。

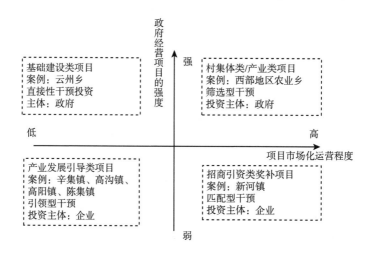

**图6-9 项目与产业结合方式的类型学分析**

在图6-9中，不同象限的项目的市场化运营环节不同，如以工代赈项目建设的温棚，一般是项目完成后招商引资或者发展租赁经济；有些基础建设类项目可以和产业结合，有些则不能，对于前者而言依然需要市场化运营来获得收益。产业发展引导类项目更多是对企业投资行为的肯定和鼓励，这种项目由具有丰富市场化运营经验的企业所负责。招商引资类奖补项目则主要是对企业产业转移的鼓励和支持，这种项目鼓励的是企业的投资行为，项目落地后也不需要政府关注市场化运营的问题。总之，图中右侧象限的项目更偏重市场化运营，左侧象限更偏重政府干预。图6-9的类型学分析还表明，完全依靠市场力量是不切实际的，原因在于西部地区经济基础和制度基础普遍发育不足，西部地区还要解决产业筛选和培育外的任务，市场力量与政府力量的结合，既是历史事实，也是必然的战略选择，凸显了"市场+政府规划"手段配置资源的积极效果（见表6-2）。

表6-2                              定性指标描述

| 依附性指标 | 含义 |
| --- | --- |
| 项目市场化运营程度 | 按照有偿使用的市场化原则，让企业自主经营项目，充分配置内外部资源，即自负盈亏的市场化运营模式。项目落地后是否按照企业化运营方式，是否将市场竞争机制贯穿到项目申请、运营过程 |
| 政府经营项目的强度 | 从项目谋划、储备、申请、招标、实施、招商上政府的介入程度 |

并不是每个乡镇的产业发展都十分成熟、市场主体数量多、产业链上下游完善。本书中不少农业乡产业格局基本形成，但是还不够成熟，产业竞争力还不强。项目的介入对产业发展所需的基础设施、产业业态、产业层次等产生了影响。本书案例所呈现的不同地区项目与产业的结合环节和结合方式，其实从另一个角度也表明了不同地区市场机制发育程度参差不齐。市场机制的形成是一个复杂的过程，在同一国家及其不同地区市场经济发展的不同阶段，市场机制的完善范围和力度有较大差别。[1] 市场在资源配置中发挥决定性作用，首要问题是培育和发展壮大市场主体。全书案例中涉及的市场主体主要有民营企业、合作社和其他各类组织。西部地区的市场主体数量相对少，也不够活跃。[2]

图6-9展示了中国不同乡镇项目与产业结合的区域性、阶段性、演化性特征，不同区域所需要的项目类型不同，处于不同发展阶段的乡镇的

---

① 崔宏轶、陈静、徐锦辉：《中国不同市场经济范式下政府与市场关系重塑——以粤港澳大湾区建设为例》，《深圳社会科学》2022年3月第2期。

② 根据《中华人民共和国市场主体登记管理条例》，农民专业合作社也是市场主体。

产业成熟度不同，不同乡镇在产业链的位置不同进而决定了其具有演化性。这些不同决定了地区产业发展路径存在转变的可能，体现出了发展动力或激励机制的动态特征：有强弱跨界、弱弱跨界之分。

市场经济本质是市场决定资源配置的经济。若把资源配置划分为微观和宏观两个层次，市场机制这种资源配置方式主要在微观层面发挥作用。而项目制则可以在宏观层次发挥作用。项目制是在市场经济配置资源的基础上，以行政权力的方式决定了资源分配的行业、产业等。

新自由主义经济学的"涓滴效应"理论主张在经济上放任自由，认为政府财政津贴可经过大企业再陆续流入小企业和消费者之手，整个社会都将因为财富的"涓滴效应"而受益。在此观点下政府的作用被批评束缚了市场。[①] 这与中国的实践形成了鲜明的对比。在市场机制发育程度较低的中西部地区，如何通过项目制并在其他政策的基础之上超越市场，是本文最终的落脚点。如何超越市场？针对当前西部地区市场激励不足、要素流动不畅（尤其是资本、技术）、资源配置效率不高等市场机制失灵问题，项目制则提供了解决资本难以流向西部地区（尤其资本流向基础设施领域）的机会，提供了解决社会不平等问题的方法（尤其是通过财政资金的联农带农机制增加收入）。

### （二）协调方式和干预类型

从全书的内容来看，基于项目制的治理方式出现了三种大的协调方式：政府协调、市场化协调、企业协调。

政府协调。这是政府实现自身能力和目标的途径。本书中各地方政府建立了跨部门协调机制、协调企业调整生产布局机制、政府部门间协调机制等。在全书的案例中，主要有以下八种协调方式：市场化融资协调（高沟镇）、市场选址协调（庞口镇）、外贸企业拓展市场协调（辛集镇）、主导产业选择的探索性协调（陈集镇）、府际项目分配协调、招商引资产业选择协调、政府领导包保企业要素协调（帮助企业破解融资、用工等要素

---

① 马丁·雅克：《新自由主义的死亡与西方政治危机》，《世界社会主义研究》2017 年第 1 期。

瓶颈）、企业用地整理协调。

政府协调强度。由弱到强，有以下几个阶段：引导（产业引导项目）—规制（产业准入目录）—退出（环保治理）。

市场化协调。依靠市场主体的力量、行业组织进行协调，实现某种特定的、预期的目标，如行业协会协调（高沟镇、庞口镇）。

企业协调。企业通过内部协调调控市场，实现生产上的合作，促进企业之间的相互帮助。大企业的组织能力比小型企业优秀得多，大企业的投资实力也比较强，能提供一定的俱乐部产品，有利于降低中小企业投资负担。如高阳镇大企业与小企业之间在污水处理上的协作，辛集镇部分小企业的产品由大企业代工。

在图6-9类型学不同象限的不同项目类型下，政府通过不同的干预方式实现项目与产业的匹配，本书将政府干预分为四种类型，其主要内涵如下。

直接性干预。以满足经济社会需求为项目实施的原则，坚持缺什么补什么，政府干预的方式比较直接，而且能直接实现政府的预期目标。实施这类项目主要以政府投资为主。

筛选型干预。项目的谋划、储备和实施以政府探索的产业为中心，选择产业和项目是一种筛选性过程。不过这种筛选是对部分产业进行主导，并给予项目上支持。

引领型干预。政府选择一种相对成熟的主导产业，尤其是选择那些经济社会效益好、发展历史久的产业，为了让这种类型的产业发展得更好，政府会通过项目的形式进行转型升级，这种选择具有引领型的行为特征。

匹配型干预。地方政府对于民间发展起来的主要产业采取默认的态度，政府不急于对生产环境进行改变，也没有对某一产业有所侧重或"偏爱"，而是为主要产业提供项目支持。

类型学有一个很重要的功能，就是既可以比较不同之处，还可以提炼共同之处。类型学还包含了时间与空间之间的转化。图6-9四个象限对应的乡镇产业起步阶段及发展历程所表现出的不同路径表现出了一个共同的特点，即产业发展中都有项目的介入。这四个象限对应的案例或多或少都有作为个案的差异和特征，这些差异可以部分解释为不同乡镇发展起步阶段不同，以及乡镇产业发展的先后顺序。

四个象限对应着不同地区产业与项目的结合方式。不同象限的结合方式是否存在转化或者运动趋势？中西部地区的经济发展模式是借鉴东部地区还是在中西部地区自身基础之上依靠国家的项目进行自发探索？这涉及类型学的一种演进趋势、路径转换。近年来，西部地区在既有产业发展基础上，不断加大招商引资。不过西部地区产业的规模还不大，层次还不高，培育本地产业和招商引资外省企业都是为了做大做强既有产业，而项目正是西部地区做大做强本地产业的重要着力点。中东部地区的工业镇产业相对成熟，产业体量大，产业链相对完善，项目的介入使得产业发展趋于规范、转型升级有了可能。中西部乡镇产业发展差距较大，发展路径不同，西部地区也借鉴中东部地区的招商引资思路，借鉴项目的分配领域，这就涉及不同路径之间的演化。

### （三）产业类型

林毅夫根据现有技术与国际技术前沿的差距把中国这样的发展中国家的产业分为五类：追赶型产业、领先型产业、转进型产业、换道超车型产业、战略性产业。[①] 受此启发，比较各乡镇产业的技术水平，对乡镇产业的类型划分为：基础型产业、初级加工型产业、追赶型产业。农业乡镇的大多数产业属于基础型产业，也发展起一定的农产品初级加工型产业。初级加工型产业主要分布在多数农业乡和工业镇，如农产品的包装、分拣、分割，以及工业品的初步加工。工业镇则以初级加工型产业和追赶型产业为主。追赶型产业在本书中主要为制造业，通过技术改造缩短与发达地区和发达国家的差距。据此，乡镇产业选择的驱动力或路径可以总结如下：一是充分利用国内外先进技术生产产品，满足国内市场或者国际市场需求。二是充分利用当地资源优势发展加工业。三是充分利用财政资金发展相应工业或农业。

---

① 林毅夫：《中国经济的前景》，中信出版集团 2022 年 1 月版，第 244 页。

本书涉及的农业乡和工业镇均有自己的主导产业，这些产业发展的历程长短不一、成熟程度也不尽相同，结合二者进行分类，主要有三种产业类型：探索期产业、成长期产业、成熟型产业。相较而言，工业镇的产业基本都是成熟型产业；农业乡的产业发展历史相对较短，而且可能经历了多次变化，要么处于探索期，要么逐步趋于稳定，主要以探索期产业和成长期产业为主。

在上述三种产业发展过程中，项目以不同方式、在不同环节介入产业。在方式上，项目与产业结合有两种方式：直接结合、间接结合；在环节上，有以下三种"项目＋产业"的不同结合方式。

探索性产业：确立项目的同时意味着确定了产业类型，如设施农业。项目前期介入（以工代赈项目）——引导、筛选。

成长期产业：项目中后期介入（产业融合项目）——匹配。

成熟型产业：项目发挥了引导产业转型、改变产业与环境关系的作用。中后期介入（引导类、规制类项目）——准入。

产业项目要经过市场淘洗，这个过程对地方政府来说是巨大考验。"项目＋产业"是如何体现市场化运营的？有些项目落地后，政府还需要招商引资，引导企业发展、盘活项目，如以工代赈项目建成的设施农业温棚，这类项目从谋划、申请、施工、建成后运营都有政府的参与。村集体项目有以基础设施建设落地的，还有直接投资产业的（如种植经济作物、发展养殖业），这类项目在项目招标环节体现市场化。有些项目则在特定环节有政府的参与，如兑现对企业的技术改造、科技创新项目，项目落地后运营则依靠企业。总之，不同类型的项目政府介入的环节和介入深度不一样。

政府运营项目的强度代表着政府对项目制的实际影响力或控制力，反映政府干预或介入程度。在图6－9的纵坐标中，政府运营项目目的之一是促进经济增长，其驱动力是有效投资，政府主导的固定资产投资、企业自发投资等形式。纵坐标反映市场主体活力，反映企业自主发展程度。横坐标"项目市场化运营程度"表示项目运营更多依靠市场主体自发完成还是依靠政府介入。如基础设施类项目的市场化运营主要体现在政府推动招标环节市场化；村集体产业类项目体现在政府推动招标、招商环节市场化；招商引资类项目则只需政府给企业分配项目，项目匹配给企业的特定投资行为（投资补贴）后由企业市场化运营。

在项目资金来源方面，针对无收益的公益性项目，如基础设施类项目，采取自有财政资金或一般债券包干实施的建设模式。针对有一定收益但收益不能覆盖投资成本的公益性项目，采取自有财政资金＋专项债券的建设模式，专项债券额度以项目收益的还本付息能力为限。地方政府必须做且有较明显经济效益的基础设施和公共服务项目，其资金主要来源于财政资金，尤其是中央预算内投资。还有一些纯市场化项目，主要围绕战略性新兴产业、传统产业改造升级类项目，结合当地实际，政府出台优惠政策，给予一定额度的投资补贴。上述几类项目，除非有明显的经济效益，否则社会资本不会轻易进入，尤其是西部地区。

项目运营成功表现在项目落地后与市场主体良好衔接、进行有效运营、项目产生效益等，即财政投入获得一定收益。联农带农机制主要体现在项目建设、施工中积极动员和优先吸纳脱贫人口、监测对象和返乡农民工，以及项目落地后经营主体带动农户发展订单生产，如闽宁协作资金（福建省援助宁夏的资金）形成的经营性项目资产，明确产权归属和收益分配方式，让集体成员获得集体资产收益。

在图 6-9 的项目与产业结合方式的类型学之外，在当前的市场经济大环境下，还存在两种经济类型，分别是企业自发型经济和政府主导型经济（见表 6-3），这是对图 6-9 的进一步讨论。

表6-3　　　　　企业自发型经济与政府主导型经济的比较

| 类别 | 企业自发型经济 | 政府主导型经济 |
|---|---|---|
| 要素 | （劳动力、土地）——价格（商品价格） | （劳动力、土地）——价格 |
| 体现 | 参与投资营利性项目 | 公共设施，如温棚、扶贫车间 |
| 目标 | 追求竞争力和盈利 | 追求公共性兼营利性 |
| 实施方式 | 企业自主实施 | 政府向企业招标实施项目 |
| 资金来源 | 企业投资，企业作为市场主体 | 政府投资，政府作为投资主体 |

政府主导的项目资源下放过程分为上游、中游、下游三个环节。在这个过程中，政府作为上游主体扮演着公共资源的供给分配者的角色，负责申报审批、资金划拨、项目招标、考核验收、项目效果评估等。中游主体包括了企业、村庄整体以及村干部等。项目工程企业作为工程建设单位，承担具体化的建设任务；村庄整体作为公共资源的承载体，其资源禀赋以及发展基础作为项目资源下放的充分条件；村庄政治精英（村干部）作为公共资源下放对接环节中的重要参与方与治理者，起到串联"政府－资源－村民"的作用。下游主体则为村民，作为项目资源需求主体，是公共资源的最终受惠者。[①]

就项目制的本质而言，它是平衡"中央财权的宏观控制力"和"地方财政的灵活运用力"的重要手段，是政府运作的一种特殊治理逻辑。[②]这种政府运作实现了多重目标：一是调节收入分配，尤其是以工代赈项目直接带来工资性收入；二是提供公共产品，如基础设施；三是稳定宏观经济增长；四是对产业结构进行引导、调整。

项目市场化运营是有挑战的。从"项目为王"到"运营为王"，重点要厘清规划设计与运营的关系。项目运营的关键在市场，而不是靠政府。而现实情况是围绕项目所包含政策与市场机会具有的本地属性，如西部地区发展设施农业与山东寿光发展设施农业面临的外部环境不一样，市场机会也不一样，政府的政策也不同。政府不宜沿袭过去从规划设计、项目施工到项目招商等"大包大揽"的做法，而是应该承担引导和规范职能，项目市场化运营要逐步从依靠单一行政力量向多元市场化力量转变。

## 二、产业选择的主要规律

本文试图回答这样一个问题：乡镇适合发展什么产业，乡镇产业发展

---

① 李开欢：《项目制资源下乡：利益主体、风险与规避》，《北京农业职业学院学报》2021 年第 1 期，第 51 页。

② 周雪光：《项目制：一个"控制权"理论视角》，《开放时代》2015 年第 2 期，第 82 - 102 页。

如何选择、如何定位，项目助力或匹配产业发展上用什么方式更好？在中国乡镇的实践中，政府不仅介入产业发展的过程，还帮助市场主体利用市场规律，适应市场、管理市场。值得一提的是，罗伯特·韦德属于另一种较新的流派——驾驭市场理论（governing market theory）。该理论认为"NIC"（东亚新兴工业化国家和地区）的成功主要是由于政府不仅外在地管理市场，而且政府官僚机器自己就置身于市场运作之中，作为市场中的一个枢纽、一个不可或缺的要素，参与、组织并最终驾驭市场的运行。① 驾驭市场理论认为政府多是领导市场，而不是跟随市场，而且对制度安排特别重视。② 综观全书的案例，我们发现，中国地方政府不仅运用市场规律、管理市场，还引导市场（尤其是引导市场主体）。如何引导？以项目调控产业结构、引导产业发展趋势，实现政府的预定目标，发挥了本节中提到的八种协调作用，这种引导既有经济政策发挥的作用，还有项目所起的作用。

从宏观环境来看，如何选择适合一个地区的产业呢？有研究从产业增长潜力、就业功能、带动效应、生产率上升率、技术密集度、可持续发展性以及国际比较等方面选择了新兴主导产业。③ 区域主导产业具有区域性、战略性、动态性。由于区域的差异性、主导产业的时效性，地区的自然条件、消费结构、发展机遇等也都不同程度地影响着地区产业结构的变化。当前区域内涵已经发生变化，在全球化和区域一体化背景下，区域发展更多依赖于区域的内生条件和学习调整能力。④ 区域主导产业选择主要集中在对第二产业的研究上，只有少数学者对农业、服务业的主导产业选择进行过研究，忽视了主导产业的生命周期和区域的发展阶段，也使区域的产

① 晓强：《驾驭市场——〈驾驭市场——经济理论和政府在东亚工业化进程里的角色〉评介》，《管理世界》1992 年第 4 期。

② ［澳］琳达·维斯、约翰·M. 霍布森：《国家与经济发展：一个比较及历史性的分析》，黄兆辉、廖志强 译，吉林出版集团有限责任公司 2009 年 5 月第 1 版，第 168 页。

③ 郭克莎：《工业化新时期新兴主导产业的选择》，《中国工业经济》2003 年第 2 期，第 5－14 页。

④ 秦耀辰、张丽君：《区域主导产业选择方法研究进展》，《地理科学进展》2009 年第 1 期，第 135－136 页。

业结构性矛盾凸显。[①] 需要区分工业的市场集中与空间集聚与农业的空间集聚，后者的空间集聚主要是指近年来中国农村经济发展中出现的一些"一乡一品""一村一品"等现象。

对农业乡镇来说，农村集体经济的发展壮大，关键之一在于产业选择，产业选择的关键在于找准适合村庄发展的特色产业。有学者认为，发展特色产业，是加强贫困地区自我造血能力、促进集体经济薄弱村发展的重要举措。[②] 为此，要结合当地的自然资源与人文资源，寻找具有发展潜力和效益的特色产业。有研究聚焦于组织建立、产业选择、资金来源与发展模式4个方面，为西部地区建立组织、选择产业和撬动资金提供借鉴与参考。农村集体经济在产业选择方面的依据主要有：因地制宜、调研市场的需求和导向、以优质第一产业为基础，重点考虑能够延长产业链结构。[③] 许兴亚等学者在上述产业选择依据上秉持相同观点，进一步指出，集体经济要适时调整自己的产业结构，必须坚持社会主义的共同富裕的方向不动摇。[④] 叶敬忠等提出"生产扶贫"，认为这是完成脱贫目标任务最重要的举措。生产扶贫的主要方式是发展以市场为导向的地方特色产业。[⑤] 项目为各村产业选择所需要的基础设施提供了专项资金安排：要么是根据所在县的发展传统选择产业（如养殖业）；要么是在东西部协作[⑥]中，根据当地的市场需求建立扶贫车间；要么是个别村子围绕传统产业进行产业链上下游的完善，如饲料配送、利用牛粪制作有机

---

① 秦耀辰、张丽君：《区域主导产业选择方法研究进展》，《地理科学进展》2009年第1期，第135－136页。

② 余葵、王刚、崔琳、谭蓉、罗超：《贫困地区发展壮大集体经济启示——基于贵州省剑河县4个村的调查》，《农村经营管理》2019年第12期。

③ 陈亚东、郭淑敏、刘现武：《西部地区集体经济发展路径研究——以宁夏回族自治区为例》，《中国农业资源与区划》2019年第2期。

④ 许兴亚、贾轶、牛志勇：《中国社会主义新农村建设的榜样——河南省竹林镇、刘庄村、南街村集体经济考察报告》，《马克思主义研究》2008年第7期。

⑤ 叶敬忠、贺聪志：《基于小农户生产的扶贫实践与理论探索——以"巢状市场小农扶贫试验"为例》，《中国社会科学》2019年第2期。

⑥ 中国东部和西部逐步形成了政府援助、企业合作、社会帮扶、人才支持等主要协作方式，涌现出了闽宁协作、沪滇合作、两广协作等各具特色的帮扶模式。

肥；要么是对当地的自然资源进行加工出售，如将山泉水变成饮用矿泉水。总体来说，农村集体经济在产业选择上是根据当地的自然资源禀赋确立产业。

没有永恒不变的比较优势。劳动力密集是双刃剑，劳动力成本低对劳动密集型产业有利，劳动力成本高对资本密集型产业是一种损害。经济发展要坚持"两阶段论"：劳动力密集（资本稀缺）型产业—资本密集型产业（资本替代劳动），不能轻易选择跳跃。工业上用机器替代劳动力能节省成本，农业不一定非要用资本替代，这与中国目前的基本国情有关。美国有 350 万农民，占总人口的 1% 左右，而农业增加值占 GDP 的比重为 1.2%。中国 2019 年农业增加值占 GDP 的 7.14%，而农村常住人口占总人口的 36%。从目标上看，脱贫攻坚解决绝对贫困问题，乡村振兴缓解相对贫困、缩小收入差距。为此，要避免乡村振兴的产业扶持政策只惠及龙头企业和能人大户、违背缓解相对贫困的乡村振兴目标。[1] 在考虑产业用工量的同时，还要兼顾产业的竞争力，项目制是提高产业竞争力、降低农民和市场主体投资负担的重要途径。

欧美发达国家的大农场模式看似完美，但也面临着"再小农化"的挑战。不论是发达国家，还是曾经作为殖民地的发展中国家，普遍存在这种现象。[2] 世界远远不是"农民的终结"[3]。农业产业工人并不是人们安身立命的普遍选择。农业产业升级要有正确的战略，要知道农业产业难以升级的痛点在哪里，合理进行制度变迁或组织机制设计，才能够让生产主体有动力去做升级的事情。项目能为农业发展提供新的动力、新的路径、新的模式，前者主要体现在资金投入，后两者主要体现在项目为现代农业发展提出了新思路、新要求。

对工业镇来讲，在产业发展过程中，一般通过市场对产业进行调节，市场在灵活性和长期合作的碰撞中寻求平衡，但是这种平衡也有边界，很

---

① 汪三贵：《从脱贫攻坚到乡村振兴》，国发院政策简报，2021 年 9 月第 13 期。
② 张培刚：《农业与工业化》，华中科技大学出版社 2009 年版。
③ ［法］H. 孟德拉斯：《农民的终结》，李培林 译，社会科学文献出版社 2005 年 1 月版。

容易受到外界因素干扰而失去平衡。从本书工业镇的产业发展进程来看，中国宏观经济运行的主要问题之一是产业结构的调整和升级问题。一般而言，产品结构、技术结构、劳动力结构可以通过市场进行一定程度的调整。[①] 各个企业可以自行完成上述三个方面的调整，这是企业生产经营自主权的体现。但是涉及整个行业结构和产业结构的调整和升级，现阶段的市场机制还不健全，不完善的市场机制的作用是有限的，而且调整过程是漫长的。显然这对各工业镇来说是不现实的，也是等不起的。项目则提供了解决上述困难的可能性。

中国的市场机制在资源配置方面日益发挥基础作用，但同时地方政府对经济干预的意识、机制、效应都还较强。本书总结出了四种干预方式和八种政府协调方式，地方政府还以项目制这一体现政府干预意志的政策工具作用于产业，并在项目制的基础上配套了一系列制度。地方政府对土地、资金等重要生产要素仍具有一定的主导权。从本书中各工业镇的情况来看，当地政府宏观调控的着眼点均从短期调控转向中长期调控，如产业结构的转型升级。各地政府的宏观经济政策在突出战略规划的同时，根据经济形势的变化，通过财政政策让项目作用于现有产业结构。

结合本书中农业乡和工业镇的产业发展实践来看，中国乡镇产业选择遵循"自我发展 + 动态优势"的规律（见图 6 - 10），原因在于"四个变"：市场在变、经验在变、资源禀赋在变、劳动力成本在变。[②] 上述"四个变"决定了发展产业不仅仅遵循比较优势中的第一阶段的原则，即便处于"两阶段论"中的第一阶段：资本稀缺、劳动力丰富，那么，为何选择这些产业，选择什么产业才能在发展上有起色？

"因地制宜 + 政策导向"是第一个产业选择原则。如基层政府结合当地的传统，鼓励发展旅游、特色种植、养殖等产业。与此相伴随的是，西

---

① 蒋选：《中国宏观经济运行与调控》，中国财政经济出版社 2006 年版，第 29 - 30 页。

② 类似论述见斯蒂芬·哈格德著，陈慧荣译：《走出边缘——新兴工业化经济体成长的政治》"二十世纪七十年代，不断变化的比较优势以及对贸易的依赖对东亚新兴工业化经济体提出了一个共同的挑战，并使它们都对出口工业升级政策产生了类似的兴趣。"

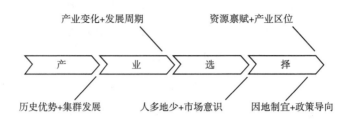

图 6 - 10　产业选择的五个规律

部地区有些乡镇分散、高低不平整的土地，以及农民自有资金的稀缺，发展集约化农业能力受限，土地的生产效率无法提高；农村种地收益不高，村民更愿意前往城市打工，所以农村集体经济在种植业方面的成效更加依赖产业项目（如到户项目和设施农业项目）。

"资源禀赋 + 产业区位"是特色产业选择的第二个原则。西部作为生态脆弱、环保要求高的地区，农村集体经济发展要考虑环保问题，环保约束将使可选择的产业种类变少。尽管基层政府鼓励发展旅游产业和手工业，但是多数村不具备发展这两种产业的条件。从资源的角度来看，土地的平整度、土地规模、土地流转费等因素决定了发展现代农业的可行性。除此之外，还要考虑电费以及水资源利用的可持续性。如生态限制开发区的土地资源紧缺，建立一个养牛基地十分困难，进而决定了村民只能以散养的方式发展养殖。集中养殖场所的优势在于可以集中管理、控制养殖成本，有利于改善养殖环境和卫生状况、降低环境污染程度。

"产业变化 + 发展周期"是特色产业选择的第三个原则。产业变化受政府换届、领导变动的影响，农业领域的主导产业转型或变换的难度较小。新任政府官员不一定延续原有产业，有可能"改弦更张"。在乡镇政府寻求新的农业产业时，为了促进村民增收，就需要变换产业。当前在发展产业上，一些地区的农村没有通过市场调研，盲目跟风或者轻率下结论，轻易选择产业。若将以市场为导向停留在口头上或文件上，则是空洞的。要弄清一村、一乡的产业定位，选择什么产业，发展什么项目，决策风险是什么，市场前景是什么，需要什么配套措施。这些问题随之而来的是系统性的工作，绝非单兵突进。

"人多地少＋市场意识"是工业镇选择产业的一大原则。非农产业人均收入高于农业，非农产业单位土地面积上收入高。工业镇的产业选择体现了人民群众敏锐的市场意识和对市场规律的把握，从解决工业镇人多地少、产出低的困境开始，到发展起非农产业获得比小农经济更高的报酬，产业发展规模逐渐扩大。工业镇形成的区域市场与中国宏观经济发展的需求实现了协同发展，宏观经济增长为各工业镇的产品创造了外部需求。工业镇的发展具有后发优势，东部地区的技术储备为中部地区工业镇的崛起提供了可能。在这个过程中，也体现了中国乡镇人民的学习能力、适应能力。

"历史优势＋集群发展"是特色产业选择的一大原则。在第四部分工业镇的案例中，工业镇通常具有交通优势、产业优势、成本优势、资源优势中的某个优势，如新河镇的交通优势、辛集镇的产业发展优势、高阳镇的成本优势，这对于工业镇产业选择来讲尤为重要。在本书所调研的工业镇案例中，大都拥有传统优势产业，这是项目介入产业后实现集群发展的基础和前提，这样才能积极引进关联项目（主要是企业投资项目）落户，推动产业链条式、集群式发展。通过政府配套、搭建平台，不断推进区域经济结构的调整，进而实现传统产业的转型升级，获得产业规模效益。

## 三、各国产业发展的经验比较

如何更好地阐述以项目制为政策工具的中国产业治理经验？在回答上述问题时，要思考如何看待项目制下中国经验的特殊性与一般性。有学者指出，要改变过于强调特殊性的思维特性，重新回归一般性：具备从特殊的中国经验中揭示一般性的问题意识。[①] 项目制作为中国市场经济下的政策工具、经济制度，其涉及的机构、相关配套政策以及政府通过项目制想

---

① 张静：《从特殊中发现一般——反思中国经验的阐述问题》，《学术月刊》2022 年第 3 期。

实现的政治意图，与其他发达国家政府管理经济的思路有何区别，各国如何处理政府与市场的关系？从经济史角度对比各国政府管理经济的思路，才能更好地以跨国视角认识项目制。

蔡昉认为，应摒弃纠结于政府做"多"与做"少"之间的"刘易斯悖论"，着眼于更好地界定政府应该"做什么"与"不做什么"，在明晰这个基本问题的情况下，进一步探索"怎么做"的次级问题。[①] 那么，项目制下政府应该如何做，就成为本节需要回答的问题。

1. 德国经验

德国正在政府、社会和市场之间寻找新的平衡点，从崇尚市场自由化转化为加强政府干预。德国市场经济道路的探索表明，在不同的发展阶段，政府对市场干预的目标、方式不同，成效也不同。以德国《国家工业战略2030》出台为代表的西方国家产业政策，反映了西方国家对政府和市场关系的反思。[②] 经济模式是发展的、适度的、可调试的。

德国不主张采取直接的行政手段干预经济，而是提倡采取符合市场规律的手段，例如通过制定信贷、财政、税收、货币和外贸等规则进行全面有效的调节，目的在于为企业创造良好的竞争环境。德国主张政府与市场力量的协同一致，而不是相互对抗：一方面，市场作为具有自我调整能力的行为主体，只需要政府提供可保障其实现完全竞争的经济秩序；另一方面，当市场失灵导致竞争秩序受到威胁时，政府还须对经济运行过程进行必要的干预。[③] 在产业政策领域，德国的特点在于相对有限的国家干预，经常是把产业组织的具体内容留给金融部门来考虑。德国的区域发展资助一直是通过以银行为中心的体系来分配的。[④] 这一点明显区别于其他国家以政府机构介入或干预产业。

---

① 蔡昉：《理解中国经济发展的过去、现在和将来——基于一个贯通的增长理论框架》，《经济研究》2013年第11期，第4－16页。

②③ 于雯杰：德国产业政策的路径变迁与启示——基于《国家工业战略2030》的分析，《财政科学》2021年第7期，第125－137页。

④ ［美］约翰·齐斯曼：《政府、市场与增长：金融体系与产业变迁的政治》，刘娟凤、刘骥 译，吉林出版集团有限责任公司2009年10月版。

从项目制基层实践来看，中国政府与市场的关系明显不同于德国。项目制的基层实践所表现出来的资源行政配置在经济运行中依然占据主导性地位，西部地区政府代替市场凭主观确定支柱产业和相应项目，用行政手段代替经济手段指挥资产配置。

2. 法国经验

不同于欧美普遍奉行的新自由主义，法国是西方国家中最具国家干预经济传统的国家，第二次世界大战后很长一段时期保留着统制经济特色。目前政府干预经济活动犹存，国有化程度依然很高。法国是第一个提出宏观经济五年计划的西方大国，11个发展计划贯穿二战后经济的繁荣与衰退。① 这一点与中国十分相似。第二次世界大战后法国通过对资本进行重新组织，拥有了相应的政策工具来对产业施加影响。② 与英、德两国形成对比的是，法国的国家能够并愿意对私人部门的经济事务进行强力的干预（见表6-4）。国家为私人产业部门制定了发展战略（见表6-5），并要求私人企业服从它设计的战略。③ 在《驾驭经济》④ 一书中，作者指出，政治经济形势不断变化，制度政策也在不断调整，法国干预经济的政策建立在行政定价、以信贷为基础的金融体系下。

公共投资一直是法国产业的支柱，法国计划总署曾经提供了全国资本投资总额的50%，其中公共投资占法国固定资本投资总额的几乎一半。⑤ 法国的政治制度则把主权集中在中央政府，中央政府是唯一能协调政治秩序及维护国家完整的力量，而过度的私有化和地方自治则是政治秩序的破坏力量。⑥ 上述内容表明，法国政府要求企业投资必须与计划的目标一致，对企业的投资有方向性的要求，中央政府对政治秩序的协调与政府干预也相伴而生。

---

① 让-弗朗索瓦·艾克：《战后法国经济简史》，杨成玉 译，中国社会科学出版社2020年12月版。

②③④⑤⑥ ［美］彼得·霍尔：《驾驭经济：英国与法国国家干预的政治学》，刘骥、刘娟凤、叶静 译，江苏人民出版社2008年8月版，第109、184、293 页。

表6－4 　　　　　　　　　　法国不同时期的产业管理机制

| 机构 | 主要任务 | 时间 |
|---|---|---|
| 经济与社会发展基金（FDES） | 第四共和国时期的产业政策的主要机构，直接从国家预算中获得资金。1974～1975年，该基金向汽车和钢铁业投入30亿法郎 | 1945～1958年 |
| 产业重组部长联合委员会 | 帮助处于失业危机的中小型企业 | 1974年 |
| 战略性产业发展部长联合指导委员会（CODIS） | 对创新性科技投资进行补贴，从FDES获得资金 | |
| 产业调整特别基金（FSAI） | 促进高失业率地区投资 | 1978年 |
| 法国创新署 | 投资于革新产品或技术的中小公司 | — |
| 产业发展协会（IDI） | 集中于夕阳产业 | 20世纪70年代 |
| 法国创新署（ANVAR） | 把投资投向那些投资于革新产品或技术的中小型公司 | — |

资料来源：［美］禹贞恩：《发展型国家》，曹海军 译，吉林出版集团2008年4月出版。

表6－5 　　　　　　　　　　法国国家干预的历史阶段及内容

| 历史阶段 | 干预环节或领域 | 干预方式 |
|---|---|---|
| 19世纪和20世纪初进行了工业化，第一阶段，国家特许和担保的中长期信贷机构 | 基础设施建设 | 工业化初期，没有国家干预 |
| 第二阶段，工业自筹资金 | 最后几十年是通过控制信贷配给来影响投资能力 | 19世纪中期铁路建设接替纺织业成为工业化龙头，国家干预比较温和 |
| 第二次世界大战后，采用正式的经济计划 | 计划是指导性的而非"命令式"的。最初的三个计划是为了引导基础工业投资。20世纪70年代，计划失去了它的大部分吸引力，到1981年社会党的选举胜利又使得计划复兴，使国家给予计划长期的资金支持，在国家财政支持下完成一些国家目标 | 非直接干预 |

资料来源：［美］禹贞恩：《发展型国家》，曹海军 译，吉林出版集团2008年4月出版。

从历史来看，1981年法国向企业提供财政支持以完成一些国家目标。在决定如何完成这些目标上，法国给予公司极大的管理自主性。[①] 法国首

---

① ［美］禹贞恩：《发展型国家》，曹海军 译，吉林出版集团2008年4月版。

要的产业政策工具在传统上还是采取补贴计划和信贷控制的形式，其干预来自对补贴与信贷配给的控制。① 法国的计划一直是指导式而不是命令式的，也从来没有威胁到法国政治经济中市场或私人资本的主导地位。② 中国的项目制和法国的干预主义有一定的类似，项目会对一些投资进行补贴支持，但不会通过金融、信贷配给影响产业。

中国当前的经济管理体制与法国在一定程度上有相似之处，即国家财政支持完成一些国家目标。项目制下，中国中央政府不仅提供了中央预算内资金，还配套了一系列制度，对要重点发展的产业给出了方向性建议，以自上而下的项目申请要求、制度约束规范地方政府的经济行为，使得项目制体现了政府的意志，对产业发展阶段、产业结构产生了重要影响。

3. 日本经验

发展型国家的理论是由查默斯·约翰逊在《通产省与日本奇迹》③ 一书中最早提出的。这里所采用的发展型国家的概念指的是国家的一般性政策定位，而不是一系列具体的行动倡议或官僚机构的行为。这种行动方面的定位在根本上不同于与英美经济体密切相关的新自由主义经济模式，后者是一种以建设小政府为理想、以市场为中心的模式。发展型国家存在于东亚的时空当中，而且是对东亚典范中的精华进行抽象概括，这一通则兼有一般性与特殊性。④ 从一般性来看，国家可以塑造市场激励结构，以此实现国家发展目标，政府改进市场力量的产出，不能是取代市场。这涉及政府与企业的关系。国家与企业之间的合作是日本经济制度的明显特征。⑤ 这种合作以产业合理化为政府目标。产业合理化意味着：（1）企业的合理化，即生产过程中采用新技术、投资于新设备和新设施等；（2）企业环境的合理化，包括产业区位；（3）整个行业的合理化，即一个行业里所有企业之间可以

①② ［美］禹贞恩：《发展型国家》，曹海军 译，吉林出版集团2008 年4 月版。

③ 查默斯·约翰逊：《通产省与日本奇迹——产业政策的成长（1925－1975）》，唐吉洪、金毅、许鸿艳 译，吉林出版集团2010 年6 月版。

④ ［美］禹贞恩：《发展型国家》，曹海军 译，吉林出版集团2008 年4 月版，第52 页。

⑤ 郑永年：《制内市场：中国国家主导型政治经济学》，浙江人民出版社2021 年1 月版。

公平竞争等；（4）产业结构的合理化，以达到国际竞争的水平。[①] 上述四项内容在本书中工业镇的产业发展中均有所体现。

约翰逊认为，日本的国家干预和保护政策比任何欧洲国家的程度都高得多。[②] 详细来说，日本具有多种顺应市场经济规律的政府干预方法，包括：建立政府金融机构、及时修正的税收优惠政策、为整个经济设定目标和指导方针而运用指导性计划、众多正式的论坛（总结政策，获取反馈）等。[③] 中国工业镇产业发展中，各地方政府的干预方式也比较多样化，不仅有上述政府干预方法，而且干预内涵有一定的超越。

在《发展型国家》一书中，对于韩国、日本的共同点概括为出口导向，并概括出了八个共同特征，此处仅列举其三个：（1）"强政府"；（2）国家和社会没有明显区分；（3）拒绝被神化的西方"市场"概念，而是选择积极的市场干预，并以市场增进的方式进行。[④] 这两个国家作为发展型政权，在制度结构、金融结构、政府战略上均不同。有效的动员能力成为国家干预能力强弱的重要标志。国家长远的发展规划和政策稳定性的保持也成为区分各个国家管理经济水平的体现。

在日本，建立一个强大的干预主义国家的理念所具有的合法性是英美经济体所不具备的，欧美国家占据主导地位的经济和政治思想传统与日本完全不同。当日本的发展型国家处在权力高峰时，政府官员能够利用各种"嵌入式自治"，埃文斯认为这对有效实施政策至关重要。市场领导、公共机构为企业创造竞争优势的情况，二战后在日本多个主要工业部门中展现。[⑤] 日本经验与中国经验有一定的相似之处，主要体现在政府对市场的干预、政府对企业的嵌入，在中国地方政府通过包抓、调研等方式与企业建立紧密联系，并通过项目这种政策工具影响企业的投资行为。

---

①②③ ［美］约翰逊著：《通产省与日本奇迹：产业政策的成长》，金毅、许鸿艳、唐吉洪 译，吉林出版集团有限责任公司 2010 年 6 月版。

④ ［美］禹贞恩：《发展型国家》，曹海军 译，吉林出版集团 2008 年 4 月版，第 185－186 页。

⑤ ［澳］琳达·维斯、约翰·M. 霍布森：《国家与经济发展：一个比较及历史性的分析》，黄兆辉、廖志强 译，吉林出版集团有限责任公司 2009 年 5 月第 1 版，第 172 页。

4. 韩国经验

韩国政府进行宏观经济管理的主要手段是制定和执行经济计划，利用完善的计划体系把握宏观经济的运行轨道，[1] 此外还运用财政和金融政策进行调控，大胆举债和引进外资，重视将工业化、城镇化、国际化结合起来，积极参与国际分工和产业竞争。虽然韩国强调政府主导，但从不否认市场作用。韩国 1961 年设立了经济企划院，是韩国负责制定和推行五年经济计划的政府机构。[2] 韩国一方面为成功的企业家提供了较多的奖励，另外一方面韩国政府还有能力规训企业，韩国与多数后工业化国家的不同之处在于其对私营企业的引导。[3] 地方政府对于重要产业给予特别投资和协助，保证被选择的行业中大量的企业能得到激励。韩国经验与中国经验有一定的相似之处，主要体现在对于政府主导、经济计划、财政政策、为企业提供奖励、重要产业给予投资和补助方面，也设立了类似国家发展和改革委员会这样的机构。

5. 英国经验

英国通过证券资本市场竞争性的价格机制来分配资源，这种体系极大地限制了英国干预产业调整过程的能力。[4] 产业结构升级的动力来自社会经济主体对平均利润的追逐，通过能不断产生有利于工业化因素的社会体系内部调整加以实现，宏观层面的干预与调节较少。[5] 徐彰、张超的研究将英国的早期工业化进程概括为"内生型"工业化。这一定位预示着英国经验与其他具有政府主导或干预传统的国家的经验有所不同。事实上，英国与法国在政府干预产业的能力上确实有一定区别。

---

① 宁向东：《韩国模式：政府主导下的市场经济》，《国际经济合作》1993 年第 9 期，第 43 - 46 页。

② 斯蒂芬·哈格德：《走出边缘：新兴工业化经济体成长的政治》，陈慧荣 译，吉林出版集团 2009 年 10 月版，第 67 页。

③ Amsden. Asia's Next Giant, p. 14.

④ ［美］彼得·霍尔：《驾驭经济：英国与法国国家干预的政治学》，刘骥、刘娟凤、叶静 译，江苏人民出版社 2008 年 8 月版。

⑤ 徐彰、张超：《产业革命、主导产业的形成与政策选择——基于英国、美国、日本工业化早期阶段的经验研究》，载于《财政研究》2006 年第 6 期，第 37 - 39 页。

大多数当代的国家理论都预期英国政府将会采取一定的措施来解决国家经济的问题，然而英国的国家并没有采取这样的战略来提升英国经济的利润率、生产率和增长率。[①] 国家干预名义上也在加强，但英国的政策还是倾向于加强私人部门的力量而非政府的力量。英国出现的国家干预的形式完全不同于法国。这种形式的国家干预的特征更多地表现为政府与产业中劳资双方谈判活动的增多，而不在于国家单方面干预行动的增强。[②] 这充分说明英国经验不同于韩国经验、法国经验。

"英国的产业政策先是将经济主权通过自由主义的方式安排给私人的公司，然后议会通过积极的保护防止市场和政治力量的入侵。"[③] 缺乏依靠国家直接强制实施的产业合理化的规划方案，转而选择为企业提供高额补贴的产业政策，赋予了企业抵制市场外力的能力，市场结构容易被限制在相对固定的刚性形态中。

自从经济史学家亚历山大·格申克龙洞察到其他国家的工业化不会严格遵循英国道路后，经济学家和社会学家就开始思考不同国家的工业化进程中为何选择如此迥异的公共政策与合作形式。格申克龙将英国与后来的工业化国家（德国、法国、俄罗斯）之间的差别解释为一种竞争的结果。后来的工业化国家不得不与英国竞争，用格申克龙的话说，即"追赶"英国；它们的政治领袖在筹划自己国家的工业革命时，也会选择让政府承担更积极的角色。对格申克龙而言，通过政府投资和政府指导来追求经济增长的决定是一个战略性的决定。英国有自由放任主义就行，但其他国家则需要更多的政府干涉，才能赶上英国。[④] 这表明，对于后发国家来说，追赶的过程必不可少地伴随着政府投资和政府指导。[⑤] 这一现象成为东亚模式和中国经验中的共同之处。

---

① ［美］彼得·霍尔：《驾驭经济：英国与法国国家干预的政治学》，刘骥、刘娟凤、叶静译，江苏人民出版社 2008 年 9 月版，第 67 页。

② Winkler J. Corporatism. European Journal of Sociology, 1976, 17（1）：100 – 136.

③ 李国武：政治文化如何塑造产业政策？——《打造产业政策：铁路时代的美国、英国和法国》评析，《社会发展研究》2019 年第 2 期，第 221 – 241 页。

④⑤ ［美］禹贞恩：《发展型国家》，曹海军 译，吉林出版集团 2008 年 4 月版。

### 6. 中国经验

中国政府工作报告及五年规划涉及产业方面的内容，是政府对产业发展作出的基本的政治承诺。中国各地产业发展引导项目是政治承诺的落地及实践，也可以视作鼓励国内的投资者参与工业结构调整的国家项目。这种政治承诺是导论中政府内生性的体现，也是政治经济化的体现。地方政府内在着一个经济逻辑和一个政治逻辑，两者都契合于产业发展壮大的目标，项目成了实现此目标的重要选择。

直接控制就是政府通过行政手段对经济社会生活实行的直接干预。直接控制可以分为对内经济管理和对外经济管理两大类。投资管制是政府对内经济管理的方法，指对经济主体的投资活动附加某些条件，以调节和控制投资领域的各项经济活动。通过投资管制可以有效控制投资规模，优化投资结构，促进投资布局合理化。从各地实践经验来看，地方政府储备项目时，对那些符合国家产业政策、县区经济社会发展规划、城市总体规划、土地利用总体规划，对县区经济转型升级、结构优化、质量提升有重要带动和辐射力的项目十分重视。社会投资类项目落地时，也要确保规划、土地、环保等前期手续基本完备。这表明，项目在某种程度上也有一定的投资管制特征。

财政收入分成、地方间的竞争及决策分权使地方政府的身份具有双重性：它既是全国政府科层体系中的一个层级，又是本地区经济剩余索取权的分享者，负责规划和推动地区生产力的最大发展，还是本地经济发展的主体，依靠项目经营产业，获得收益，如村集体产业项目发展租赁经济。因此，它是市场经济的内在参与者。[①] 通过国家顶层发展战略、中期发展规划与产业政策和短期宏观调控相结合，形成分层整合的国家发展管理体系，从而超越西方常规市场经济中的被动式宏观干预。[②] 这一点在项目制的基层实践上得到了充分体现，项目制超越了传统科层制带来的局限，对本地区生产力的提升、将项目融入发展规划具有分层结合的特点。

中国政府对经济建设和增长的倾斜程度、重视程度，在英美法等国与

---

①② 史正富：《超常增长：1979－2049 年的中国经济》，上海人民出版社 2013 年版。

发展型国家典范的参照下，将使比较研究更有意义。在中国，政府对产业发展过程高度关注，通过制定支持性措施，在指定的工业范围内有主动的政策支持。项目致力于对工业结构和农业结构转型的长期努力，把工业结构转向高科技或高附加值产品，产生了市场力量所无法达到的投资影响和生产利润，遏制了市场经济所固有的分化趋势。

与其他发达国家相比，中国政府管理经济具有"嵌入式调控"的特征。结合各工业镇转型时期政府的行动，政府对企业进行扶持，企业灵活自主；政府既介入企业，又引导企业。项目制为政府提供了引导产业结构调整、经济转型、产业优先考虑的可能：哪些产业需要优先发展，哪些需要转型升级。地方政府有自身的发展意愿，并制定了相应的政策，谋划了一些项目，以此确保政府实现自主性。

新古典经济学认为，市场提供一个协调机制，这个机制能够保证个人福利的最大化，从而也能为整体带来可能的最大利益，其中最主要的例外就是公共产品，这类产品的生产者无法拥有该产品产生的价值，因此市场不会主动提供这类产品。"用非直接而不是用间接的原因是，新古典经济学家常用间接这个用语去形容国家在与经济的关系中的节制。换言之，间接的行动是指国家为经济发展所创造的背景条件。"① 从这个角度来看，本文图 6-9 中的基础建设类项目就是政府为产业发展创造的基础和背景条件，具有间接性特征。而在本节提到的协调类型中，既有企业协调提供公共产品，还有政府协调提供公共产品。在本书中，中国工业镇所在的地方政府直接生产公共产品，高阳镇、辛集镇政府代替企业投资环保方面的基础设施，即地方政府承担着为产业转型创造良好条件的任务。项目制正是政府自主性的一个体现。加之项目制自身具有灵活性、导向性，每年都会调整项目实施的方向、领域，确保了政府调节产业结构上的自主性。此外，本节中列举了政府协调的八种类型，这八种政府协调方式也表明了地方政府在产业

---

① ［澳］琳达·维斯、约翰·M. 霍布森：《国家与经济发展：一个比较及历史性的分析》，黄兆辉、廖志强 译，吉林出版集团有限责任公司 2009 年 5 月第 1 版。

发展中的灵活性、战略性、服务性、协商性。

相比较于国内项目,国外项目目的性强,主要集中在企业、科研工作领域,[①] 用于监测和解决实际问题。[②] 例如,部分学者通过研究坦桑尼亚的强制村庄化、巴西的城市规划等项目失败的原因,发现这些项目之所以未能取得成功是因为项目设计者并未考虑到项目在实施过程中有发展变化的可能性,没有认真考虑项目实施环境的不确定性。[③] 中国的项目制内涵更加丰富,配套制度也更健全,尤其是围绕产业确立的项目,体现了地方政府的参谋性、战略性。

从表6-6中可以看出,中国项目制与其他国家政府管理经济政策相比,既有共同之处,还有一定的区别,表现在政府对项目制的全过程管理。项目制的重要性体现在项目资金分配环节,政府投入专项资金引导产业发展方向,还体现在政府可以运用项目的运作模式全过程参与产业项目的实施,政府主体成为"市场化"的存在。这个过程可以加深政府对本行政区划内产业发展现状和未来的理解,锻炼政府参与经济的能力,而不是仅仅作为政策措施的制定者徘徊于市场之外。

表6-6  中国项目制与其他国家政府转移支付政策的比较

| 国家 | 政策 | 主要内容 | 战略目标 |
|------|------|---------|---------|
| 中国 | 项目制 | 通过国家财政和地方财政的专项转移支付等项目手段 | 出台了《农村产业融合发展示范园建设中央预算内投资管理办法》《关于印发农业领域相关专项中央预算内投资管理办法的通知》等文件。延伸产业链,引导实现产业结构转型升级,夯实产业发展所需的基础设施。遏制市场体制所造成的分化效应 |

① Thilo Richter, Jan-Hendrik Witt, Johannes Will iGesk, Albert Albers. Identification of Requirements of Methods and Processes for Modeling Objectives in Predevelopment Projects. Procedia CIRP, 2019, 84 (c): 419 – 427.

② Koon Adam D, Conrad Abigail, Naimoli Joseph F, Saxena Sweta, Connor Catherine, Rodriguez Daniela C. Implementing health system strengthening projects at USAID: Findings from five cases using an integrated framework. Global Public Health, 2019, (12).

③ [美] 詹姆斯·C. 斯科特:《国家视角——那些试图改善人类状况的项目是如何失败的(修订版)》,王晓毅 译,社会科学文献出版社2011年版。

续表

| 国家 | 政策 | 主要内容 | 战略目标 |
|------|------|----------|----------|
| 日本 | 转移支付制度 | 财政体制以中央政府为主导地位，地方政府拥有一定的财政独立性，用于满足本地区的需求和发展 | 以财政转移支付纠正财政垂直和横向的不平衡。转移支付具有一定的均等化效应 |
| 法国 | 财政转移支付 | 分为一般性补助和专项补助 | 出台了一系列引导农业发展的措施，在较短的时间内全盘实现了农业的现代化。[1] 干预和补贴成为稳定经济、调节区域差距的重要手段 |
| 德国 | 横纵结合的转移支付制度 | 横向财政平衡、纵向财政平衡，遵循事权与财权相统一原则 | 地区间财力平衡和各级政府之间的财政平衡 |
| 加拿大 | 政府间转移支付 | 三大支柱：医疗专项基金（Canada Health Transfer，CHT）、教育社会保障专项基金（Canada Social Transfer，CST）和财政平衡基金（Equalization Pool，EP）[2] | 缩小纵向财政缺口，实现公共服务的均等化 |

来源：根据公开信息整理。

### 7. 中国模式与东亚模式

拉尼斯认为不应该过分强调在东亚的经济发展里面到底是市场重要还是政府的产业政策重要。如果东亚发展成功有什么秘诀的话，这个秘诀就是决策者在用持续不断的政策改革和一个有弹性的体制来应对不同发展阶段所产生的不同要求。[3] 东亚模式的关键问题不在于国家或市场是否应该存在，而在于它们各自应该在经济中扮演何种角色。东亚模式的核心是国家和私营部门之间的关系。相比之下，项目制就具有这种弹性的特征，项

---

① 陈文滨、刘映红：《战后法国政府对农业发展的积极干预政策及其启示》，《江西社会科学》2008 年 3 期，第 186 页。

② 夏艳华：《加拿大政府间转移支付制度及借鉴》，《中国财政》2012 年第 12 期，第 69 - 70 页。

③ Gustav Ranis. Another Look at the East Asian Miracle. The World Bank Economic Review, 1995：509 - 534.

目制又是中国治理模式的具体化。中国政治经济体制的独特之处在于国家对市场的主导，政府有意识地引导市场、驾驭市场，而不是被动地适应市场。此外，通过本书的研究发现，中国具有其他东亚经济体不具备的一些结构性条件，如地方企业家型发展型政府，政府作为经济主体参与市场经济，以及国家级和地方级的规划机构，如发展和改革委员会。这些机构既是项目分配机构，也是政策的制定机构，据此可以改变国家与市场、国家与私人部门之间的关系。

有研究指出，从发展型国家的角度来研究中国的政治经济实践有三种基本办法，分别是找相同点、找差异点、从案例中找寻发展型国家。[①] 对于第三者来说，需要更直接的证据。如对于产业政策的影响，研究东亚的学者认为应该考虑包括政府的实际作为，他们追求的各种目标，实现了多少创新，改变了多少工业历史纪录，怎样使用政策工具等，而且最重要的是，这些资源是如何被利用的。[②] 项目制为研究中国问题展示了丰富的可供比较的场域，如政商关系、产业政策、国家自主性等方面，这些方面的政治经济实践可以拿来与东亚发展型国家进行比较。本书通过项目制这一基层实践表明，中国各地政府有意愿和能力将经济增长设定为政府最为优先的目标与任务。除了共同点之外，我们也看到了中国经验与东亚模式尤其是发展型国家理论的不同之处，如以项目制为工具的经济发展方式，将国家干预发展到了新的阶段和新的内涵。

《驾驭市场》一书通过大量对中国台湾地区实际政策的分析，指出政府驾驭市场主要不是在产品市场层次上，而是在投资层次上展开的，即政府对市场的一系列干预（外资管理等）、组织（直接出面组织私人投资）、参与（直接经营企业等），主要不是控制产品的构成和流向，而是驾驭投资结构的改变，驾驭资本（包括外资）的组成和流向。该书的核心观点强

---

① 张振华：《后发展的政治基础：东亚发展型国家的理论追踪及中国启示研究》，项目批准号：17BZZ083，2021 年 5 月。

② Wade Robert. Governing the Market: Economic Theory and the Role of Government in East Asian Industrialization. Princeton, NJ: Princeton University Press, 1990.

调了政治制度与政府"驾驭市场"功能之间的特殊关系。① 项目制下驾驭市场是什么含义呢？一是对资金流向的管理，流向村集体或企业；二是政府组织企业投资，如技术改造、节能改造、污水处理；三是乡镇申请的集体经济项目。总之，地方政府驾驭投资结构、产业结构和产业链条。

在前文提到项目与产业的结合方式有三种，其中，中后期介入（引导类、规制类项目），这是政府带领产业发展的体现。而一旦产业发展步入预期轨道，在合适的时机政府又退居幕后。对于探索期产业、成长期产业、成熟型产业来说，由于三种类型中有些产业没有太多的技术壁垒，加之具有劳动力成本优势以及后发优势，容易模仿并进行大规模生产。而项目中后期介入则可能面临着重新选择主导产业的情况，尤其是选择未来具有竞争力、符合环保等要求的产业。产业的崛起不全是政府干预的结果，这就涉及市场力量与选择性的干预。在项目与产业结合的过程中，政府也是有选择地对部分产业进行主导（规划、引导）。面对众多产业，政府选择其中的主导产业进行干预，尤其对那些已经具备一定的市场规模的产业，更多是引入市场竞争的力量，从而减少对市场的扭曲，如各工业镇的招商引资。

中国的行政层级较东亚其他国家多，使得复杂度增高，产业政策的有效性受中央与地方政府之间的互动博弈影响。中国的产业政策模式可以说是"中央出政策，地方来执行"的一个"多层级模式"，② 与东亚的"两层级模式"（经建官僚机构③直接面对产业）有明显差异。部分产业具有多层级、多部门介入特征（如庞口镇、高沟镇），是一种行业性政策介入，且更多是地方项目和地方行业政策，乡镇呼应省级政策。中国开启了地方政府"为增长而竞争"的经济发展模式。"竞争－分配"式双向配置分析逻辑中的项目竞争也是地方政府竞争的一部分。有研究指出，中国强调中央政府对产业的协调和控制，这一点在中国的铁路产业发展中体现得非常

---

① 晓强：《驾驭市场——〈驾驭市场——经济理论和政府在东亚工业化进程里的角色〉评介》，《管理世界》1992 年第 4 期。

② 瞿宛文：《多层级模式：中国产业政策何以独特?》，《文化纵横》2018 年 4 月。

③ 经建官僚机构例如日本经济产业省、韩国早期的经济企划院。

明显。[1] 本书分析逻辑中包含的"府际协调"以及实践中出现的"府际项目分配协调"充分体现了这种行政层级之间的互动。这些层级的背后是中国各地方政府坚定地以经济发展为优先目的,并且一个有能力的经济发展行政体系相对于既存产业发展格局具有自主性。

以中国为代表的亚洲国家在驾驭市场方面更有效率。那么,中国如何发展出胜过英美政治经济体系的国家战略能力?对这个问题的准确回答是政治承诺及政治行为,如全力赶超和制度"能力"的结合,尤其是项目制。项目赋予了产业实现赶超、转型的能力。在项目制这种制度安排下,中国的产业政策可以分为产业结构政策、产业组织政策。在产业结构政策上,项目明确规定了鼓励、限制和淘汰的产业目录,确定重点发展产业,并且以财税、土地、信贷、进出口等配套政策直接干预资源在不同类别产业上的配置,尤其强调重点产业在资源配置上的优先权。这一点在工业镇的发展中有所体现,如高沟镇、新河镇、石门桥镇。在产业组织政策上,政府强调实现规模经济。在重点发展的产业中,通过一系列标准确定重点扶持的企业、村集体,并给予项目上的立项支持,鼓励其规模化发展。

项目制是理解中国现代市场经济的一个宏观的起点和必要途径。中国各地区非均衡发展的客观实际决定了央地关系的发展路径,决定了一省一市一县内项目分配的逻辑。只有明白这一前提,才能对地方政府政策偏好(如项目分布领域)、倾向分配的产业有一个合理的认知。

## 四、政府与市场关系的中国经验

新自由主义和其他一些理论观点夸大了世界经济和市场机制的重要性,亦低估了主权国家能否调动国内资源的不同自主性与能力。[2] 非经济机构——特别是政治机构——对现代市场经济的构造、维护和转变非常

---

① 李国武:政治文化如何塑造产业政策?——《打造产业政策:铁路时代的美国、英国和法国》评析,《社会发展研究》2019 年第 2 期,第 221–241 页。

② [澳]琳达·维斯、约翰·M. 霍布森:《国家与经济发展:一个比较历史性的分析》,黄兆辉、廖志强 译,吉林出版集团 2009 年 5 月第 1 版,第 151–152、155 页。

重要。① 霍布斯鲍姆认为，国家的贸易和商业政策——不论政策目的是保护当地市场还是维护外国市场——都不过是当权者对生产商压力的反应，并不由军事或财政战略主导。② 该观点体现出当时学术界对"政治的自主性"（autonomy of the political）的担心。从本书的案例中可以清晰地看出，不同历史时期发展面临的问题不一样，需要协调解决的发展困境不一样，这使得政府需要具备不同的能力去解决不同的问题，即经济变化所需要的能力与具体环境高度相关。

维斯认为，"我们认为与后发国家的假设不同，先发国家的不利因素并非源于发展的时间性或技术，而是缺乏中央信息协调机构来协调的调整过程。"③ 在该书中，作者还区分了经济协调类型，主要包括商业协调和市场协调。维斯等学者在分析英国最初的工业优势时指出，"最初工业优势其实来自对手的缺席，而非集体努力或某种协调机制的成果。那些工业先锋的最大弱点是缺乏市场协调的替代品。正是出于这个原因，我们认为其优势是短暂的。"④ 可见，他们已经意识到了缺乏市场协调的替代品的重要性。维斯等学者在《制度束缚与国家：英国》进一步提出以下论断：与工业经济有关的国家能力没有得到发展，国家与工业保持薄弱且疏离的关系，这个强国（指英国）不能驾驭其庞大的工业部门。⑤

中国经济发展的体制特征，超越了动员、协同，而且在此基础上，还能把握发展的主动性和方向性。这一点在项目制下得到了突出的体现，在本书几个工业镇的转型中，政府的作用突出体现了这种主动性和方向性，体现了政府在产业发展中的战略性角色。中国过去 30 多年的成功，背后有一个很深刻的原因，就是国家承担了市场自发运行中做不好的那些事。其中最重要的就是需求的创造、基础设施的打造。⑥ 政府还通过引导企业的投资行为，给企业的某些投资给予一定的补贴。项目制在中国是一种普

---

① Polanyi karl. The Great Transformation. New York：Octagon，1975.

② Hobsbawm，Eric J. Ino dustry and Empire. New York：Pantheon Books，1968.

③④⑤ ［澳］琳达·维斯、约翰·M. 霍布森：《国家与经济发展：一个比较及历史性的分析》，黄兆辉、廖志强 译，吉林出版集团 2009 年 5 月第 1 版，第 151－152、155、240－243 页。

⑥ 史正富：《超常增长：1979－2049 年的中国经济》，上海人民出版社 2012 年版，第 55 页。

遍性的制度，表明了政府介入经济的方式，政府试图在市场经济大环境下，实现经济系统的自主发展与政府干预的平衡。项目制下的企业，将现有技术、产能转化落实，实现当地产业的跨越。而企业的这种自主发展中也包含着政府引导的影子。政府将企业的发展也纳入了自身的发展战略，对那些符合自身发展战略的企业给予补贴和支持。

总之，项目制是政府投资行为的体现。从这个角度来看，地方政府的作用可以从两个方面来理解。一方面，地方政府将所取得的租金用于补贴那些具有效率和创新能力的企业，这些租金事实上构成了相关企业的一部分超额利润，进一步刺激了企业的创新和生产性投资。另一方面，地方政府的上述战略，同时也构成了一种特殊意义的投资行为，政府借此间接地参与了企业的价值创造，所带来的增加值最终通过财税增长、股权增值、土地升值的形式——即作为租——部分地回到政府手中，并可进一步用于上述意义的补贴或投资，从而成为一种良性循环。地方政府的投资激励性财政支出是为了未来的预期收益。①

在亚当·斯密的笔下，经济当中的行为主体只有企业，所以叫一维市场经济。后来，凯恩斯认识到中央政府也必须成为行为主体，承担投资即创造有效需求的责任，市场经济由此成为两维的。在中国经济中，又多了一个角色——地方政府，因而是三维市场经济。② 而在项目制下，政府既具有发展型政府的特征，也具有管制型政府的特征，还有服务型政府的特征。政府既能通过项目制实现精准投资，投向特定地区、特定产业、特定行业，还能实现追赶式投资，坚持"缺什么投什么"。这回答了中国地方政府经济行为逻辑、动机和模式的原因。

本书的核心议题是，在项目制背景下，县一级相应政府机构和政治制度在经济表现上的角色。当代中国县域市场经济发生了什么变化？在什么情况下和为什么要帮助农业和工业发展？在此问题下讨论政府促进工业变革、农业产业转型的自主性、战略和能力。

---

①② 史正富：《超常增长：1979–2049 年的中国经济》，上海人民出版社 2012 年版，第 55 页。

项目制首先是一种政治考虑，由政府主导的经济过程，即政治经济化。在乡镇产业发展到转型之际，政府介入也是一个政治过程，这是对市场主导模式出现问题的回应。正如庞口镇农机配件市场发展演化中出现的市场秩序、市场空间、品牌建设等方面的问题，就需要政府引导市场走出协调困境：土地资源紧缺与发展空间受限、市场竞争强与品牌培育保护弱，破解发展阻力和困境，体现了地方政府的战略和意图。其他工业镇也或多或少存在各种需要政府协调的问题。

项目制的基层实践是一个区域性的故事，也是中国新兴工业经济从起步到发展壮大的历史尝试。地方政府通过产业政策和项目对资源进行配置。围绕项目分配形成了一系列制度安排（制定了相关制度、成立了相应的工作小组，制定了相关财政、税收等补贴政策）。一个必须要承认的事实是，这些工业镇和农业镇的增长与政府的关系尤为密切。

市场的逻辑归根结底是倾向于积累而不是校正，它的动力来自存在的或正在形成的禀赋所决定的比较优势或劣势。[1] 在项目制这一政策工具下，改变了市场的逻辑倾向于积累而不是校正这一任务，政府以项目的形式介入产业，既是对市场逻辑的校正，也是对市场上现有产业的"增强"。为此，能否赶上经济变革的步伐和程度，不能仅仅依靠市场的逻辑。

中国地方政府用项目介入实体经济尤其是工农业的发展，出现了一系列制度安排，如项目谋划机制、项目评审机制、项目调度机制、项目实施机制、项目验收机制，还有组织架构，如工作专班（固定资产投资专班、工业增长专班、招商专班、产业发展领导小组）。[2] 这体现了中国地方政府驾驭经济、驾驭工业发展的能力。如果把中国县一级政权视为一个政治经济体，那么，在项目制的助力下，中国各地没有只依赖市场去实现结构化变革，还通过政府强大的协调机制改变产业发展结构、发展格局。这区别于英美等国的协调机制：英国的经济协调以市场或商业机构主导为主，

---

① Anderson Perry. The Figures of Descent. New Left Review. 1987，61：20–77.

② 2015年8月7日发布《高阳县人民政府办公室关于成立高阳县加快智能制造产业发展领导小组的通知》。

美国以企业式协调为主。

财政是项目制的动力来源，项目制是中央财政的一种分配行为，也是一种政府自上而下主导的市场化。项目制在各地落实的过程中又体现出了市场经济之区域化特征，即全面市场化下的基层、区域市场化。简而言之，是自下而上的市场力量与自上而下的行政力量相结合。东部地区市场主体多，西部地区市场主体相对较少，自下而上的市场力量较弱。从历史维度思考中国 20 世纪末到 21 世纪初乡镇一级市场化，可以看出，政府主导的农业项目不仅仅是为了产品进入乡村集市，而是用项目对产业提质增效，让产品进入大中城市。

中国乡镇经济发展的路径是什么？县一级制定的五年规划和政府工作报告可以体现县一级如何谋划经济、如何规划产业，县一级政府往往扮演着经济发展参谋的角色，涉及如何发展经济、如何分配资源的问题。工业镇的发展涉及产业市场的变迁，这是一种社会经济行为，是一种产业信息在市场上的扩散，市场主体发现什么可以赚钱就从事什么行业。发展到一定阶段后，相关项目嫁接到产业。在农业乡，先是选中产业，然后上项目，之后进入运营阶段，这个过程体现了政府主导的市场化。从农业乡和工业镇的发展来看，产业与项目的结合体现了政治逻辑和经济逻辑，政治逻辑是政府对产业发展现状、发展前景的一种考量，是一种关于未来发展的规划；经济逻辑是政府对产业发展的助力和提升而给予投资或补助。

经济快速发展也带来了"成长的烦恼"，市场经济体制在促进经济发展的同时，也带来了市场经济中普遍存在的"发展中的问题"。[1]"越位"是"强政府"普遍存在的问题，对"理性设计"的青睐，使得政府在发挥作用时往往会陷入计划经济的思维，"市场在资源配置中起决定作用"变成空话。"缺位"主要表现在除了未履行好政府基本职责外，就是受新

① 郭冠清：《新中国 70 年政府与市场关系演进的政治经济学分析》，《扬州大学学报（人文社会科学版）》2020 年 5 月第 3 期，第 72 页。

自由主义思潮影响，对政府在经济建设中的作用表示深度怀疑，认为欧美的"小政府、大市场"才是最优的选择。[①]

在实际运作中，"项目制"是否真的像官方设想以及现有学术阐释的那样，是现代化的、市场化的、合理化的，甚至还展示了政府从"管制型"到"服务型"的"转型"？还是在实际运作之中，其实另有一套与其表达背离的实践，一套鲜有学者分析的逻辑？[②] 无论项目制还是其他政府干预经济的方式，都是中国国家治理的方式，也是地方政府作为竞争性政府的体现。中国特有的一种竞争性地方政府体系及其与竞争性企业体系的并存、互动、交融，不但深刻地改变了市场经济的运行机制，也为国家级长期发展管理提供了中间层次的组织依托。[③] 作为发展中的大国，中国政府要在一定程度上参与、引导经济发展中的投资和建设。竞争性地方政府作为经济主体参与市场经济，创造并经营着规模庞大的生产性公有资产，成为推动中国经济超常增长的内在机制。[④] 而项目成了各级地方政府竞争的资源，更是地方政府形成公有资产的途径。

中国的经济政策制定不以任何西方经济学流派为准。政策的理论依据首先来源于中央政府的宏观调控和政策引导，其次是各省结合当地的特色产业进行支持规划引导。项目制增加了中央政府和省一级政府对实施过程的可预见性和可控制性。

## 五、经营产业型治理

有研究提出"政府建构型市场经济"这一概念，其核心观点是，地方政府竞争[⑤]与市场竞争的互嵌，即二者相互结合、相互作用，促使地方政府发展经济的积极性被最大限度地调动起来，成为中国经济高速增长和制

① 郭冠清：《新中国70年政府与市场关系演进的政治经济学分析》，《扬州大学学报（人文社会科学版）》2020年5月第3期，第72页。
② 黄宗智等：《"项目制"的运作机制和效果是"合理化"吗？》，《开放时代》2014年第5期。
③④ 史正富：《超常增长：1979–2049年的中国经济》，上海人民出版社2013年版。
⑤ 主要指纵向的"行政发包制"和横向的"政治锦标赛"两个机制。

度转型平稳推进的关键性制度基础。[①] 该研究的创新之处在于从政治机制与经济机制相结合的层面讨论中国市场经济的特征与类型。

市场经济是实现中国经济高速增长重要的体制引擎，但市场逻辑也会催生新的矛盾。在市场竞争和契约制中建构的市场秩序对产业发展具有一定的激励效应，却无法摆脱理性主义的困境，即市场主体之间的协调或协作困境。市场主体的理性选择可能会演变为合作治理的阻力，与集体公共利益相悖。在本书第六部分罗列的政府协调的八种具体协调机制，就是对市场经济运行中出现的困境的回应。

产业的发展除了与经济环境相关以外，还与政治环境密不可分。工业镇产业转型升级，仅仅依靠本镇一级的政治力量还不够。从地方政府层面来看，在辛集镇皮革产业发展过程中的每个关键时期，当地政府都起到了重要的支持引导作用。产业的可持续发展，需要政府介入和干预，不能仅仅依靠市场规律自发解决发展中遇到的问题。产业的健康发展，往往需要协调多方因素。皮革产业、农机配件产业迅猛发展的背后，仍然面临环保设施供给不足、市场空间布局不合理、产业结构不合理、低端产能过剩等问题。正如有研究指出，项目制的强化激励措施为市场机制的有效运作提供了直接的驱动力。项目制以效率或效益、竞争、绩效管理等为核心价值，项目建设的统一性有利于体现并强化政府宏观调控的能力。[②] 在中国经济的垂直结构中，自上而下的政策要求、宏观调控通过项目得以实现。这种自上而下不仅仅体现于中央对各省（直辖市、自治区）一级政府的要求，还在于各省（直辖市、自治区）对县（区）一级政府的要求。近年来，各县区政府根据当地资源禀赋和实际情况，规划了产业发展的主要方向，明确了项目申请的领域，如加工流通项目、产业服务支撑项目、产业配套设施项目。这些项目旨在弥补地方的短板弱项。这表明，中国经济的

---

① 严静峰：《政府建构型市场经济的中国逻辑——改革开放四十周年的反思》，《浙江社会科学》2018 年第 12 期。

② 张浩正：《项目制："类市场化治理"模式实施的重要工具——以 H 大学"211 工程"建设为分析案例》，《高教探索》2020 年第 1 期。

垂直结构既是西部地区产业发展投资的主要来源，也是结构调整的动力之源。经济制度和政治制度相互嵌入，彼此相互影响。

在中国经济垂直结构下，如何超越市场，从哪几个方面进行了超越？除了导论中提到的项目制改变了资本流向之外，还体现在改变了产业结构、产业发展方向以及政府与企业的关系。从农业乡的实践经验来看，这种超越体现在以项目引导农业产业，表现出一定的探索性；从工业镇的实践经验来看，这种超越体现在以项目匹配工业产业，表现出一定的稳定性。超越市场并不是本书研究的完成时，而是进行时。

中国经济垂直结构下的项目实施对应着资金支付进度要求、项目运营要求。此外，还存在重复建设同类项目、盲目建设项目等问题，原因在于各地方政府争取项目、追求辖区经济增长的竞争压力加剧了产业对资源的错配，地方政府依赖固定资产投资，更加偏重短期经济增长，从而忽略了资源配置效率和市场环境的建设。横向结构中存在产业跨区域转移现象，尤其是西部地区要素供给短板明显，更需要产业的横向转移。西部地区产业链配套程度不强，造成所承接产业的平均成本上升，抵消廉价要素（如土地、劳动力）优势，一些优惠政策兑现困难，难以形成产业竞争力，吸引产业转移的障碍较大。西部地区既面临培育本地产业发展能力的问题，还面临招商引资落地的困难。西部地区具有实力的市场主体少，市场拓展能力弱，一些政府谋划的项目既面临招商困难，还面临拓展市场困难，尤其在农业领域，即市场潜力挖掘与产业发展能力培育的矛盾。因此，西部地区十分看重垂直结构争取来的项目资金，经济发展的重心也在争取项目上。进而政府以管项目思维管理其他经济领域，长此以往形成了一定的思维惯性，具体体现在政府介入经济环节多、介入程度深，以政府主动推进代替市场主体自我探索，尤其西部地区发展的内生动力不足，政府谋划的项目往往因为运营不善而陷入困境，政府干预的分寸不好把握。

全书在分析和研究各工业镇、农业乡产业发展的历程中，考察了相关制度（协调机制）的经济起源，还考察了其政治起源，即政府面对产业发展困境、产业发展路径时出台的相应政策、文件等，从而实现了制度对市场缺陷的修正。

正如有学者分析指出，不同地区经济总量之下还存在着各类经济指标，其中，产业指标十分关键，这给地方政府对实现经济指标留下了较大的操作空间。[①] 对于各工业镇经济总量增加的现象，发展型国家理论或者单一指标的政治锦标赛模型都无法提供较好的解释，尤其是面对各镇经济形态不一、产业形态多样化或多元化发展的现象，难以从横向提供充分的解释。

在解释基层政府对地方产业及其他经济事务的运作逻辑上，冯猛的研究提出了新颖的见解，他提出用多元竞争模式代替单一竞争模式。多元竞争模式与单一竞争模式有一定的相同点，即在多元竞争模式中继续假定中上级政府设定的锦标赛锦标仍然是更高的官职岗位；与单一竞争模式不同的是，多元竞争模式的理论观点假定下级政府之间竞争指标不再是单一的指标，而是具有多样化特征的政府产品。冯猛把政府打造的地方产业界定为政府产品；基层政府通过打造属于本地的主导产业，并通过比拼产业绩效以求在同级政府竞争中胜出。不过冯猛的研究对象是农业领域存在的农产品行业及更换，这与工业领域的产业发展还有很大的区别。

本文将项目制下的乡镇产业发展涉及的县乡关系命名为"协同型县乡关系"，这意味着在经营主导产业的过程中，县乡之间的协调和合作，这是一种针对具体经济事务（主导产业发展）而确立的关系。在经营主导产业上，县乡两级政府容易结成利益共同体。正如贺雪峰指出的，离开了乡村积极主动的行政呼应，县级行政很难做出像样的"政绩"。[②]

本文要对农业乡和工业镇主导产业发展的政治经济的动力机制（如项目匹配）进行展现并做深入分析，更多地展现依靠县乡两级政府管理、干预下的经济发展，依靠县乡两级决策机关而不是中央决策机关下的工业发展，探索工业发展的规律及因果关系，这一点不同于发展型国家理论所展示的动

---

① 冯猛：《基层政府与地方产业选择——基于四东县的调查》，《社会学研究》2014 年第 2 期，第 166 页。

② 贺雪峰：《当前县乡村体制存在的主要问题》，《经济社会体制比较》2003 年第 6 期，第 87 页。

力机制，发展型国家理论是由中央决策机关和产业政策支持工业发展。

《政府统合的多元竞争：安徽省高沟镇产业发展奇迹研究》一文中提出"经营产业型治理"①，其内涵是在"经营产业型治理"模式下的政府，其主要作用体现在筛选产业、培育产业、营造产业发展环境、提供公共产品等，这些作用体现了政府在发展地方经济中的规划性角色、引领性角色。从工业千强镇发展中看到政府驾驭市场，政府与市场的关系也超出了政府仅在市场失灵领域发挥作用的内涵。地方政府间接主导产业的经营过程，将政府的意志渗入生产经营活动。用行政资源为区域内主导产业提供各种支持，明确了政府角色，回答了国家对地方减少干预时地方政府如何发展经济。在乡镇政府打造产业上，基层政府并不直接经营某个公司，财政包干制的废除，改变了县乡政府之间的关系以及县一级政府发展经济的制度动力。这与地方政府公司主义下的政府行为模式已经有所不同，通过对政府组织体系、资源配置体系等要素的配置与调整来实现对产业的经营（见表6-7）。这种政治力量将乡镇政府的发展意愿转变成发展绩效，这是深入分析中国基层政府内部结构及经济发展的政治动力的必经之路。

表6-7　　　　　　　　　　　　经营产业型治理内涵

| 县乡关系 | 协同型县乡关系，在经营主导产业的过程中，县乡之间确立协调合作关系，依靠县乡两级政府进行一体化管理。项目成为经营主导产业的重要抓手 |
|---|---|
| 政企关系 | 地方政府通过深入企业调研或包干的形式嵌入企业，而不再是直接经营企业；在地方政府和企业等民间主体的互动作用下，形成不同的政府干预方式 |
| 项目实施中的协调 | 党和政府成为经济发展的统筹者和协调者，协调是适应发展形势的需要，也是落实规划的体现。如市场选址协调（庞口镇）、外贸企业拓展市场专题协调（辛集镇）、主导产业选择的探索性协调（陈集镇）、府际项目分配协调、招商引资产业选择协调 |
| 产业选择规律 | "历史优势＋集群发展""人多地少＋市场意识""产业变化＋发展周期""资源禀赋＋产业区位""因地制宜＋政策导向" |
| 产业与项目关系 | 需求谋划项目——项目匹配/塑造/引领产业——产业吸纳项目 |

---

① 李小云：《政府统合的多元竞争：安徽省高沟镇产业发展奇迹研究》，《政治经济学季刊》2019年第2卷第3期。

续表

| | |
|---|---|
| **政策模式** | 政策模式一：市场扩展与长远眼光；政策模式二：选择性、目的化——创造竞争优势；政策模式三：支持与管制——调整产业结构、规范产业发展环境 |
| **政府与市场关系** | 中国政府一直强化调控市场经济和产业发展的能力，以管理者身份制定经济政策，以主导者身份引导产业发展方向，以主体身份参与市场竞争，将主导产业做大做强。政府与市场呈双向互动关系 |
| **与东亚模式、西方发达国家模式的区别** | 主要体现在政府与市场关系、政府与企业关系、府际关系三个方面。中国是"多层级模式"，与东亚的"两层级模式"（经建官僚机构直接面对产业）有明显差异。中国的五年规划和年度计划是一种政治承诺及政治行为，如全力赶超和制度"能力"相结合，将项目融入发展规划，具有分层结合的特点。项目则赋予产业实现赶超、转型的能力 |

有研究把政府和市场的关系总结为四种：相互替代、相互补充、完全排斥和共同失灵。[①] 还有学者指出，中国与西方国家有一个很不一样的地方，就是中国政府不但管理、调控、引导经济活动，也较多地直接参与经济活动，包括以设立国企、投融资平台、产业基金等方式参与经济活动。[②] 有学者指出中国经济存在的"战略转型"，即从经营企业转向经营所辖区域转变。[③] 这说明中国地方政府与市场的关系远远不是相互补充这么简单。改革开放以来，中国在借鉴西方发达国家市场经济发展经验的基础上，一直在寻找计划与市场结合的帕累托最优。结合近年的实践来看，中国政府一直在强化自身驾驭市场经济和产业发展的能力，以管理员身份制定经济政策，以主导者身份引导产业发展方向，以主体身份参与市场竞争。项目制是这三种身份有机统一的模式。中央（省、市、县）专项资金是各级地方政府的"启动资金"，同级政府之间是资金争取的竞争关系，产业选择仰赖政府基于自身实际做出的主观判断，产业项目是竞争的"标书"，各类项目、各种产业同台竞技，项目落地实施需要政府全过程参与，并对产业项目运行的盈亏负责，同时，政府的参与行为对其他市场主体的投资偏

---

① 杜人淮：《论政府与市场关系及其作用的边界》，《现代经济探讨》2006 年第 4 期，第 67 - 70 页。

② 张文魁：《经济学与经济政策》，中信出版社 2018 年版，第 82 页。

③ 曹正汉、史晋川：《中国地方政府应对市场化改革的策略：抓住经济发展的主动权——理论假说与案例研究》，《社会学研究》2009 年第 4 期。

好起引导作用。

基层政府依靠项目制这一政策工具实现对乡镇产业发展的助力、产业结构的调整、产业链的延伸，也就是说，基层政府通过项目制直接或间接地参与了经济活动。即地方政府将掌握的经济资源，直接调动流向相应的行业或产业。通过项目制，政府不断强化参与经济发展的能力，解决了完全依靠市场经济不能解决产业结构调整和升级的问题。这种参与还伴随着政府制定出台的一系列优惠政策、搭建的平台、提供的协调服务等，充分表明基层政府具有"经营"产业的行为倾向和制度体系。

项目制这一制度也为中国政府与市场关系及市场经济类型的命名提供了新的实践场域，本书作者将这种围绕项目形成了经营产业的政府行为概括为"经营产业型治理"。这种模式对政府致力于发展产业的行为进行了剖析，将政治因素也纳入对经济增长的分析中。这也回应了一个见解：国家与市场的双重驱动带动了中国社会的发展。[1] 在图 6-9 的类型学分析中，以求同法的视角可以得出"经营产业"是主要类型，是共同现象。

在本书工业镇案例中，主导产业由小到大、由弱变强，前期的发展主要是自发市场化的作用。有研究指出，自发市场化在推进市场化过程中起主导作用，政府如认可自发市场化，就会制订法律法规强化自发市场化。此时人为市场化是在自发市场化之后进行的。[2] 在工业镇产业发展到一定阶段后，地方政府作为人为市场化的主要行为者，力图运用掌握或认可的经验加速推动市场化进程，如围绕主导产业颁布产业政策、修订法律、引导成立行业协会等，如高沟镇、陈集镇均成立了相应的行业协会，推动市场化进程走向成熟、规范。

在该理论概念下，我们要着力处理两大关系。

一是政府与企业关系。这也是政府投资与社会投资的关系。在西部乡镇地区基本依赖中央预算内的财政投资带动社会资本，社会投资不足，支

---

[1] 陈周旺：《国家发展：超越"国家建设"理论》，《探索与争鸣》2022 年第 9 期。

[2] 王冰、陈燕和：《人为市场化、自发市场化及其应用》，《学术研究》2007 年第 11 期。

撑产业结构升级的投资动力主要来自政府，政府投资建设资金的乘数效应未得到充分发挥。地方政府谋划项目时主要以政府投资项目为主，社会投资项目偏少，招商引资的困难，产业类项目少，导致投资结合不合理，经济增长势头不可持续。

二是政府与市场关系。在项目制的研究中，产业的市场化进程在很大程度上可以被视作是当地政府主导下的体制的演变史。其中，地方政府的作用主要体现在三个方面。一是利用行政管理体制协调推动产业发展，提高国际、国内竞争力；二是颁布相关法规和条例，规范行业发展；三是提供产业发展所需公共产品。政府和市场之间形成一种"你中有我、我中有你"的互补关系，产业发展得益于当地政府的大力推介，这已不是政府排斥市场或者市场排斥政府那样简单的二元对立。

从对项目的依赖来看，西部乡镇依然是典型的投资拉动型经济，经济发展主要依靠政府投资带动，市场内生投资动力不足，市场资源要素聚集能力受限，尚无法在更大范围内形成良好的产业分工协作体系，产业聚集性不强，在一定程度上抑制了传统产业投资动力。

在农业乡尤其是工业镇的产业发展历程中，以项目为政策工具介入产业，使得政府与市场关系具有这样的特征：政府主动创造和引导（庞口案例中政府主动为市场选址进行协调，辛集案例中政府集中规范皮革小作坊，高沟案例中政府引导电缆产业转型升级），市场倒逼政府进行职能转变，产业发展到一定阶段后，市场环境急需改变，辛集镇案例中大量小作坊生产引起污染，倒逼政府推行环保整治专项行动。农业乡案例中政府承担起引导和培育市场的任务，以项目的形式推动设施农业发展。上述案例体现了中国地方政府与市场的双向互动的特征。有学者把这种特征概括为政府与市场互动的螺旋式上升局面。① 总体来看，项目制是一种政策工具，是一个观察视角，也是产业发展加速器，在本书的案例中，项

---

① 陈健、郭冠清：《中国特色政府与市场互动关系的形成和发展》，《经济学家》2022 年第 7 期。

目发挥了三种作用：项目匹配产业、项目引领产业、项目塑造产业。从中央政府到基层政府，项目自上而下的流向对产业产生了深远影响。由此，构成了图6-11所示的中国经济的垂直结构。

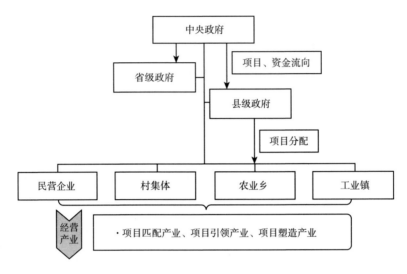

**图6-11　项目制下中国经济的垂直结构**

对主导产业的探索，西部地区以群众自发探索为主、政府选择培育为辅，中部乡镇则是政府尊重现有的工业产业布局。西部地区政府投资经营产业的基础设施、发放产业补贴等，中部地区政府则以搭建平台经营产业为主，财政投资更多起到象征性和示范性作用。当前西部地区民间投资更多依靠招商，即横向的产业招商、产业转移，这是西部地区经济发展的活力所在、希望所在。西部地区的固定资产投资资金主要来源于上级政府的项目，即纵向的项目申请与分配，但西部地区也十分盼望跨区转移的产业项目。

项目制作为一种制度化的政策工具，塑造了政府干预和政商关系（见图6-12）。通过一般性激励，如提供基础设施和制度支持（财政方面）。项目制作为政策工具，支持的范围是比较广泛的，为的是让产业发展的激励方案更加合理化，采取更符合市场导向的经济管理方式。项目制是一种发展型政策，更扮演一种市场校正者的角色，地方政府把以市场为基础的调节和选择性地促进某些产业结合起来。因为项目制试图对产业结构进行升级，保持稳定的经济增长（尤其是固定资产投资）。项目制作为中央、地方政府主动的财政安排，帮助我们清晰地了解中国发展中的"高固定资产投资"的特征。

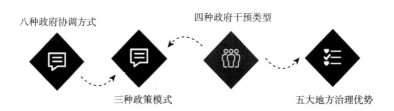

八种政府协调方式　　　　四种政府干预类型

三种政策模式　　　　五大地方治理优势

**图 6 – 12　项目制下经营产业型治理的核心特征**

## 六、项目制下的政策模式

为何中国要通过项目制及其政策模式实现产业发展的既定目标？而不是仅仅依靠市场经济的价格机制对资源进行配置？中国作为经济体量最大的后发国家，发展与追赶是迫切需要解决的时代任务。项目制是加速产业链上的技术提升（技术改造的以奖代补）、技术转移（招商引资、产业转移，见图 6 – 13）的关键，是实现技术追赶的重要路径，通过项目制的形式让新技术、新产业得到市场认可。

承接产业转移能力，提升产业发展水平

平台建设

中央预算内投资（直接投资、资本金注入、投资补助）

**图 6 – 13　中央预算内投资建设中西部和东北重点地区承接产业转移平台**[①]

①　国家发改委关于印发《中西部和东北重点地区承接产业转移平台建设中央预算内投资专项管理暂行办法》的通知，本专项主要支持园区基础设施项目、公共服务平台项目建设（园区产业配套的产业孵化基地、检验检测中心等服务产业发展的支撑平台项目），提高重点地区承接产业转移能力，提升产业发展水平。

通过本文的研究，我们发现项目制与中国地方政府致力于产业转型升级、追赶型发展的思路相结合，这种思路主要包括产业结构政策和产业组织政策，政府投资的产业项目与企业产业项目相结合。政府引导而不是遵从市场。在较长的历史视野里加以考察，政府经济作用可以分解为：引导、鼓励、扶持、限制、规制。政府具有指导经济变迁的能力和意愿，政府应用经济制度和政策（项目），对信贷、土地、资源进行控制，以此实现政府改进市场力量产出。

尽管中国有类似于通产省那样的国家部委（国家发改委），但在更广的范围内产业政策或项目落地主要依靠县乡两级政府。在项目制的视角下，我们发现，地方政府关心的是产业层次、产业结构、产出水平、品牌建设、销售地区，企业关心的是产品的竞争力、利润率、市场占有率和在行业中所处层次。项目是政府干预产业发展的一种工具、路径和切入点，是在更高的水平上配合经济投资。

西部地区乡镇产业发展起步晚、速度慢，产业基础薄弱、精细化社会分工尚未成熟，对于优质资本、人才、企业难以产生吸引力，产业发展缺乏后劲。中部地区乡镇主导产业体量大、产业链分工完善、生产要素流动快、市场配置资源的效率高。项目是国家设计和运行并促进发展的政策工具，也是一种地方政策工具，是政策的外延。项目的实施有助于打破产业发展的路径依赖，有利于改变产业的发展方向、产业层次、产业结构、产出水平。

我国东部沿海地区具有更好的工业基础和产业基础，对政府投资项目的需求程度相对较低，而西部省份面对分税制和所得税分享改革面临巨大的财政压力，发展产业对政府投资项目需求迫切，在基础设施建设上给予财政补贴（如以工代赈项目），以固定资产投资的形式来拉动经济增长，这体现了地方政府的投资偏好。当前投资固定资产、基础设施对拉动经济增长的边际效用处于递减阶段。工业镇具有市场运行的物质基础，政府则协调解决产业发展中的困难不利因素；农业乡为培育产业提供基础设施。西部地区通过项目为地方基础设施建设提供必要的资金支持，这种大规模基础设施投资成为优化招商引资硬性条件、促进地区经济增长的重要手段。加之西部省份地方政府以"争取项目"和"经营产业"为途径，实现充实财政的目的。这种取向主要由行政性权力主导分配项目、申请项目构成，西部省份项目制的基层实践是行政权力逻辑造成的地方政治经济生态的外在体现。

通过全书案例研究，总结出中国在项目制下的三种地方政策模式。

### 1. 市场扩展（market-expanding）与长远眼光

在这种模式下，政府期望公司不倾向于短期获利和非长期的市场拓展，政府指导或希望企业拓展国内外市场，资本着眼于长远眼光和长远生产战略。这种政策模式是政府创造各镇竞争优势的体现。如庞口市场管理委员会搭建农机配件电商平台，让更多的产品在平台上架，大幅提高交易效率。此外，高阳县还积极争取中国国际农业机械展览会（2016年在武汉举办）"庞口展区"，高阳县财政每年拿出专款200万元鼓励支持企业参加中国家纺展，扩大产品的市场知名度，提高市场占有率。第五部分中，庞口镇、石门桥镇、辛集镇、新河镇都建有工业园区。工业园区既是物质空间，也是制度性空间。园区内企业的生产经营有上下游的产业链和专门的公共服务，能够在一定程度上减少交易成本。[1]

### 2. 选择性、目的化——创造竞争优势

选择性是项目制这种政策的第二种特征。这是国家对特定部门、特定产业特定行业给予特别投资和协助，将其设计成优先考虑对象或增长领域，不但包括低附加值的工业，也包括把资源转向有利于增长的新兴产业，以政府激励换取绩效标准，实现质量提升、规模经济等目标。这类项目多在农业产业领域出现，如产业项目、产业奖补项目，延伸产业链，提高产业竞争力，引导当地产业进行转型升级。如，新庄集乡以工代赈项目试图提高高效节水产业、肉牛养殖产业的竞争力，尤其产业到户补助项目直接能影响农民的行为。项目对企业完成固定资产投资进行补贴，减轻企业负担，引导产业高端化、集约化、链群化发展。

---

[1] 夏柱智：《亦城亦乡：城市化进程中的乡村突围》，广西师范大学出版社2022年版，第174页。

3. 支持与管制——调整产业结构、规范产业发展环境

有学者把行业性政策（sectoral policy）界定为调整行业内各个主体的行为、引导行业健康发展的政策。① 这种政策模式强调了政府既有支持性又有约束性的政策结构，即突出了对行业主体的引导和调整。支持当地围绕培育壮大特色优势产业和扩大就业，推动产业车间或扶贫车间建设，促进特色产业发展。在一些工业镇有环保类项目，如生活污水处理项目、工业污水处理项目；这种管制的另一面就是对当地主导产业的支持，帮助企业减少投资成本。政府引导民间投资建设污水处理厂，政府用财政资金推进"节能"项目建设，二者并举，构建链条完整、层次高端、竞争力强的现代纺织产业体系。

不同于单一的市场经济或者计划经济的资源配置方式，项目制所呈现的中国经济发展模式，是一种混合模式，它具有市场的灵活性，也具有政府引导的针对性、精准性、可持续性，当然也会结合社会本身的特质而具有地方性。

上述三种政策模式是灵活的、务实的，也集中体现出中国地方治理的五大优势。

（1）精准性。通过国家财政的专项转移支付等项目手段，直接限定资金用途，项目能提高投资的针对性和精准性，为处于不同发展阶段的产业提供有针对性的扶持。

（2）灵活性。项目谋划坚持动态调整，每年都会根据年度发展重点调整项目，既能保持产业发展的连贯性，还能兼顾产业链的延链补链。政府通过项目把资金、政策投向有潜力的行业。

（3）可持续性。产业可持续发展仍面临一定的不确定性，出现了一些困难，项目的介入带来了产业扶持政策，如税收优惠、财政补贴（如到户奖补项目），在一定程度上克服产业发展的不确定性，提高项目的经济社会效益。

---

① 张文魁：《经济学与经济政策》，中信出版社 2018 年版。

（4）平衡性。项目成为地方政府发展产业的一种政策工具，项目也是为了平衡不同地区发展差距，重点项目也向西部地区倾斜，中央政府以此实现拉动欠发达地区经济的效果。

（5）地方性。地方性体现在项目谋划申报时科层逻辑中植入地方政府意图、项目资金来自地方转移支付、项目实施有村民参与三个方面。根据县乡的实际需求和区域条件申报项目。这种项目是地方政府的专项财政转移支付的体现，利用公共财政反哺乡村，在一定程度上克服了乡镇内生公共资源稀缺和县乡财政资金不足的制约。

要实现上述五大优势，其前提在于中央政府财力足够充裕，并且中央政府在平衡地区发展差距的过程中不能损害发达地区的积极性。

随之而来的是项目制这种治理方式出现的预算的不可控制性、政策执行的变异性、政府与市场边界模糊性，这一点在第五部分有深入分析。预算的不可控制性也是项目制的自我扩张的体现，乡镇是国家资源嵌入式治理的区域，在聚集资源、加快程序上，一旦项目出了问题，会通过追加项目进行修正，出现多个项目前后输入的情况。在项目实施过程中，市县政府承担着各类项目在基层的分配与对接，这就容易受到各方利益的影响。若要维持竞争政策的基础地位，为企业的市场经济活动创造公平竞争的环境，就需要明晰政府与市场的边界。

## 七、几个重要的逻辑关系

本书分析框架是基于特定时期的历史经验，是从实践角度对经验的提炼；本书内容是政府与市场关系的一个观察视角，不是全景式概括。从项目制的角度将产业发展图景、政府管理经济方式、政府发展经济思路纳入讨论范围。经营产业型治理模式与项目制下中国经济的垂直结构、"竞争－分配"式双向配置分析框架有什么样的逻辑关系？

通过全书的研究，我们发现，项目的实施不仅仅是为了财富的再分配、再投资，也是为了再生产、再创新。项目制在某种程度上已不局限于鼓励具有比较优势的产业，反而鼓励赶超发展、创新发展。项目制不仅是对现有产业自然而然发展的支持，而是对今后如何发展、发展的预期目标的实然应然的支持。

项目制下乡镇政府对上级政府的项目存在纵向依赖。项目建成以后，依赖企业等市场主体的进入和运营，构成了横向依赖，包括村集体与企业、企业与企业之间的横向往来，这构成了中国经济的横向结构。中国经济的垂直结构既是投资动力来源，又是资金的流向的源泉，也是信息的纵向传输的动因。西部地区更多体现为纵向结构，东部地区更多体现为横向结构。在西部地区，政府投资项目与企业投资项目（企业争取发改委的相关投资补助）是推动产业结构转型、实现地区经济发展的重要投资动力，主要在纵向上体现出对上级资金项目的依赖。因自身财力有限，项目的实施容易产生债务，加之西部地区本身的存量债务，使得本级财政用于产业发展的资金少，因此西部地区更加依赖纵向结构下的项目资金申请与争取。西部地区市场经济的发展处于两难困境，一是企业主体的数量不多，民间投资活力不强，政府不得不介入市场经济运行，广大乡镇和农村地区的公共事业（如农村集体经济方面的产业基础设施）迫切需要政府的投资；政府介入后又难以培育市场主体的竞争力，让项目得以更好运营。而中东部地区企业数量多，民间投资活力较强，投资预期高，更多依靠企业投资实现目标，企业与企业之间商业往来频繁，产业链上下游之间横向交流密切。尤其在中国经济发展进入高质量发展阶段后，随着双循环下国内产业转移的加快，国内产业转移的主要承接地是中西部地区和东北地区的城市。产业转移是一种主要的投资方式，成为西部地区经济增长的重要动力。今后西部地区政府要转变传统的招商引资策略，不能再以塑造差异化的营商环境为主要手段。[1] 地方政府逐渐转变"招商引资模式"为"创造产业模式"。

郑永年提出"制内市场"（market in state）[2] 概念，认为在这种体制

---

① 白雪洁：《中国新一轮产业转移：动因、特征与举措》，《国家治理》周刊 2022 年 8 月上。
② 郑永年、黄彦杰：《制内市场：中国国家主导型政治经济学》，邱道隆 译，浙江人民出版社 2021 年版。

中，市场并非自主的、自我调节型的秩序，而是一个以国家为中心的秩序的组成部分，服从于国家治理的规制。制内市场中提到的基层市场是一种集市繁荣的社会基层市场，也是一种充满商品交易的市场，这种经济主要以广大商户、商户与农民之间的自发贸易构成，市场经济秩序是一种私人领域的经济秩序。项目制的研究重点是不同层级政府、政府与企业、政府与村集体等之间的关系，是在社会基层市场之外的另一种特殊的类市场领域。通过项目制，可以从另一个视角分析中国特色社会主义市场经济的现状及演进规律。

通过全书的研究，我们发现，中国地方政府的优势体现在规划产业方向、产业布局、统筹协调各方资源、宏观调控等方面，劣势在于难以培育创业文化、难以培育细分市场竞争力、不易形成行业自律。政府投资项目容易产生产业发展所需的基础设施，不易形成产业发展所需的链条（或产业链分工）、品牌知名度、产业发展环境等。

在中国经济的垂直结构涉及自上而下的资金项目分配、自下而上的项目申请。这与"竞争－分配"双向配置有关。在这个垂直结构中，既要处理好国家宏观调控与地方自主探索的关系，还要处理好发展积极性调动与区域协调平衡发展的关系。项目制既是国家宏观调控的重要工具，也是平衡地区差距、减小市场经济带来的负面效应的重要手段。项目制下的政策模式体现为发展与带动，服务于发展、促进发展、引领发展。

## 八、政策思考及建议

本书案例涉及的乡镇，存在发展阶段上的错位，各地的发展基础不尽相同，在中国宏观经济体系中的角色不同，进而决定了对项目制这种制度资源的依赖性也有所不同，项目介入产业的方式、环节也不同。这就决定了各地经济发展路径和发展模式的区别。基于此，提出以下政策思考。

谋划项目时要把握好市场潜力与产业发展能力。在《发展型国家》这本书中，作者对政府干预进行了深入分析，并精辟地指出："所有国家都在干预，但是只有一些国家做得很好，我们很难确切地知道干预多少、何种干预对畸高或者畸低的增长来说才是必要的充分的。"如何在项目制这种政策工具下优化政府干预？近年来，农业劳动生产率有所提高，产业结构有所优化，但尚未在产业结构层面形成地区的比较优势，现代化农业体系、现代化服务业体系尚未构建，第一产业发展动能不足。西部地区乡镇产业竞争力不强的原因在于，市场主体少且竞争力不强，企业面对与东部地区的市场竞争，难以取得竞争优势。西部地区地方政府对项目有很强的依赖性，原因在于项目不仅要解决农村公共服务的缺口，还要为产业发展提供基础设施，如政府以项目为村集体发展赋能。西部地区乡镇发展经济高度依赖项目，产业竞争力的培育依赖项目，不过未能发展到工业镇产业成熟的阶段，进而不难理解工业镇更重视营商环境的改善，即从"有为政府"变为"小政府"和服务型政府，更多依靠"有效市场"配置资源。

结合中国情况来看，项目制下"有效市场"与"有为政府"结合的有效方式和边界是，项目落地后的产业化是政府所不擅长的领域，政府一味干预势必造成项目闲置，政府作用较为理想的限度是必须对市场风险有充分认知。比如，政府是否了解各产业未来发展的动态、本区域在产业链的位置、本地具备何种比较优势（如工业镇的原材料优势、劳动力优势、交通优势、产业发展传统优势）。农业与工业乡镇在谋划和实施项目时，要结合自身比较优势，判断本地区适合哪些项目才能成功培育产业，把握好市场潜力与产业发展能力。项目从谋划到实施既体现了政府干预，也体现了市场化配置资源。在项目落地的过程中，什么时候使"有为政府"变为"小政府"显得十分关键，要看中西部地区政府监管水平是否到位、中西部地区市场机制是否完善、企业自身发展的能力与潜力如何，产业核心竞争优势培育程度等因素。中西部地区通过项目提高传统产业的生产效率，使传统产业产生新的增长极，而且能够整体实现地区产业结构的优化配置，加快经济现代化基本实现的进程，重点发展具有发展潜力、能够培育良好增长潜力与竞争能力的产业与企业。项目实施后的市场化十分重要，关乎产业的可持续发展，而规范和完善项目政策、优化地方政府的经济调控，政府管理权限的让渡和政府服务质量的优化过程也是市场经济的培育和发展过程，为创造一个良好的市场环境提供保障。总之，通过项目制所体现的政府发展战略终究要与市场接轨，让项目扮演政府联结市场的纽带，以此适应市场，甚至引领市场。

政府要做好前期深入调研。有研究指出，中央政府不易取得产业真实的信息，因而所拟定的政策之可行程度不一。[①] 政府对于产业的发展必须获得最全面最真实的信息。基层政府的部分工作是给上级政府或县直机关准备各种汇报材料和迎接各类检查，在对乡村进行产业指导或者产业结构调整时，缺乏市场调研或者行业分析，对发展什么、怎么发展没有充分掌握，极容易造成后期发展的被动局面。为此，市场调研要和坚持以市场化为方向结合起来，政府可以适度引导、扶持。

上级政府要加强对项目分配的合理性、公平性以及项目运作的效率等的评估机制。大量的财政转移支付滞留在县（或县级市）一级，乡镇财政的预算资金也由县级政府的各种职能部门来进行分配，这在一定程度上加大了乡镇政权"悬浮"的趋势。[②] 项目复杂的申请和批复程序有时候并不能等同于政府的科学管理。对政策执行效果的主观感受进行评价，如政策目标与内容的一致性、政策执行的效率。政策评估阐述如何用绩效数据修正未来政策，对评估结果应用也是开展评估工作的重要一环。为此，既要关注项目资金的直接产出和效果，又要关注宏观政策目标的实现程度。

项目的实施要以提高农民收入为目标。在踏上全面建成社会主义现代化强国新征程的重要时期，中国农业农村发展的重点将从脱贫攻坚转向农业农村现代化建设，这一时期除了建立有效的防贫返贫机制外，还面临着分散的农户与现代农业对接困难、农业的全要素生产率低下和农产品结构性调整等方面的挑战。[③] 在主流的市场网络体系下，中间商获得了巨额差价，消费者购买农产品支付了较高的价格，但实际上生产端小农户的收入

---

① 瞿宛文：《多层级模式：中国产业政策何以独特？》，《文化纵横》2018 年 4 月。

② 周飞舟：《财政资金的专项化及其问题：兼论"项目治国"》，《社会》2012 年第 1 期，第 34 页。

③ 郭冠清：新中国农业农村现代化的政治经济学分析，《经济与管理评论》2020 年第 5 期。

并不高。换言之，农产品从田间地头到进入市场时的价格并不高。在价格的波动起伏中，作为生产者的小农户由于缺乏谈判的筹码，往往是最易受伤的。[①] 项目的实施要完善产业链，通过政府投资产业，提升产业链一体化水平（生产、加工、检测等），使农产品加工业与农业产值比上升，进而提高产业竞争力，在经营性项目联农带农上实现较大突破。

项目预算的追加或者新增要严格全流程的预算审议过程。除个别重大项目外，发展规划总体和绝大部分项目都没有提前编制可执行的财政预算，导致发展规划和财政资金脱节。一方面使预算不能在总体上规范和约束政府行为；另一方面因资金不足，安排财政不能保障的过量计划而无法准时完成，损害国家规划的权威性和科学性。[②] 政府投入单兵突进，一些项目缺乏后续财力跟进，难以为继，造成许多公共资源闲置与事倍功半。[③] 在项目实施这种国家治理形式的背景下，如何实现国家治理现代化？《统治与岁入》[④] 一书告诉我们，"从根本上看，公共预算的本质是一个国家极其重大的政治问题"。通过多样化的案例，作者验证了在其他条件不变的情况下，统治者提高相对议价能力、减少交易费用和降低贴现率有利于国家岁入最大化。因此构建了掠夺性统治理论的分析框架。中国正在经历一场大规模的财政转型和国家建设，正在走向"预算国家"。[⑤] 当前的地方政府存在严重的预算软约束。对于地方而言，高负债是推动 GDP 增长、立即见效的不二方法。[⑥] 杠杆率上升较为明显的是地方政府的各种显性及隐性债务，破坏了财政预算的统一性。项目实施过程中追加预算、项目包

① 隋福民：《"互联网＋农业"还是"农业＋互联网"——中国农业产业升级的战略选择》，《宁夏社会科学》2020 年第 6 期，第 104 页。

② 付敏杰：《现代财政制度的国家视角——兼论中国全面建设现代化强国的财政治理框架》，《财政研究》2020 年第 2 期，第 64 页。

③ 郑曦：《提升乡镇财政运行质量的研究》，《财政科学》2018 年第 6 期。

④ ［美］玛格利特·利瓦伊：《统治与岁入》，周军华 译，上海人民出版社 2010 年版。

⑤ 王绍光、马骏：《走向"预算国家"——财政转型与国家建设》，《公共行政评论》2008 年第 1 期。

⑥ 俞乔，范为：《中国地方政府债务问题研究——基于 Monte － Carlo 的 CMO 多因素定价模型研究》，清华大学公共管理学院工作论文，2013 年 10 月 20 日。

装、新增支出需要与预算采用相同的审议程序，要同预算一样经过完整的预算审议过程，置于在法律和相关制度规定的框架下，提升政府项目预算的法制性和合规性。

项目的基层实践要加强多部门协同配合。项目每一个环节都掌握在不同的职能部门手中，如国土规划、环保等。其中一个环节配合不好、协调不好，就很容易使项目的实施效果打折扣。尤其是项目实施中的每一个过程都设定了时限，且因为项目申报和验收等过程要层层上达，所以留给最底层部门的时间要远远少于最高层部门项目设置中所规定的时间。① 因此，加强协调服务，不能只关注加速推进项目，而轻视项目实施的质量，确保项目发挥效益。

项目分配要避免两极化效应。现行项目分配机制下，项目资源较多分配给经济条件差的地区，是为了加快落后地区发展速度。项目资源在分配中出现优势聚集，是为列那提质增效促进产业升级。这种"哑铃型"的项目分配模式，服务于"地方均衡发展"的战略目标和项目制的宏观政策导向。但在具体实践过程中，项目制的运行与科层制交织，导致项目实际分配过程中产生路径依赖，形成"强者越强、弱者越弱"的区域经济发展格局。如何避免项目倾斜分配导向导致的两极分化和"悬崖效应"，成为地方政府落实项目制过程中不得不解决的主要矛盾。其一，地方政府的项目分配行为应当建立在完整准确理解中央利用项目制推进产业升级、地区均衡发展和经济结构调整目的的基础上。项目制要促进实现的地区均衡发展是宏观层面的均衡，即补足中西部等经济欠发达地区的短板，减小与东部等较发达地区的差距。在微观层面，地方政府贯彻项目分配模式要遵循市场规律，向经济实力弱、基础差的地区分配倾斜的项目以公共基础设施类、初级产业等符合地方实际的项目为主，向优势地区分配倾斜的项目以产业结构优化、产业能级提升为主，以避免落后地区饥不择食和优势产业

① 李祖佩：《项目制的基层解构及其研究拓展——基于某县涉农项目运作的实证分析》，《开放时代》2015 年第 2 期。

盲目扩张。其二，项目实施过程中的目标管理和实施结果的绩效考评要避免成为宏观非均衡和微观极化现象的致因。上级政府的管理压力越大，地方政府分配项目的两极化效应越明显。科学完善的项目实施管理和评价体系必须结合项目的属性灵活制定，基础设施类项目可以以结果为导向，并强调绝对的序时进度与工程质量要求，但产业类项目的评价不能只看速度不看收益，只看税收不看潜力。同时，项目分配不能只"瞻前顾后"，也需要给予项目实施能力一般和产业发展经验不足的"中间"地区一定的项目指标，合理传导项目管理压力，增强项目资源分配的均衡性和持续性。

项目要逐步从竞争性领域退出，科学合理地推进地方人为市场化。在资源配置过程中，政府和市场都有自身的长处和不足，能实现有效对接才是关键。大量项目进入市场竞争决定领域，形成了政府引导或主导的投资驱动经济发展模式。[①] 当前中国地方政府实施的项目在竞争性领域的介入一直存在。产业的可持续发展和项目的可持续运营离不开政府的规划和政策支持。今后要逐步转变通过政府干预引导实施项目，鼓励市场主体按照既有政策导向实施企业投资项目。项目制在竞争性领域的存在不仅要考虑到中央与地方政府两方面的需求，还要考虑项目"经营为王"，保证以市场机制而不是政府干预机制来解决竞争中的冲突。地方政府要逐步压缩项目制的应用范围，逐步从支柱产业、重点产业、特色产业等市场决定领域退出，重点将优化营商环境、减少政府不当干预作为重点工作。

高度重视项目落地前后成效的评估考核，建立"审慎平衡"的公共政策制定规则和"具有反思能力"的规划与政策执行反馈机制。由于县、乡、村三级在项目实施中自身意志的掺入、商业主体的逐利性及其带来的大量利益输送、既存的部门利益等因素，项目实施的实际效果与制度规定往往相去甚远。[②]"条条"主导项目实施，"块块"并没有足够的话语权。

---

① 郑世林、应珊珊：《项目制治理模式与中国地区经济发展》，《中国工业经济》2017 年第 2 期。

② 李祖佩：《项目制的基层解构及其研究拓展——基于某县涉农项目运作的实证分析》，《开放时代》2015 年第 2 期。

多数项目实施目的是满足县级政府和职能部门的诉求，乡村两级组织并不能获得足够的激励。<sup>①</sup> 有研究指出，在"全面规划"和"全面制度建设"中更为重视参与式规划和政治参与制度建设。<sup>②</sup> 为此，同类项目的实施要汲取之前项目落地的经验，广泛听取利益相关方的意见建议，形成积极的政策反馈，避免可能存在的风险。项目的基层实践尤其需要乡村和其他专业的社会组织参与评估，评估结果为政策措施改进和其他类似项目实施提供经验，为今后的政策优化、规划体系的有效性提供反馈信息。

农业乡要通过项目介入实现改造小农经济、改造传统农业的目标，避免产业化困境，避免农业产业资本下乡排斥小农分享农业利润的激进模式。项目是由政府资本运作的，倡导联农带农机制，而大量的项目在实施中具有乡土特征，这既是项目制地方性的体现，也是需要地方政府思考如何让项目实施后取得更好成效的必经之路。

当前农村经济发展所需要的人力结构、市场环境已发生变化，传统小农经济面临巨大考验。以往农民试图主导农业某一个环节或某一产业的难度越来越大。在农业资本主导的乡村发展秩序下，农民以务工或土地流转等方式获得收入，比农民自己种植作物风险要小、难度要低。从主导产业链到依附产业链或是未来发展的趋势。在土地集体所有制基础上，用规范化经营逐步代替碎片化经营，政府对农业项目进行投入，有助于克服农村集体资金有限、农户拥有资金稀少分散导致的无法发展与建设的弊端。农村地区得益于产业项目实施，资本由相对稀缺变成相对丰富。这种宏观环境下，从积极方面来看，项目对于产业发展的意义在于加快补齐产业链的短板，夯实产业发展的基础。

项目要作为产业发展路径和方向的重要政策布局。如何让项目及政策资金惠及产业链上更多的市场主体？对于基层干部来讲，需要更加擅长谋

---

① 李祖佩：《项目制的基层解构及其研究拓展——基于某县涉农项目运作的实证分析》，《开放时代》2015 年第 2 期。

② 张树平：《规划中国、制度中国与真实中国：发展与治理的政治逻辑》，《治理研究》2022 年第 3 期。

划政府投资项目，落实政府文件。基层地方政府的注意力还需要进一步转移到小企业的培育和壮大上，尤其在优化营商环境、加强品牌化建设上给予政策和项目支持。

本书在写作中，注重以下三个方面的原则。一是政治与经济相结合分析问题。以罗伯特·韦德的话来说，就是"驾驭市场"的能力，"驾驭市场"需要特定的能力去调动和协调社会资源。① 从这个角度来讲，经济发展并非"新古典自由主义学说假设强烈的经济发展是自然产生或者是必然发生的"。② 沿着古典经济学的传统，认同经济是自主独立和自我形成的，国家的角色只是避免介入经济（斯密）或制定资产阶级所需要的政策（马克思）。卡尔·波兰尼在《大转型》中认为，虽然国家建立在经济基础之上，但政治同样是经济的根源。③ 事实上，要从一个研究端转向另一个研究端，即经济科学预先设定一个给定的政治秩序，如果脱离了政治就不能进行有效的研究。④ 本书写作时力图摆脱"经济主义"逻辑，强调政治的自主性对经济发展的影响。在本书中，诸多政府机构（如发展和改革委员会）对中国各省的现代市场经济的构造维护和转变非常重要，一直高速的经济发展不是自然的，也不一定是必然的。二是避免抽象地谈论有为政府。正如熊彼特指出的，如果一个人不掌握历史事实，不具备适当的历史感或所谓的历史经验，那么他就不可能指望理解任何时代包括当前的经济现象。⑤ 这表明，抽象地谈论有关政府的理论，无助于理解中国的发展是由一个个政策执行的结果这一事实。以新结构经济学为例，对中国自1976 年以后经济史上的重要事件，该学派用于佐证新结构经济学理论的力度还不够。新结构经济学理论可以作为研究中国经验的一派，但还不够

---

① Wade，Robert 1990：Governing the Market：Economic Theory and the Role of Government in East Asian Industrialization. Princeton，NJ：Princeton University Press.

② ［澳］琳达·维斯、约翰·M. 霍布森：《国家与经济发展：一个比较及历史性的分析》，黄兆辉、廖志强 译，吉林出版集团 2009 年版。

③ Polanyi Karl 1944/1975：The Great Transformation. New York：Octagon.

④ Carr，Edward H. 1951：The Twenty Years' Crisis，1919－1939. London：Macmillan.

⑤ 约瑟夫·熊彼特：《经济分析史》商务印书馆 2009 年版。

深入和细化。在这一点上可以借鉴其他中国学者的成果。为此，本书要解决的理论任务是填补理论与实践结合上存在不够深入、不够接地气的空白。三是基于实践提出理论和分析框架，避免用已有理论对现实进行"裁剪"。案例研究法的好处在于能真实还原特定时空下政治经济系统发生的事件并展示前后逻辑。

至此，我们完成了全书的研究任务，也完成了在项目制视角下总结提炼中国经济发展经验的系统表达。尽管项目制是对市场失灵的克服与对市场缺陷的超越，但是这种克服和超越是不彻底的，这就有了政策建议部分的内容。超越市场是漫长的、艰难的。这种超越既需要中国各乡镇自主探索经验，解决发展中的问题，也需要向发达国家借鉴经验，解决项目制下政府与市场关系的困境。这种超越既是发展方向，也是项目制的完善方向，更是政府如何更好地管理经济的探索方向。"中国经验并非既有知识体系的'注脚'，或者创造性地适应于既有知识体系，而是要在学术研究的知识体系内做出中国经验的自主表达。"① 本书所有的努力是为了构建这种自主知识体系，并将中国实践和经验放在一般性的角度加以分析提炼，推进对中国基层乡镇经济问题的政治经济学研究。

项目制既是一种技术治理手段，更是整体性治理的重要政策工具，即推动基层政府想方设法去整合资源和调动各方力量，通过项目制直接或间接地参与经济活动，从而使得基层政府具有"经营"产业的行为倾向和制度体系。本书基于历史的角度和有关的数据，重新分析有为政府，表明地方政府干预经济的权利不应被轻视，而且更应该主动管理经济。通过比较研究，地方政府在动态经济中的作用不是要取代市场，而是要将市场的角色加以巩固。各地的发展程度决定了地方政府的不同经济角色。

项目制作为一种制度安排、一种财政资金支出的计划，是解决欠发达地区产业结构问题的抓手，是弥补市场机制缺陷的重要方式。项目制的基

---

① 陈军亚：《"经验的自主表达"：概念建构的田野政治学路径——以"板结社会"概念为例》，《学海》2023 年第 1 期。

层实践体现了经济格局变迁中的国家力量。在中国基层经济实践的广阔天地中，既有政府与市场的相互补充，更有政府作为地方产业发展主体的生动实践。中国的市场机制没有脱离政府而单独运作，市场制度不可避免地和政府行为互嵌在一起。在"经营产业型治理"的理论概念下，本书厘清了项目制在基层运作的内涵与外延，阐述了基层政府发展产业的制度设计，对于剖析中国基层经济社会、解读政策运行逻辑、推动有效市场和有为政府的更好结合，具有十分重要的意义。项目制是中国式现代化过程中出现的制度安排，具有明显的发展取向，展现了政府在重视产业规划、调整产业结构、遏制两极分化、避免粗放式增长、挣脱产业低端锁定、约束资本逐利属性、摆脱欠发达的状态上所做的艰辛探索和付诸的努力。在发展中求治理，在治理中谋发展，无疑将成为欠发达国家学习借鉴的典范。

# 后　记

　　求治之道，莫先于富民。乡镇上连党心、下连民心，肩负着强一方经济、富一方百姓、保一方平安的重要职责，是群众家门口的政府，是国家政权组织的"神经末梢"。聚焦乡镇产业发展，意义重大，关乎长远。

　　中国东西部地区产业发展存在很大的地区差异，不同地区的发展出现了一些新的特点，不少乡镇的产业基础薄弱、资本投入不足、技术和人才匮乏、资源配置不甚合理。未来一段时期内，乡村振兴的"产业兴旺"要从哪些方面进行重点探索，也是本书重点回答的问题。本书讨论了在新阶段下，项目制、产业发展如何影响政府、市场与社会的关系，试图将乡村大发展、大变迁过程中不断涌现出的新情况、新问题作为研究的课题。本书从全国各地选取乡镇产业发展与选择的案例，既能体现宏观思维、政策研究思维、统筹全局思维，也能在对比中总结发展经验、存在的不足。通过本书的研究，试图总结出产业谋划和乡村产业项目实施的要义，系统梳理中国乡镇一级产业选择与发展的实践经验及成效、精准谋划产业项目的要点。

　　中国的问题要放在中国的发展传统、现实环境中去理解，而不是套用西方的理论。由此，本书紧扣时代脉搏，通过现实之问、时代之问、中国之问，把研究做在中国乡村的广阔舞台上，把论文写在祖国的广袤大地上。寻找中国经济发展最真实的故事，然后总结，提炼，归纳，深入认识这些经济规律。这些研究是作者发自内心的感触和感悟，通过研究和分析，增加了我们"文以载道"① 的使命感，提升了我们的道德境界和政策分析水平。

本书在写作的过程中，并不回避中国经济中的矛盾，不人云亦云，力求辩证地、客观地分析。本书采用多案例研究，就是为了努力解决局部经验与整体抽象之间的矛盾、个别地方经验如何走向全国认识的问题、中国经验与国外经验的比较。在理论分析的基础上提出政策思考，构成一种基于项目制基层实践的提问，深入接触实践并弥补理论与实践分裂的一种研究策略。本书从结构、制度的视角进行研究，对现实情况进行理论性总结，以便启发思考。让这本书能有理论价值、史料价值、政策建议价值，是我们的追求和莫大荣耀。

文章合为时而著。② 项目承载了地方干部的光荣与梦想。在项目谋划实施的过程中，地方干部既清醒又无奈，清醒在于非常清楚想要做什么、实现什么样的预期目标，无奈在于项目落地后的项目市场化运营充满了各种挑战。鉴于项目制在中西部地区发挥的重要作用，项目制个别环节涉及的市场化处在市场经济大环境中，以至于一些干部觉得发展经济就是申请项目，抓项目就是抓经济。其实二者并不能画等号。以抓项目的思维抓经济是否具有一定的普遍性和通用性，恐怕还需要经过实践的检验和论证。如何在新时代做好市场经济体制建设和政策设计，成为本书研究中关注的基础性问题。同时，项目制作为大众化又有学术性的问题，与乡镇产业发展相结合，本身就需要从结构的视角、制度的视角审视中国区域经济，审视经济格局变迁中的国家力量。本书的写作源于对乡镇发展经济的思考，源于对财政资金使用效益提升的探索，源于对产业可持续发展的思索，源于对政府干预如何优化的认识。本书的写作过程是对历史的追怀，是对基层国情的执着思考，是对理论知识的追求。在本书的写作过程中，几位作者既有"遥知是夜檀溪上，月照千峰为一人"这种跟天地共情、跟月色为

---

① 出自《通书·文辞》。
② 出自白居易《与元九书》。

伴的勤奋与坚守，又有"惟有王城最堪隐，万人如海一身藏"这种不必迎合不必寒暄的坚定，以扎实、深入、严谨的态度研究关乎中国国计民生的大问题，发出当代青年的声音。

书稿的写作过程是漫长而艰辛的，在研究各地发展史和理论文献的过程中，不时有困难出现。我们要特别感谢国务院发展研究中心伍振军老师、李广乾老师和江宜航老师对本书给予的学术指导；感谢李帮喜老师将本书纳入"清华·政治经济学研究丛书"；感谢耿睿老师推荐，使得本书获得"清华大学校友原创作品支持计划"资助；感谢清华大学校友总会宋述强老师对我们的支持和帮助；感谢中共宁夏区委党校学术文库的资助，感谢王丛霞校长对本书出版的支持与帮助；感谢张弼教授对本书出版提供的帮助；感谢张丽娜博士对本书导论部分提出的修改意见；感谢经济科学出版社胡成洁老师在编辑环节的工作；感谢田学良先生和田玲女士的鼓励和支持；特别感谢父亲母亲给我的大力支持，二十三载求学路，诸多不易，寸草春晖，无以为报，这本书是献给父亲母亲的礼物。

君耕石田熟，余亦起群羊。① 这本书的出版凝聚着作者对中国经济的思考和心血。最后，希望对中国经济研究感兴趣的读者，可以从这本书中获得启发。

**著 者**

2024 年 10 月 25 日

---

① 华善述：《杂诗》，摘自《明诗选》，人民文学出版社，2003 年 3 月第 1 版。